东莞理工学院质量与品牌发展研究中心(项目编号：GB200
国家自然科学基金项目"基于抽样误差与六西格玛的过程能
(项目编号：71762008)
广东省普通高校人文社科重点研究基地：珠三角产业生态研

经济管理学术文库·管理类

# 过程能力指数在
# 工业产品生产质量的发展与应用

## Development and Application of Process Capability
## Index in Production Quality of Industrial Products

杨俊明／著

经济管理出版社
ECONOMY & MANAGEMENT PUBLISHING HOUSE

**图书在版编目（CIP）数据**

过程能力指数在工业产品生产质量的发展与应用/杨俊明著．—北京：经济管理出版社，2021.2

ISBN 978 - 7 - 5096 - 7769 - 8

Ⅰ.①过… Ⅱ.①杨… Ⅲ.①工业产品—生产过程—质量管理—研究 Ⅳ.①F405

中国版本图书馆 CIP 数据核字（2021）第 031239 号

组稿编辑：郭　飞
责任编辑：曹　靖　郭　飞
责任印制：黄章平
责任校对：陈　颖

出版发行：经济管理出版社
　　　　　（北京市海淀区北蜂窝 8 号中雅大厦 A 座 11 层　100038）
网　　址：www. E - mp. com. cn
电　　话：（010）51915602
印　　刷：唐山玺诚印务有限公司
经　　销：新华书店
开　　本：720mm×1000mm/16
印　　张：12.75
字　　数：201 千字
版　　次：2021 年 2 月第 1 版　　2021 年 2 月第 1 次印刷
书　　号：ISBN 978 - 7 - 5096 - 7769 - 8
定　　价：88.00 元

# 序

  经过几十年的发展，我国已成为世界第二大经济体，也成为全世界唯一拥有联合国产业分类中全部工业门类的国家，毋庸置疑，我国已是世界舞台上的一个非常重要的角色。经济社会的飞速发展，人们的生活方式和物质文化需求都产生了前所未有的深刻变化，但是，我国产品质量水平、安全性和稳定性的提升速度仍然滞后于经济社会发展，而在质量竞争方面与世界制造业强国相比还有一定的差距。从历史发展轨迹来看，"质量"在大国崛起中发挥着重要的推动和带动作用。美国、日本、德国等发达国家的实践表明，在社会经济的迅速发展和科学技术全面进步的今天，制造业必然会面临经济转型和企业改革所带来的质量发展问题和挑战，因此，我国制造业必须把质量摆在重要的战略位置。

  正当我国制造行业思考转型和升级之际，一场全球性疫情造成的世界各国经济衰退不期而至，我国经济也正面临巨大的挑战。这些挑战主要表现为：一是因为疫情造成国际市场对产品需求量急剧下降，对我国出口产品产生明显影响；二是因为劳动力成本和企业营运成本持续上涨，对我国长期依赖的低成本竞争优势正在逐步减弱；三是近年来时有发生的产品质量问题对我国以往忽视质量的竞争模式带来严格的考验。对此，我们必须从不同的角度重新认识"质量"的重要性，应将"质量"作为一个能促进加快形成以国内大循环为主体、国内国际双循环相互促进的有利工具。

  迄今为止，质量管理经历了质量检验、统计质量控制（Statistical Process

Control，SPC）和全面质量管理（Total Quality Management，TQM）等发展阶段。质量管理的方法和观念也随着社会的发展和科学技术的进步在不断地变化。发展至今，质量管理已形成了广泛的理论和应用体系，其理论涉及统计、数学、工程、控制、管理等多个领域，应用的关键技术和工具包括过程能力指数（Process Capability Index，PCI）、控制图（Control Chart）、六西格玛（Six Sigma）等。作为现代质量管理的重要方法，过程能力指数（PCI）广泛应用于现代制造业产品生产过程的质量控制和管理工具，解决了各种不同产品生产过程中出现的质量问题。通过过程能力指数，企业既可识别产品生产过程中可能发生的异常因素，又可消除质量问题或者提前预防强化质量管控，达到改善和提升产品质量水平的效果。当前，结合制造业的工艺特点，国内外制造业的制造过程已经普遍采用过程能力指数 $C_{pk}$ 进行产品质量的衡量和产品良率的提升，而过程能力指数理论也随之得到发展。

21 世纪的质量管理与过去相比，其内涵与外延都发生了根本性的重大变化。现代的产品不仅要具备实用性，还要包括耐用性、安全性、可维护性等质量指标，更要超越顾客的期望。为了体现这一变化，满足当今社会对质量管理知识的新需求，笔者利用自己对过程能力指数和质量管理的研究成果，撰写了《过程能力指数在工业产品生产质量的发展与应用》一书。本书主要关注如何通过过程能力指数帮助制造业质量管理从业者找到一个构建企业质量管理评价体系和确保产品质量的正确方法，强调通过使用本书所介绍的工具和方法维持企业的质量优势。换言之，本书是关于如何以过程能力指数作为驱动力促进制造业企业产品的质量改进和提升的。本书在普及过程能力指数理念和质量管理的基本理论和实际应用的基础上，侧重结合案例说明方法的应用，以多个工业产品的制造过程的质量检验为对象，全面论述产品在生产过程中实施质量控制与评价的必要性和重要性，重点介绍过程能力指数和质量管理的基本原理与使用方法，协助各种不同的制造企业制订质量评价的标准，解决实施过程中出现的各种实际问题，并结合大量实操案例，帮助读者理解和掌握如何解决实际应用中的问题。

笔者长期进行过程能力指数和质量管理新技术的研究，经过 10 余年的研究与实践，取得了多项成果和积累了大量实践的应用案例。针对制造企业产品的多质量特性、数据分析与可视化、数据采集与抽样、供应商质量评价、质量控制图等问题，在国内外质量管理、生产制造、工业工程等方向重要期刊和会议上发表论文40余篇。本书内容严谨，案例丰富，将帮助广大制造业质量管理从业人员与质量工程技术人员掌握先进过程能力指数和质量控制理论，并落实在行业中的应用，对提升我国制造业产品的质量水平，将起到重要的推动和促进作用。相信本书的出版能够广泛传播先进的过程能力指数和质量管理理论与方法，大力推进过程能力指数和质量管理的应用实践，促进质量管理人才的培养，为我国质量管理、质量工程和制造产业的发展和转型升级作出积极贡献。

本书写作条理清晰，理论与实践相结合，不仅是培养质量管理从业人员理解和推动过程能力指数的教科书，更能帮助制造企业掌握改善和增强产品质量的通用方法和技术，还提供了保持供应链绩效增长的最好途径。本书既可作为我国高校质量管理、质量控制、管理科学与工程和相关专业高年级本科生、研究生课程的教材，也可供广大质量管理从业人员、工程技术相关人员阅读参考。

在本书撰写过程中，参考了较多的同类专著、教材和有关文献资料，在此对有关作者表示由衷的感谢。首先，感谢国家自然科学基金委员会和东莞理工学院给予的资助；其次，感谢撰写过程中研究生魏蔚参与了文字整理工作；最后，真心感谢笔者妻子对工作的支持和体谅，感谢有你！

2020 年 10 月

于东莞理工学院

# 前　言

经过数十年的发展，我国已告别了追求高生产率的模式，开始迈向高质量发展的新时代，推动形成以国内大循环为主体、国内国际双循环相互促进的新发展格局。中共中央于 2020 年 10 月发布了《中共中央关于制定国民经济和社会发展第十四个五年规划和二〇三五年远景目标的建议》，高质量发展已上升为国家战略。在这种情况下，如何加强产品的质量管理与保证，确保人民群众吃得安心、买得放心、用得舒心，让国内产品能走出去，保持企业的持续改进，保证企业的生存和发展，实现资源的精准对接与优化配置，是每个质量工作者必须面对和思考的问题。

21 世纪初期，质量管理领域发生了激动人心的变化。许多质量管理相关的专业网站、职业团体、图书、论文、评奖和咨询机构都呈指数级增长。质量管理开始渗透到生活的方方面面，例如：产品质量、居住质量、餐饮服务质量和快递服务质量等，整个社会经济的福利都围绕在以质量为基础之上。然而，资源是有限的，但是人们对质量的追求是无限的。为了满足顾客的高质量需求，质量管理活动已经融入了现代企业的文化中。现代企业必须在以质量驱动经济、全球化虚拟供应链和快速迭代的技术变化为特征的竞争中表现卓越。

产品可以在质量大堤的保护下生存，但若企业仅将质量看作生存发展的备用要素，而不是必备的最根本标准，就无法在激烈竞争的市场中取得任何优势。从生产战略的角度来看，在市场中处于劣势的公司更应该注重产品的质量，以质量叫响品牌，把质量作为赢得顾客信赖和市场认可的手段。现代顾客需要的是产品的高质量、安全和可靠的完美结合，如果产品出现质量问题，不仅给群众造成严重的伤害，也给企业品牌形象和声誉造成严重的打击。因此，企业要思考如何系统、有效地对产品生产过程中发生的质量问题进行改善和管理，保证产品的质量，利用质量作为市场竞争的利基。

本书为寻找改善和提升产品质量的正确方法的从业人员进行了撰写，本书关注的重点不是产品规范，也不是统计方法，而是如何通过过程能力指数（Process Capability Index，PCI）增强产品的质量，保证顾客的消费安全和提高市场竞争优势。换句话说，本书是一本关于企业如何利用质量创建企业持续发展能力的书。本书是作者多年来对过程能力指数（PCI）和质量管理的应用实践和研究成果的总结。作者近年来在 *International Journal of Production Research*，*Quality Engineering*，*Journal of Computational and Applied Mathematics* 等学术期刊上发表了40余篇（其中 SSCI、SCI、EI 收录20余篇）关于过程能力指数、质量管理、六西格玛、质量决策的应用研究的文章，此次成书是在这些文章的基础上进行了系统性的归纳总结，同时深入探究企业生产与制造管理中的质量管理问题。本书立足于实用，注重理论联系实际，不仅从生产质量管理、过程质量管理、供应商质量控制等制造行业关键过程讲解质量管理，而且重视质量管理实务的介绍，如质量改进的指南建立、数据采集、抽样检验，供应商质量的影响，Microsoft Excel、Minitab 统计软件的应用等。本书主要介绍并强调过程能力指数与质量管理的重要性，主要特色有：

第一，本书的可读性、可操作性强，既可便于质量管理从业人员以实际工作为载体进行操作，又可作为高校教师教材进行教学与研究。本书尽可能说明如何进行过程能力指数和质量管理方法的各种计算，数学原理和推导过程从简，主要给出结论和计算公式，用通俗的语言介绍涉及的统计理论和方法。

第二，本书引用了大量的实例，来自笔者的研究和咨询经验。本书每一章都设有一个或多个案例，从不同角度反映理论在实际中的应用。读者可以通过案例来理解、消化有关理论和方法。

第三，全书自始至终贯穿了通过过程能力指数和质量管理为企业赢得竞争优势这一主线，重点讨论了持续改进质量在全球化竞争环境中的必要性，并为未来研究主题和扩展方向提供了启示。

本书结合国内外过程能力指数和质量管理的最新研究成果，通过对工业产品生产质量过程的描述，系统地介绍了过程能力指数与质量管理的理论体系和应用方法，希望向读者提供一个完整的知识体系，也希望读者能通过本书的学习，既构筑起坚实的理论基础，又能掌握过程能力指数与质量管理的技术和方法。本书在编写中注意知识结构上的科学性、系统性、实用性和前沿性，在介绍产品生产质量控制基本理念和过程能力指数基本原理的基础上，侧重结合案例说明实际应用方法和需要注意的问题。本书特点如下：

第一，本书描述了制造业在产品质量改善过程中实施过程能力指数容易遇到的问题，从统计质量控制（Statistical Process Control，SPC）的角度说明实施过程能力指数的需求背景和必要性，并介绍了几种过程能力指数，这是本书第一章的主要内容。

第二，本书既介绍过程能力指数的基本原理和应用，也介绍了现代制造业实施过程能力指数出现的新问题以及为解决这些问题取得的研究成果和应用实例。例如，第二章、第五章和第九章阐述了制造业实施过程能力指数出现的抽样误差和数据采集不准确的问题，通过结合实际应用案例，介绍了置信区间、区间估计和模糊理论的方法。在第三章、第四章、第五章、第六章、第七章、第九章和第十章则进一步利用数据可视化的技术，介绍了多质量特性分析图的发展和一些质量控制的评价标准以及分析质量不佳的原因。

第三，本书内容安排方面着重介绍过程能力指数的含义和基本概念，尽可能避开数学定理及其证明，重点在于理解过程能力指数在质量管理和改善的具体含义和掌握实操技能。在第八章和第九章根据制造业实际应用的要求，阐述了如何根据过程能力指数水平制定供应商质量的评估和选择管理，并说明提升产品质量水平的途径。

第四，本书结合大量应用案例说明过程能力指数在产品质量的衡量和改善的使用方法。在第十一章指出实施过程能力指数的有效性、可靠性和可行性，以及质量管理从业人员需要注意的实际应用问题和未来可拓展的推广方向。

本书可作为质量管理类专业本科生教材，也可以作为管理科学与工程类专业研究生的参考书，还可以作为质量管理从业人员的参考书。

由于当代制造行业实际情况变得越来越复杂，推行质量管理与改善的过程出现的具体问题繁多，不断地出现了有待研究和解决的问题。因此，尽管笔者做出了努力，本书难免存在不足甚至错误之处。欢迎各位专家提出宝贵意见，并就相关观点进行深入讨论，不断改进，以利广大读者理解质量管理的内涵。

# 目　录

# 第一章 概　　述

产品质量是企业成功的关键因素。制造工艺能否满足过程规范要求，降低不良品发生的概率，是企业面临的关键问题。为此，有必要在质量改进计划中进行过程能力分析。当一个过程处于统计控制状态（In-control）时，可以利用过程能力分析，根据规范生产项目的目标和能力来评估当前过程的水平。通过过程能力分析，制造管理者可以了解过程能力水平。对生产过程中的异常进行跟踪，提出解决方案和缓解措施，提高产品质量水平，满足顾客要求。过程能力分析是质量改进计划的重要组成部分，许多技术和工具已经被提出用于过程能力分析。其中，过程能力指数（Process Capability Index，PCI）和质量特性分析图（Quality Characteristic Analysis Chart，QCAC）是一种简单有效的质量分析工具，在制造业中得到了广泛的应用。许多学者已经揭示了这些工具对生产制造方面的贡献与价值。然而，随着当前科学技术的快速发展，顾客对产品质量要求的不断提高，现有的工具和方法已无法满足制造商和质量管理者对质量管理的要求。因此，大量的研究试图开发一些更现代化和先进的过程能力指数，解决现代制造业在过程分析的问题。本章第一节粗略介绍统计过程控制的含义与过程能力指数的关系；第二节说明几个重要的过程能力指数的发展与沿革，并比较这些过程能力指数的优缺点；第三节通过三个实例演示过程能力指数的操作和应用；第四节是本章小结。

# 第一节　统计过程控制

由于企业全球化和信息发展日新月异，使产品销售的形态产生了重大的变化。加上消费者需求快速变动，造成了产品的生命周期缩短，研发与制造成本也相对地提高（Wang，2005）。因此，企业为了生存必须不断维持高度的竞争力；而该如何厚植竞争实力，如何达到成本最小化，同时最大化地提高产品质量，是值得企业深入探讨的议题。Weber et al.（1991）和 Dickson（1996）均指出，影响企业生存的关键因素之一就是产品的质量。企业可借由提升生产过程的质量水平来提高产品的质量和产量，进而增加企业在市场上的竞争力。综上所述，产品质量良窳已是现在厂商或消费者在选择产品或服务的重要决策因素，所以良好的质量可以获得更多消费者的青睐。此外，就成本方面而言，良好的产品质量也可让企业的经营成本降低并获得竞争优势。

生产具有稳定性和高质量的产品是制造商为达到客户满意度而必须承担的一项重大工业挑战。为此，学者们提出了统计过程控制（Statistical Process Control）用于监控、维护和改进生产过程的性能，帮助制造商生产出符合规格的产品。统计过程控制是一种利用统计分析技术来衡量、评估和控制生产工艺和产品的质量，使工程师能够随时检测并控制生产流程，从而确保产品规格符合客户要求，这种简单性符合数据可视化的现代方法，强调清楚地传达必要的信息，而不是传递不必要的信息（Montgomery，2012；Simsek et al.，2018）。统计过程控制分为两个关键阶段：收集数据和确定控制限值，然后通过监控过程检测数据是否超出控制限值。控制限值设定为过程被视为正常或处于控制状态的范围。此外，这些控制限值可用作监控过程不稳定的警告指示器。当产品在生产过程中出现统计上的异常偏差，控制限值就会产生变化，此时，必须停止生产找出发生问题的原因。除了协助管理人员监控产品质量，统计过程控制还可提高操作人员的工作效率，增加产品产量，降低故障和维修质量成本（Capaci et al.，2018；Alevizakos et al.，2018）。一旦一个过程处于控制状态（In‑control），下一个步骤是使用过程能力指数（Process Capability Index，PCI）来检验产品的质量和性能是否满足规范限制。因此，过程能力指数在产品质量的控制与管理上，扮演着非常重要的角色。

# 第二节　过程能力指数

过程能力指数（PCI）是采用数值量化的方法来表示过程性能与产品规格之间的关系，其广泛用于确定一个过程是否达到顾客要求的规格和质量水平。过程能力指数被视为一种衡量产品过程良率和产品质量水平的有效工具，当过程能力指数值越大则意味着有较高的产品良率（Chen et al.，2006b）。过程能力指数为利用过程均值 $\mu$、过程标准差 $\sigma$ 与过程规格界限的函数作为衡量的标准，只要过程发生偏移或变异时就可以立即反映在指数值上。Chen et al.（2001）指出过程能力指数、过程良率和过程预期损失都是可作为衡量产品质量良窳的标准，当过程能力指数值越大时则意味着较低的过程预期损失。因此，过程能力指数是一种除了可有效衡量产品质量水平，并可让企业达到成本最小化和质量优化的目的（Pearn and Lin，2004）。到目前为止，已有许多学者与质量工程师投入过程能力指数的研究，提出了改善和提高过程能力和产品质量的方法，例如：Boyles（1991），Kotz and Johnson（1993），Kotz et al.（1993），Pearn et al.（1998），Pearn and Chen（1997），Kotz and Lovelace（1998），Huang et al.（2002），Chen et al.（2002a），Chen et al.（2003），Huang and Chen（2003），Chen et al.（2005），Wang（2005），Pearn and Kotz（2006），Chen and Huang（2007），Yu et al.（2007），Jeang and Chung（2009），Pearn et al.（2011），Wang et al.（2011），Wu et al.（2012），Wu and Liao（2014），Kashif et al.（2017），Aslam

(2018)。许多企业也运用各类型过程能力指数作为产品或服务质量的衡量、评估、控制或改善方法，例如：芯片电阻器（Pearn et al., 2002；Wu et al., 2012）、转换器（Pearn and Shu, 2003a）、配电开关（Pearn and Shu, 2003b）、供应商绩效评估（Chen and Chen, 2004；Pearn et al., 2009）、TFT – LCD 面板（Chen et al., 2006c）、半导体晶圆（Kang and Lee, 2006）、拉杆球头（Chang and Wu, 2008）、夜视镜（Chen et al., 2008）、沟槽式电容器（Chang, 2009）、空气质量检测（Kaya and Kahraman, 2009）、发光二极管（Wu, 2009）、硅填料（Chang and Chen, 2010）、缝纫机的上部轴承（Huang et al., 2010）、铁路车辆悬吊（Lee et al., 2010）、股票投资组合（Chang and Shi, 2011）、高尔夫球杆（Chen et al., 2012）、紧套光纤（Lin et al., 2012）、网络服务业者（Yu, 2012）、贴片电阻（Ouyang et al., 2013）、自行车快卸杆（Ouyang et al., 2014）。除上述研究外，读者还可以参考 Kotz and Johnson（1993）、Kotz and Lovelace（1998）和 Pearn and Kotz（2006）有关过程能力指数方面的书籍，这些书籍全面介绍了过程能力指数的发展历史。

如前所述，产品质量的良窳已经成为影响企业竞争力优劣的关键因素之一。因此，企业为了生存必须致力于产品质量的监控和优化。早期的质量管理者大多是以过程均值 $\mu$ 和过程标准差 $\sigma$ 与产品的规格来衡量产品的过程能力。然而由于每个产品的规格要求并不一致，所以质量管理者无法直接由过程均值 $\mu$ 和过程标准差 $\sigma$ 的值，立即判断出该产品质量水平的好坏。为了克服这个问题，Juran（1974）结合过程参数与产品规格，提出了过程能力指数的概念以及在双侧规格下的望目型过程能力指数 $C_p$：

$$C_p = \frac{USL - LSL}{6\sigma} = \frac{d}{3\sigma} \qquad (1-1)$$

其中，$USL$ 和 $LSL$ 分别表示质量特性的规格上界限（Upper Specification Limit, USL）与规格下界限（Lower Specification Limit, LSL），$\sigma$ 为质量特性的标准差，$d = (USL - LSL)/2$ 为公差（Deviation）。

然而，指数 $C_p$ 仅考虑到过程质量特性的规格上界限、规格下界限及其变异情形，并未关注到过程均值 $\mu$ 的状况。基于此，Kane（1986）以过程均值 $\mu$ 为中心建构一个新过程能力指数 $C_{pk}$，同时提出在单侧规格下的望小型和望大型过程能力指数 $C_{pu}$ 和 $C_{pl}$：

$$C_{pk} = \min\left\{\frac{USL - \mu}{3\sigma}, \frac{\mu - LSL}{3\sigma}\right\} = \frac{d - |\mu - m|}{3\sigma} \qquad (1-2)$$

$$C_{pu} = \frac{USL - \mu}{3\sigma} \qquad (1-3)$$

$$C_{pl} = \frac{\mu - LSL}{3\sigma} \qquad (1-4)$$

其中，$m = (USL + LSL)/2$ 为规格区间的中点（Midpoint）。

虽然指数 $C_{pk}$ 有考虑到规格上界限、规格下界限以及过程参数（$\mu$ 和 $\sigma$），但未能将过程目标值（Target，$T$）纳入考虑。除非将目标值 $T$ 设为规格区间的中点，否则 $C_{pk}$ 与目标值 $T$ 无关系。稍后，Hsiang and Taguchi（1985）和 Chan et al.（1988）分别独立提出考虑二次质量损失函数的新过程能力指数 $C_{pm}$，其定义为：

$$C_{pm} = \frac{USL - LSL}{6\sqrt{E\left[(X - T)^2\right]}} = \frac{USL - LSL}{6\sqrt{\sigma^2 + (\mu - T)^2}} = \frac{d}{3\sqrt{\sigma^2 + (\mu - T)^2}} \qquad (1-5)$$

其中，$\sigma^2 + (\mu - T)^2 = E(X - T)^2$ 为田口损失函数的期望值。

综上可知，望目型过程能力指数 $C_p$、$C_{pk}$ 与 $C_{pm}$ 都是用来评估、衡量、分析与改善产品的质量能力以力求达到规格要求的有效工具，而 $C_{pm}$ 将目标值 $T$ 纳入考虑，所以相较于 $C_p$ 和 $C_{pk}$ 而言，它较能反映出质量良率问题。Pearn et al.（1994）说明前述三个基本过程能力指数：$C_p$、$C_{pk}$ 与 $C_{pm}$ 对过程偏离目标值 $T$ 时的敏感度由大至小依序为 $C_{pm} > C_{pk} > C_p$。从 Boyles（1991）利用三个不同过程（A、B 和 C）和其相关过程参数（$\mu$、$\sigma$ 和 $T$）的值，所提供的例子便可验证此事实（见图 1-1）。由图 1-1 可知，$C_p$ 与 $C_{pk}$ 这两个指数均无法有效地反映出过程均值 $\mu$ 偏离目标值 $T$ 时，对过程能力的影响；而 $C_{pm}$ 不仅考虑到过程变异与过程均值 $\mu$ 对于目标值 $T$ 之改变量，且当过程均值 $\mu$ 偏离目标值 $T$ 时，则过程会有平方损失的产生。因此，$C_{pm}$ 是较能有效地衡量产品的质量水平是否达到顾客的要求。

| 过程 | $\mu$ | $\sigma$ | $T$ | $C_p$ | $C_{pk}$ | $C_{pm}$ |
|------|-------|----------|-----|-------|----------|----------|
| A | 50.00 | 5.00 | 50 | 1 | 1 | 1.00 |
| B | 57.50 | 2.50 | 50 | 2 | 1 | 0.62 |
| C | 61.25 | 1.25 | 50 | 4 | 1 | 0.44 |

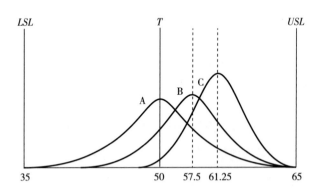

**图 1 - 1  三个过程的 $C_p$、$C_{pk}$ 与 $C_{pm}$ 值比较（当 $T = m$）**

然而，指数 $C_{pk}$ 与 $C_{pm}$ 并无法直接反映过程的良率，为此 Boyles（1994）发展了在双边规格下的望目型过程能力指数 $S_{pk}$：

$$S_{pk} = \frac{1}{3}\Phi^{-1}\left\{\frac{1}{2}\Phi\left(\frac{USL-\mu}{\sigma}\right) + \frac{1}{2}\Phi\left(\frac{\mu-LSL}{\sigma}\right)\right\}$$

$$= \frac{1}{3}\Phi^{-1}\left\{\frac{1}{2}\Phi(3C_{pu}) + \frac{1}{2}\Phi(3C_{pl})\right\} \tag{1-6}$$

其中，$\Phi$ 为标准正态累积分布函数（Standard Normal Cumulative Distribution Function）和 $\Phi^{-1}$ 为 $\Phi$ 的反函数。

假设过程的分配为正态分布，则过程的良率可表示为 $yield\% = \Phi[(USL - \mu)/\sigma] - \Phi[(\mu - LSL)/\sigma]$。由式（1-2）和式（1-3）可知，对单侧规格望小型与望大型的过程良率分别为 $yield\% = \Phi(3C_{pu})$ 与 $yield\% = \Phi(3C_{pl})$。当 $S_{pk} = y$，由式（1-6）可知，过程良率为 $yield\% = 2\Phi(3y) - 1$。显然地，指数 $C_{pu}$、$C_{pl}$ 和 $S_{pk}$ 和过程良率 $yield\%$ 有一对一的关系。

# 第三节 三个应用实例

## 一、过程能力指数与质量水平

一个产品通常有很多质量特性，Ouyang et al.（2013）提出一个最小过程能力指数 $C_0 = (1/3)\Phi^{-1}[(\sqrt[t]{2\Phi(3c) - 1} + 1)/2]$，其中，$c$ 是总质量能力指数值，$t$ 是质量特性总数，$\Phi$ 是标准正态累积分布函数，$\Phi-1$ 是 $\Phi$ 的倒数。Pearn and Chen（1997）定义了四种不同的质量水平、$c$ 值和对应的 $C_0$ 值（见表 1-1）。

表 1-1　四种不同的质量水平和相应的 $C_0$ 值（当 $t = 1, 2, 3$）

| $t$ | 质量水平 | | | |
| --- | --- | --- | --- | --- |
| | 不充分<br>（$c = 1$） | 有能力<br>（$c = 1.33$） | 满意<br>（$c = 1.5$） | 高级<br>（$c = 2$） |
| 1 | 1.000 | 1.330 | 1.500 | 2.000 |
| 2 | 1.068 | 1.384 | 1.548 | 2.037 |
| 3 | 1.107 | 1.414 | 1.576 | 2.059 |

令准确度指数 $A = \mu/USL$ 和精确度指数 $P = \sigma/USL$，则可以提出一个新过程能力指数 $C_{pAP}$ 为：

$$C_{pAP} = \frac{USL - \mu}{3\sigma} = \frac{1 - A}{3P} \tag{1-7}$$

因此，一个产品的所有质量特性的准确度和精确度都可以被评估。此外，质量管理者可以使用新过程能力指数 $C_{pAP}$ 来识别产品的不合格质量特性。为了更有效地使用新过程能力指数 $C_{pAP}$，可以构建四个执行步骤，如下：

步骤 1：确定质量特性总数 $t$ 与总质量能力指数值 $c$，然后从表 1-1 中确定

$C_0$ 值。

步骤 2：收集每个质量特性的数据。

步骤 3：用式（1 – 7）计算所有质量特性的 $C_{pAP}$ 值。

步骤 4：识别不良质量特性，改善并提高产品质量和性能。

**二、应用实例——塑料**

接下来以一个应用实例说明所构建的四个执行步骤的可操作性。H 公司是一家塑料制造商，为了生产更高质量的塑料材料，将采用新过程能力指数 $C_{pAP}$。O 型塑料包括三个望小型质量特性，分别是：吸水率、导电性和密度。以下演示了新过程能力指数 $C_{pAP}$ 在 O 型塑料的应用。

步骤 1：O 型塑料有三个质量特性，即 $t = 3$。由于质量水平设为"有能力"（$c = 1.33$），根据表 1 – 1，可得 $C_0$ 为 1.414。

步骤 2：各质量特性数据如表 1 – 2 所示。

步骤 3：O 型塑料三个质量特性的 $C_{pAP}$ 值如表 1 – 2 所示。

步骤 4：从表 1 – 2 可知，O 型塑料的导电性不合格（$C_{pAP} = 0.89 < 1.414$），因此应立即采取质量改善。

表 1 – 2　O 型塑料质量特性的规格与参数值

| 质量特性 | 规格上界限 | $A$ | $P$ | $C_{pAP}$ |
|---|---|---|---|---|
| 吸水率 | 0.05 | 0.42 | 0.12 | 1.61 |
| 导电性 | 0.038 | 0.36 | 0.24 | 0.89 |
| 密度 | 1.06 | 0.55 | 0.08 | 1.88 |

**三、应用实例——电容器**

电容器（Capacitor）是一种被动组件，可以短暂储存电流。电容器的基本结构是由两块电极板中间隔着电介质构成电容器的基本模型。电容器与电池有点类似，不同之处是电池无法瞬间储存电能及释放电能。电容器主要用来阻绝直流、耦合交流、滤波、调谐、储存能量、作为旁路等应用。过去基于成本考虑，绝大多数的电子产品皆使用液态电解电容，但由于液态电解电容以液体电解液作为电介质，如果产品质量不良将使电容温度容易升高，会造成电容内部汽化升压的现象，且若液态电解电容包装顶部的十字型或 Y 字型刻痕无法完全释放压力，将造成电容爆浆的情形。因此，为了改善液态电解电容的缺点，在一些不需高电容量及不受空间限制的应用场合中，厂商已经逐步使用高分子固态电容取代原来的电解电容。

案例 Q 公司所生产的高散热性电容器可用于涡轮发动机的电容放电式点火系统。然而，使用于涡轮发动机的电容放电式点火系统所需的高频军规电容，其使用环境非常严苛，需要在极高的电压与温度下运作，故产品的质量良窳扮演了非常重要的角色。因此，Q 公司决定利用过程能力指数 $C_{pk}$ 来检验电容器的质量，改善现有产品的质量问题，并提出缺失与改善方法，以利于提高产品质量。Q 公司生产的电容器有三个关键质量特性，分别为：电容容量（规格为 $30 \pm 3\mu F$）、电容器长度（规格为 $65 \pm 0.5 mm$）、电容器直径（规格为 $25.4 \pm 0.5 mm$）。

首先采用随机抽样方式抽取 30 组样本，测量三项关键质量特性各规格上界限（$USL$）、规格下界限（$LSL$），并计算均值（$\mu$）、标准差（$\sigma$）、公差（$d$）、规格中点（$m$）和 $C_{pk}$ 值，其结果如表 1 – 3 所示。接着利用 Pearn and Wu（2005）提出的 $C_{pk}$ 值与质量水平等级和管理办法（见表 1 – 4）判断 Q 公司电容器的产品质量。从表 1 – 3 可知，电容容量 $C_{pk}$ 值为 1.34、电容器直径 $C_{pk}$ 值为 1.09，过程能力指数值都大于 1，符合所要求的质量标准。而电容器长度 $C_{pk}$ 值为 0.91，未达到所要求的质量标准，因此电容器长度为优先改善目标。

表 1 –3 电容器三个质量特性的规格与参数值

| 质量特性 | $USL$ | $LSL$ | $d$ | $m$ | $\mu$ | $\sigma$ | $C_{pk}$ |
|---|---|---|---|---|---|---|---|
| 电容容量 | 33 | 27 | 6 | 30 | 29.38 | 0.59 | 1.34 |
| 电容器长度 | 65.5 | 64.5 | 1 | 65 | 65.01 | 0.18 | 0.91 |
| 电容器直径 | 25.9 | 24.9 | 1 | 25.4 | 25.41 | 0.15 | 1.09 |

注：$USL$ 为规格上限；$LSL$ 为规格下限；$d$ 为公差；$m$ 为规格中点；$\mu$ 为均值；$\sigma$ 为标准差。

表 1-4　$C_{pk}$ 值质量等级判定与管理办法

| 等级 | $C_{pk}$ 值 | 管理办法 |
|------|------------|----------|
| A + | $1.67 \leqslant C_{pk}$ | 无缺点考虑降低成本 |
| A | $1.33 \leqslant C_{pk} \leqslant 1.67$ | 维持现状 |
| B | $1 \leqslant C_{pk} \leqslant 1.33$ | 有缺失发生 |
| C | $0.67 \leqslant C_{pk} \leqslant 1.33$ | 立即检讨改善 |
| D | $C_{pk} \leqslant 0.67$ | 停止生产，立即进行改善 |

## 四、应用实例——防紫外线耐高温油漆

随着全球环保意识的增强和建筑材料耐久性技术的提高，复合板建材企业为了进入高规格的建材市场，都在积极寻找发展环保建材和涂料强度方法的制造商。防紫外线耐高温油漆是市场上具有环保特性的涂料产品。防紫外线耐高温油漆属于建筑外墙涂料，其作用是可吸收紫外线和红外线反射，即使在环境中长期日晒，建筑物也能抵抗紫外线辐射。防紫外线耐高温油漆具有降低室温、碳还原、抗污染等优点，广泛应用于新建高规格建筑，像是现代家庭办公楼、地铁、车站、电子厂等。可见，防紫外线耐高温油漆是当前建筑涂料发展的主流产品。鉴于此，防紫外线耐高温油漆质量较差将会导致整个供应链网络系统出现重大损失。

K公司为生产R型防紫外线耐高温油漆的厂家。一般来说，所有用于生产防紫外线辐射的建筑材料涂料产品，都需要考虑三个主要的质量特性，分别是涂料的光泽度、黏度和比重。这些质量特性的规格和参数值描述如表 1-5 所示。

表 1-5　R型防紫外线耐高温油漆三个质量特性的规格与参数值

| 质量特性 | USL | LSL | d | T | P | A | $C_{pm}$ |
|---------|-----|-----|---|---|---|---|----------|
| 光泽度 | 80.5 | 75.5 | 0.5 | 80 | 0.212 | 0.093 | 1.440 |
| 黏度 | 105 | 95 | 5 | 100 | 0.191 | 0.077 | 1.619 |
| 比重 | 1.1 | 1 | 0.05 | 1.05 | 0.088 | 0.165 | 1.783 |

注：USL 为规格上界限；LSL 为规格下界限；d 为公差；T 为目标值。

接下来利用式（1-8）进行分析 R 型防紫外线耐高温油漆三个质量特性的质量水平：

$$C_{pm} = \frac{d}{3\sqrt{\sigma^2 + (\mu - T)^2}} = \frac{1}{3\sqrt{P^2 + A^2}} \tag{1-8}$$

其中，$A = (\mu - T)/d$ 为准确度指数，以及 $P = \sigma/d$ 为精确度指数。

根据前述，过程能力指数 $C_{pm}$ 在 R 型防紫外线耐高温油漆的实施步骤为：

步骤 1：R 型防紫外线耐高温油漆有三个质量特性，即 $t = 3$。由于质量水平设置为"满意"（$c = 1.5$），根据表 1-1，可得 $C_0$ 为 1.576。

步骤 2：各质量特性的数据如表 1-5 所示。

步骤 3：R 型防紫外线耐高温油漆三个质量特性的 $C_{pm}$ 值如表 1-5 所示。

步骤 4：从表 1-5 可知，R 型防紫外线耐高温油漆的光泽度不合格（$C_{pm} = 1.440 < 1.576$），因此应立即采取改善措施。

# 第四节　本章小结

本章介绍了当前几种常用的过程能力指数，并且以三个案例分析演示过程能力指数 $C_{pAP}$、$C_{pk}$ 与 $C_{pm}$ 在工业产品上的应用与实施过程。第一个案例结果显示，塑料材料的导电性是必须改进的质量特性。第二个案例结果发现，三个关键电容器过程中，电容容量和电容器直径 $C_{pk}$ 值均大于 1，代表质量水平是令人满意的，但须注意其生产过程仍可能有缺点出现，而质量特性电容器长度 $C_{pk}$ 值小于标准值 1，需进一步改善以提高质量。第三个案例结果发现，R 型防紫外线耐高温油漆的光泽度质量特性未满足所要求的质量水平，因此必须进行改善并找出加强和提高过程能力的方法。本章证实了过程能力指数在制造工业上的有效应用，因此，为了生产出高质量的产品，制造商应该利用过程能力指数来监控生产过程是否按照给定的规范工作，进行分析产品过程问题，从而提高公司的运营绩效。

# 第二章 基于置信区间的过程能力指数

激烈竞争的市场迫使制造商专注于提供高质量和低成本的产品。为了提高质量和保持竞争力，制造商可利用过程能力指数（Process Capability Index，PCI）进行监测生产过程或产品质量的过程均值 $\mu$ 和过程标准差 $\sigma$ 是否符合所要求的规格。许多学者也已找出过程能力指数的抽样分配，或利用近似的方法去估计过程能力指数的置信下限和联合置信区间。然而，并未发展出过程能力指数的置信上限和置信闭区间。因此，本章说明如何运用布尔不等式（Boole's Inequality）和德摩根定律（De Morgan's Laws）构建望小型、望大型和望目型过程能力指数的置信上限和置信闭区间，并探讨不同样本数与显著水平对置信区间的影响。此外，还构建了一套易于实务工作者使用的质量检验模式。最后，将所构建的质量检验模式应用于一家专门生产光学镜片的公司，说明并验证所提出方法的可行性和可靠性。

## 第一节 过程能力指数的置信上限

实务上较不易取得总体均值 $\mu$ 和总体标准差 $\sigma$，所以需透过抽样方式抽得样本数据，之后再经计算才可从样本过程均值 $\overline{X}$ 和样本过程标准差 $S$ 来推估 $\mu$ 和

$\sigma$。但是，只要数据是根据抽样方式所取得，就可能因为测量人员、器具或者环境等因素造成抽样误差的产生。此外，将 $\bar{X}$ 和 $S$ 代入过程能力指数（PCI）公式内，所求得的过程能力指数的点估计值并没有考虑估计可能产生的偏误结果，且无法保证其为原指数的无偏估计量。因此，实务工作者仅依据过程能力指数所求得的点估计值来评估产品的过程能力，忽略抽样误差和点估计值所造成的影响，则可能会对实际的过程能力产生错误的判断与决策，进而造成质量和成本的损失。为了解决过程能力指数点估计值和抽样误差的问题，过去已有许多学者从过程能力指数的抽样分配，或者利用近似的方法来估计过程能力指数的置信下限或联合置信区块，例如：Chou et al.（1990）利用过程能力指数的抽样分配去计算置信下限。Tong and Chen（1998）和 Pearn and Wu（2006）利用拔靴法求得过程能力指数的置信下限。Sung et al.（2002），Chen and Chen（2007）和 Chen et al.（2010）利用准确度指数 $\delta = (\mu - T)/d$ 与精确度指数 $\gamma = \sigma/d$ 构成过程能力指数的联合置信区块。

由于准确度指数 $\delta = (\mu - T)/d$ 可测量出过程中心与过程目标值的漂移情况，而精确度指数 $\gamma = \sigma/d$ 可测量过程变异，因此，下文将说明如何推导出这两个指数的置信上限。假设 $X_{j1}$，$X_{j2}$，$\cdots$，$X_{jn}$；$j = 1$，$2$，$\cdots$，$m$ 为从过程均值 $\mu$ 和过程标准差 $\sigma$ 的正态总体中所抽出的 $m$ 组样本数据，每组有 $n$ 个观测值，则：

$$\bar{X} = \frac{\sum_{r=1}^{n} X_{jr}}{n} \text{ 和 } S^2 = \frac{\sum_{r=1}^{n} (X_{jr} - \bar{X}_j)^2}{n-1} \tag{2-1}$$

总体样本均值 $\hat{\mu}$ 和总体样本方差 $\hat{\sigma}^2$ 的无偏估计量为：

$$\hat{\mu} = \bar{\bar{X}} = \frac{\sum_{j=1}^{m} \bar{X}_j}{m} \text{ 和 } \hat{\sigma}^2 = S_p^2 = \frac{\sum_{j=1}^{m} (n-1) S_j^2}{\theta - m} = \frac{\sum_{j=1}^{m} S_j^2}{m} \tag{2-2}$$

其中，$\theta = m \times n$ 是样本总数。

假设一个过程数据为正态分布，则统计量 $Z$ 的分布形态为：

$$Z = \frac{\bar{\bar{X}} - \mu}{\frac{\sigma}{\sqrt{\theta}}} \sim N(0, 1)$$

其中，$Z$ 值为服从标准正态分布 $N(0, 1)$。

令

$$Z = \frac{\hat{\delta} - \delta}{\frac{\gamma}{\sqrt{\theta}}} \text{和} K = \frac{m(n-1)\hat{\gamma}^2}{\gamma^2} \qquad (2-3)$$

其中，$K$ 为服从自由度 $(\theta - m)$ 的卡方分布 $\chi^2_{(\theta-m)}$ 和 $\hat{\gamma} = \frac{\hat{\sigma}}{d}$ 是指数 $\gamma$ 的朴素估计量。

如上所述，基于样本的 $\delta$ 的朴素估计量如下：

$$\hat{\delta} = \frac{\hat{\mu} - T}{d} = \frac{\overline{\overline{X}} - T}{d} \qquad (2-4)$$

在正态性假设的基础上，可以导出 $\hat{\delta}$ 的样本分布为 $N\left(\delta, \frac{\gamma}{\theta}\right)$。

令

$$\Pr(Z \geq -Z_{\alpha'}) = 1 - \alpha' \qquad (2-5)$$

其中，$\alpha' = 1 - \sqrt{1-\alpha}$ 和 $\alpha$ 为给定的显著水平。

则

$$\Pr[K \geq \chi^2_{\alpha'}(m(n-1))] = 1 - \alpha' \qquad (2-6)$$

为了推导 $\delta$ 和 $\gamma$ 的 $(1-\alpha) \times 100\%$ 置信上限，定义事件 A 和 B：

$$A = \left\{ \frac{\hat{\delta} - \delta}{\frac{\gamma}{\sqrt{\theta}}} \geq -Z_{\alpha'} \right\} \text{和} B = \left\{ \frac{m(n-1)\hat{\gamma}^2}{\gamma^2} \geq \chi^2_{\alpha'}(m(n-1)) \right\} \qquad (2-7)$$

可以看出 $P(A) = P(B) = 1 - \alpha'$，这意味着 $P(A^c) = P(B^c) = \alpha'$。

根据布尔不等式和德摩根定律：

$$P(A \cap B) \geq 1 - P(A^c) - P(B^c)$$

可得：

$$P\left( \frac{\hat{\delta} - \delta}{\frac{\gamma}{\sqrt{\theta}}} \geq -Z_{\alpha'}, \frac{m(n-1)\hat{\gamma}^2}{\gamma^2} \geq \chi^2_{\alpha'}(m(n-1)) \right) = 1 - \alpha$$

$$\Rightarrow P\left(\delta \le \hat{\delta} + Z_{\alpha'} \frac{\gamma}{\sqrt{\theta}}, \ \gamma \le \sqrt{\frac{m(n-1)}{\chi^2_{\alpha'}(m(n-1))}}\hat{\gamma}\right) = 1 - \alpha \tag{2-8}$$

因此，$\delta$ 的 $(1-\alpha) \times 100\%$ 置信上限为 $\hat{\delta} + Z_{\alpha'} \dfrac{\gamma}{\sqrt{\theta}}$，和 $\gamma$ 的 $(1-\alpha) \times 100\%$ 置信

上限为 $\sqrt{\dfrac{m(n-1)}{\chi^2_{\alpha'}(m(n-1))}}\hat{\gamma}$，然后重新整理为：

$$(\delta_U, \ \gamma_U) = \left(\hat{\delta} + Z_{\alpha'} \frac{\gamma}{\sqrt{\theta}}, \ \sqrt{\frac{m(n-1)}{\chi^2_{\alpha'}(m(n-1))}}\hat{\gamma}\right) \tag{2-9}$$

# 第二节　应用实例——红外线滤光片

以红外线滤光片的过程性能作为一个应用实例（Hsu et al., 2016）。红外线滤光片有两个关键质量特性：透镜厚度和透镜直径。这两个质量特性的规格和参数值如表 2-1 所示。

表 2-1　红外线滤光片的规格和参数值　　　　　　　　单位：毫米

| 质量特性 | USL | LSL | T | d | $\hat{\mu}$ | $\hat{\sigma}$ | $\hat{\delta}$ | $\hat{\gamma}$ |
|---|---|---|---|---|---|---|---|---|
| 厚度 | 0.63 | 0.61 | 0.62 | 0.01 | 0.625 | 0.001 | 0.50 | 0.10 |
| 直径 | 8.30 | 8.20 | 8.25 | 0.05 | 8.263 | 0.011 | 0.26 | 0.22 |

注：USL 为规格上界限；LSL 为规格下界限；T 为目标值；d 为公差；$\hat{\mu}$ 为样本均值；$\hat{\sigma}$ 为样本标准差。

红外线滤光片的样本数据是从 25 个随机样本中获得的，每个样本的个数为 12（即样本总数 $\theta = 25 \times 12 = 300$），且规定 $\alpha$ 值为 0.025。根据表 2-1 和式（2-9）可以计算出红外线滤光片的两个质量特性的置信上限值，其中，厚度的 $\delta_U = 0.07$ 和 $\gamma_U = 0.11$，直径的 $\delta_U = 0.04$ 和 $\gamma_U = 0.24$。

# 第三节　过程能力指数的置信闭区间

前文已讨论过过程能力指数 $\delta$ 和 $\gamma$ 的置信上限的发展和应用，但是仍有一些重要问题有待解决，比如：①过程能力指数的抽样分配过于复杂，不易使用。②有些学者提出可用自助法（Bootstrap Method）来估计过程能力指数值，但自助法为从有限样本进行重复抽样而建立出新样本，当样本不具代表性，将会产生预测偏误。③经转换后的过程能力指数所构成的联合置信区块并非原始过程能力指数的置信区间。为了解决这些问题，本节将运用布尔不等式和德摩根定律发展可用于检验望小型、望大型和望目型的过程能力指数 $C_{pu}$、$C_{pl}$ 和 $S_{pk}$ 的闭区间，并进一步构建一个易于企业工作者使用的区间估计检定模式。此模式不仅可供企业工作者迅速且有效地评估产品所有质量特性的质量水平，并可找出不合格质量特性并加以改善。最后，将所构建的 $C_{pu}$、$C_{pl}$ 和 $S_{pk}$ 区间估计检定模式应用于一家专门生产光学镜片的公司，以说明并验证所提出方法的可行性。

## 一、过程能力指数 $C_{pu}$、$C_{pl}$ 和 $S_{pk}$ 的区间估计

一般而言，质量管理者在进行产品过程能力分析前，必须先计算每个质量特性的过程均值 $\mu$ 和过程标准差 $\sigma$。然而实务上，过程均值 $\mu$ 和过程标准差 $\sigma$ 通常为未知参数。若 $X_{i1}$，$X_{i2}$，$\cdots$，$X_{in}$；$i=1$，$2$，$\cdots$，$m$ 为从过程均值 $\mu$ 和过程标准差 $\sigma$ 的正态总体中所抽出的 $m$ 组样本数据，每组有 $n$ 个观测值，则可用样本均

值 $\overline{\overline{X}} = \dfrac{\sum\limits_{i=1}^{m} \overline{X}_i}{m} = \dfrac{\sum\limits_{i=1}^{m}\sum\limits_{j=1}^{n} X_{ij}}{\theta}$ 和样本标准差 $S_d = \sqrt{\dfrac{\sum\limits_{i=1}^{m}(n_i-1)S_i^2}{\theta-m}}$，其中，$\theta = m \times n$

是样本总数和 $S_i = \sqrt{\dfrac{\sum\limits_{j=1}^{n}(X_{ij}-\overline{X}_i)^2}{n-1}}$，$i=1$，$2$，$\cdots$，$m$，推估过程均值 $\mu$ 和过程

标准差 $\sigma$。

假设一个过程数据为正态分布，则其统计量 $Z$ 的分布形态为：

$$Z = \frac{\bar{\bar{X}} - \mu}{\frac{\sigma}{\sqrt{\theta}}} \sim N(0,\ 1) \qquad (2-10)$$

其中，$Z$ 值为服从标准正态分布 $N(0,\ 1)$。

将上式重新表示为：

$$Z = \frac{(USL - \mu) - (USL - \bar{\bar{X}})}{\frac{\sigma}{\sqrt{\theta}}}$$

$$= 3\sqrt{\theta}\left[\frac{USL - \mu}{3\sigma} - \frac{USL - \bar{\bar{X}}}{3S_d}\left(\frac{S_d}{\sigma}\right)\right] = 3\sqrt{\theta}\left[C_{pu} - \left(\frac{S_d}{\sigma}\right)\widehat{C_{pu}}\right] \sim N(0,\ 1) \qquad (2-11)$$

令正态随机变量 $X$ 大于 $Z_{\alpha/4}$ 的概率为 $\alpha/4$，再加上正态分布具有对称的性质，因此可得：

$$P\left(-Z_{\frac{\alpha}{4}} \leqslant Z \leqslant Z_{\frac{\alpha}{4}}\right) = 1 - \frac{\alpha}{2} \qquad (2-12)$$

其中，$\alpha$ 为给定的显著水平。

将式（2-11）代入式（2-12）可得：

$$P\left[\frac{-Z_{\frac{\alpha}{4}}}{3\sqrt{\theta}} \leqslant C_{pu} - \left(\frac{S_d}{\sigma}\right)\widehat{C_{pu}} \leqslant \frac{Z_{\frac{\alpha}{4}}}{3\sqrt{\theta}}\right] = 1 - \frac{\alpha}{2}$$

$$\Rightarrow P\left[\left(\frac{S_d}{\sigma}\right)\widehat{C_{pu}} - \frac{Z_{\frac{\alpha}{4}}}{3\sqrt{\theta}} \leqslant C_{pu} \leqslant \left(\frac{S_d}{\sigma}\right)\widehat{C_{pu}} + \frac{Z_{\frac{\alpha}{4}}}{3\sqrt{\theta}}\right] = 1 - \frac{\alpha}{2} \qquad (2-13)$$

由卡方统计量 $K$ 的分布形态定义可知：

$$K = \frac{(\theta - m)S_d^2}{\sigma^2} \sim \chi_{(\theta - m)}^2 \qquad (2-14)$$

其中，$S_d^2$ 为样本变异数和 $K$ 为服从自由度 $\theta - m$ 的卡方分布 $\chi_{(\theta - m)}^2$。

假设有 $1 - (\alpha/4)$ 的概率可抽取到一个 $K$ 值，且

$$P\left[\chi_{1-\frac{\alpha}{4}}^2(\theta - m) \leqslant K \leqslant \chi_{\frac{\alpha}{4}}^2(\theta - m)\right] = 1 - \frac{\alpha}{2} \qquad (2-15)$$

将式（2－14）代入式（2－15）可得：

$$P\left[\chi^2_{1-\frac{\alpha}{4}}(\theta-m)\leqslant\frac{(\theta-m)S_d^2}{\sigma^2}\leqslant\chi^2_{\frac{\alpha}{4}}(\theta-m)\right]=1-\frac{\alpha}{2}$$

$$\Rightarrow P\left(\sqrt{\frac{\chi^2_{1-\frac{\alpha}{4}}(\theta-m)}{\theta-m}}\leqslant\frac{S_d^2}{\sigma}\leqslant\sqrt{\frac{\chi^2_{\frac{\alpha}{4}}(\theta-m)}{\theta-m}}\right)=1-\frac{\alpha}{2} \qquad (2-16)$$

令式（2－13）和式（2－16）分别为：

$$A=\left\{\left(\frac{S_d}{\sigma}\right)\widehat{C_{pu}}-\frac{Z_{\frac{\alpha}{4}}}{3\sqrt{\theta}}\leqslant C_{pu}\leqslant\left(\frac{S_d}{\sigma}\right)\widehat{C_{pu}}+\frac{Z_{\frac{\alpha}{4}}}{3\sqrt{\theta}}\right\}, \quad \text{且 } A^C \text{ 为其补集合}$$

$$B=\left\{\sqrt{\frac{\chi^2_{1-\frac{\alpha}{4}}(\theta-m)}{\theta-m}}\leqslant\frac{S_d}{\sigma}\leqslant\sqrt{\frac{\chi^2_{\frac{\alpha}{4}}(\theta-m)}{\theta-m}}\right\}, \quad \text{且 } B^C \text{ 为其补集合}$$

则 $P(A)=P(B)=1-\dfrac{\alpha}{2}$ 和 $P(A^C)=P(B^C)=\dfrac{\alpha}{2}$

根据布尔不等式：$P(A^C\cup B^C)\leqslant P(A^C)+P(B^C)=\alpha$ 和德摩根定律：$P(A\cap B)\geqslant1-P(A^C)-P(B^C)=1-\alpha$，可得：

$$P\left\{\left(\frac{S_d}{\sigma}\right)\widehat{C_{pu}}-\frac{Z_{\frac{\alpha}{4}}}{3\sqrt{\theta}}\leqslant C_{pu}\leqslant\left(\frac{S_d}{\sigma}\right)\widehat{C_{pu}}+\frac{Z_{\frac{\alpha}{4}}}{3\sqrt{\theta}},\right.$$

$$\left.\sqrt{\frac{\chi^2_{1-\frac{\alpha}{4}}(\theta-m)}{\theta-m}}\leqslant\frac{S_d}{\sigma}\leqslant\sqrt{\frac{\chi^2_{\frac{\alpha}{4}}(\theta-m)}{\theta-m}}\right\}=1-\alpha \qquad (2-17)$$

令 $K_l=\sqrt{\dfrac{\chi^2_{1-\frac{\alpha}{4}}(\theta-m)}{\theta-m}}$、$K_u=\sqrt{\dfrac{\chi^2_{\frac{\alpha}{4}}(\theta-m)}{\theta-m}}$ 和 $A_n=\dfrac{Z_{\frac{\alpha}{4}}}{3\sqrt{\theta}}$，则式（2－12）可改写为：

$$P\left\{\widehat{C_{pu}}K_l-A_n\leqslant C_{pu}\leqslant\widehat{C_{pu}}K_u+A_n\right\}=1-\alpha \qquad (2-18)$$

由式（2－18）可得：

$$C_{pu}^*=\left[C_{pu_L},\ C_{pu_U}\right]=\left[\widehat{C_{pu}}K_l-A_n,\ \widehat{C_{pu}}K_u+A_n\right]\text{为}\widehat{C_{pu}}\text{之}(1-\alpha)\times100\%\text{ 置信区间} \qquad (2-19)$$

同理可推：

$$C_{pl}^* = [\, C_{pl_L},\ C_{pl_U} \,] = [\, \widehat{C_{pl}} K_l - A_n,\ \widehat{C_{pl}} K_u + A_n \,] 为 \widehat{C_{pl}} 之 (1-\alpha) \times 100\% 置信区间$$

$$(2-20)$$

接着，令

$$E_U = \{\, C_{pu} \mid C_{pu} \in \Phi[\, 3(\widehat{C_{pu}} K_l - A_n) \,] \leqslant \Phi(3C_{pu}) \leqslant \Phi[\, 3(\widehat{C_{pu}} K_u + A_n) \,] \,\}，且 E_U^C$$

为其补集合和 $E_L = \{\, C_{pl} \mid C_{pl} \in \Phi[\, 3(\widehat{C_{pl}} K_l - A_n) \,] \leqslant \Phi(3C_{pl}) \leqslant \Phi[\, 3(\widehat{C_{pl}} K_u + A_n) \,] \,\}$，

且 $E_L^C$ 为其补集合，则：

$$\mathrm{P}(E_U) = \mathrm{P}(E_L) = 1 - \alpha 和 \mathrm{P}(E_U^C) = \mathrm{P}(E_L^C) = \alpha$$

同样地，根据布尔不等式：$\mathrm{P}(\mathrm{A}^C \cup \mathrm{B}^C) \leqslant \mathrm{P}(\mathrm{A}^C) + \mathrm{P}(\mathrm{B}^C) = \alpha$ 和德摩根定律：

$$\mathrm{P}(\mathrm{A} \cap \mathrm{B}) \geqslant 1 - \mathrm{P}(\mathrm{A}^C) - \mathrm{P}(\mathrm{B}^C) = 1 - \alpha$$

所以：$\mathrm{P}(E_U^C) \cup \mathrm{P}(E_L^C) \leqslant \mathrm{P}(E_U^C) + \mathrm{P}(E_L^C) = \alpha'$，其中 $\alpha' = 2\alpha$

$$\mathrm{P}(E_U \cap E_L) \geqslant 1 - \mathrm{P}(E_U^C) - \mathrm{P}(E_L^C) = 1 - \alpha'$$

因此可得：

$$\mathrm{P}\left\{ \frac{1}{3} \Phi^{-1} \left[ \frac{1}{2} \Phi[\, 3(\widehat{C_{pu}} K_l - A_n) \,] + \frac{1}{2} \Phi[\, 3(\widehat{C_{pl}} K_l - A_n) \,] \right] \right.$$

$$\leqslant \frac{1}{3} \Phi^{-1} \left\{ \frac{1}{2} \Phi(3C_{pu}) + \frac{1}{2} \Phi(3C_{pl}) \right\}$$

$$\left. \leqslant \frac{1}{3} \Phi^{-1} \left[ \frac{1}{2} \Phi[\, 3(\widehat{C_{pu}} K_u + A_n) \,] + \frac{1}{2} \Phi[\, 3(\widehat{C_{pl}} K_u + A_n) \,] \right] \right\} \geqslant 1 - \alpha' \qquad (2-21)$$

令

$$S_{pk_L} = \frac{1}{3} \Phi^{-1} \left\{ \frac{1}{2} \Phi[\, 3(\widehat{C_{pu}} K_l - A_n) \,] + \frac{1}{2} \Phi[\, 3(\widehat{C_{pl}} K_l - A_n) \,] \right\} \qquad (2-22)$$

和

$$S_{pk_U} = \frac{1}{3} \Phi^{-1} \left\{ \frac{1}{2} \Phi[\, 3(\widehat{C_{pu}} K_u + A_n) \,] + \frac{1}{2} \Phi[\, 3(\widehat{C_{pl}} K_u + A_n) \,] \right\} \qquad (2-23)$$

根据式（2-22）和式（2-23），则式（2-21）可改写为：

$$\mathrm{P}(S_{pk_L} \leqslant S_{pk} \leqslant S_{pk_U}) \geqslant 1 - \alpha'$$

所以可得：

$$S_{pk}^* = [S_{pk_L}, \ S_{pk_U}] = [\widehat{S_{pk}}K_l - A_n, \ \widehat{S_{pk}}K_u + A_n] \text{为} \widehat{S_{pk}} \text{之} (1 - \alpha') \times 100\% \text{ 置信区间}$$

$$(2-24)$$

将式（2-19）、式（2-20）和式（2-24）重新写为：

$$[LCL_i, \ UCL_i] = \begin{cases} [C_{pu_L}, \ C_{pu_U}], & i = C_{pu} \\ [C_{pl_L}, \ C_{pl_U}], & i = C_{pl} \\ [S_{pk_L}, \ S_{pk_U}], & i = S_{pk} \end{cases}$$

将望小型、望大型和望目型质量特性的区间估计计算方式重新整理如表 2-2 所示。

表 2-2　望小型、望大型和望目型质量特性的区间估计

| 质量特性 | 过程能力指数 | 置信区间 | 置信下限 | 置信上限 |
|---|---|---|---|---|
| 望小型 | $C_{pu}^*$ | $[C_{pu_L}, \ C_{pu_U}]$ | $\widehat{C_{pu}}K_l - A_n$ | $\widehat{C_{pu}}K_u + A_n$ |
| 望大型 | $C_{pl}^*$ | $[C_{pl_L}, \ C_{pl_U}]$ | $\widehat{C_{pl}}K_l - A_n$ | $\widehat{C_{pl}}K_u + A_n$ |
| 望目型 | $S_{pk}^*$ | $[S_{pk_L}, \ S_{pk_U}]$ | $\widehat{S_{pk}}K_l - A_n$ | $\widehat{S_{pk}}K_u + A_n$ |

根据表 2-2 可得到各过程能力指数的置信区间长度 $l_n$ 为：

$$l_n = 2A_n + (K_u - K_l)V, \quad V \in W = \{\widehat{C_{pu}}, \ \widehat{C_{pl}}, \ \widehat{S_{pk}}\} \qquad (2-25)$$

为了有效地推估 $\overline{\overline{X}}$ 和 $S_d$，Montgomery（2001）建议至少需抽取 20～25 组样本数据，每组样本数据有 10～12 个观测值，然后再计算样本总数 $\theta$。因此，可以根据不同样本总数 $\theta$，对给定不同显著水平 $\alpha = 0.05$、0.025、0.01，计算出对应的 $K_l$、$K_u$ 和 $A_n$ 值，如表 2-3 所示。

图 2-1 至图 2-4 显示了不同样本总数 $\theta$ 和显著水平 $\alpha$ 对 $K_l$、$K_u$、$A_n$ 和 $K_u - K_l$ 值的影响。从图 2-1 中可以观察到当样本总数 $\theta$ 和显著水平 $\alpha$ 越大时，$K_l$ 值会随之越大。相对地，图 2-2 和图 2-3 显示当样本总数 $\theta$ 和显著水平 $\alpha$ 越大时，$K_u$ 和 $A_n$ 值会随之越小。此外，从式（2-25）、图 2-3 和图 2-4 可以发现，当样本总数 $\theta$ 和显著水平 $\alpha$ 越大时，置信区间长度越窄，而置信区间越逼近指数值。

表 2-3　不同样本数和显著水平所对应的 $K_l$、$K_u$ 和 $A_n$ 值

| $m$ | $n$ | $\theta$ | $\alpha = 0.05$ | | | $\alpha = 0.025$ | | | $\alpha = 0.01$ | | |
|---|---|---|---|---|---|---|---|---|---|---|---|
| | | | $K_l$ | $K_u$ | $A_n$ | $K_l$ | $K_u$ | $A_n$ | $K_l$ | $K_u$ | $A_n$ |
| 20 | 10 | 200 | 0.8825 | 1.1185 | 0.0528 | 0.8696 | 1.1325 | 0.0589 | 0.8541 | 1.1495 | 0.0662 |
| | 11 | 220 | 0.8885 | 1.1124 | 0.0505 | 0.8762 | 1.1257 | 0.0563 | 0.8615 | 1.1418 | 0.0632 |
| | 12 | 240 | 0.8936 | 1.1072 | 0.0483 | 0.8819 | 1.1198 | 0.0539 | 0.8678 | 1.1351 | 0.0605 |
| 21 | 10 | 210 | 0.8853 | 1.1156 | 0.0517 | 0.8727 | 1.1293 | 0.0576 | 0.8576 | 1.1459 | 0.0647 |
| | 11 | 231 | 0.8911 | 1.1097 | 0.0493 | 0.8792 | 1.1226 | 0.0549 | 0.8648 | 1.1383 | 0.0617 |
| | 12 | 252 | 0.8962 | 1.1046 | 0.0472 | 0.8847 | 1.1169 | 0.0526 | 0.8710 | 1.1318 | 0.0591 |
| 22 | 10 | 220 | 0.8879 | 1.1130 | 0.0505 | 0.8756 | 1.1263 | 0.0563 | 0.8608 | 1.1425 | 0.0632 |
| | 11 | 242 | 0.8936 | 1.1072 | 0.0481 | 0.8819 | 1.1198 | 0.0536 | 0.8678 | 1.1351 | 0.0603 |
| | 12 | 264 | 0.8986 | 1.1022 | 0.0461 | 0.8874 | 1.1142 | 0.0513 | 0.8739 | 1.1288 | 0.0577 |
| 23 | 10 | 230 | 0.8904 | 1.1105 | 0.0494 | 0.8783 | 1.1235 | 0.0550 | 0.8638 | 1.1393 | 0.0618 |
| | 11 | 253 | 0.8960 | 1.1048 | 0.0471 | 0.8845 | 1.1172 | 0.0524 | 0.8707 | 1.1321 | 0.0589 |
| | 12 | 276 | 0.9008 | 1.0999 | 0.0451 | 0.8898 | 1.1117 | 0.0502 | 0.8766 | 1.1259 | 0.0564 |
| 24 | 10 | 240 | 0.8927 | 1.1081 | 0.0483 | 0.8808 | 1.1209 | 0.0539 | 0.8666 | 1.1364 | 0.0605 |
| | 11 | 264 | 0.8981 | 1.1026 | 0.0461 | 0.8869 | 1.1147 | 0.0513 | 0.8734 | 1.1293 | 0.0577 |
| | 12 | 288 | 0.9029 | 1.0978 | 0.0441 | 0.8921 | 1.1093 | 0.0491 | 0.8792 | 1.1233 | 0.0552 |
| 25 | 10 | 250 | 0.8948 | 1.1060 | 0.0473 | 0.8832 | 1.1185 | 0.0528 | 0.8693 | 1.1336 | 0.0593 |
| | 11 | 275 | 0.9002 | 1.1005 | 0.0451 | 0.8892 | 1.1123 | 0.0503 | 0.8759 | 1.1267 | 0.0565 |
| | 12 | 300 | 0.9048 | 1.0958 | 0.0432 | 0.8943 | 1.1071 | 0.0481 | 0.8816 | 1.1208 | 0.0541 |

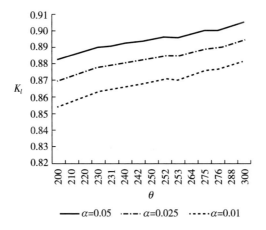

图 2-1　不同样本总数 $\theta$ 和显著水平 $\alpha$ 对 $K_l$ 值的影响

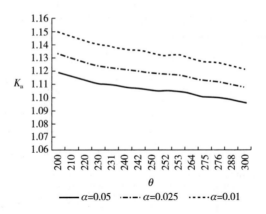

图 2-2　不同样本数 $\theta$ 和显著水平 $\alpha$ 对 $K_u$ 值的影响

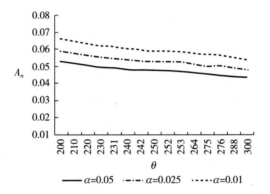

图 2-3　不同样本总数 $\theta$ 和显著水平 $\alpha$ 对 $A_n$ 值的影响

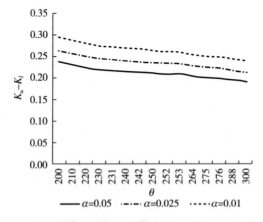

图 2-4　不同样本总数 $\theta$ 和显著水平 $\alpha$ 对 $K_u - K_l$ 值的影响

## 二、总过程能力指数

一般而言，产品通常具有多个质量特性。因此，产品的总过程能力指数应由产品的各个质量特性所组成。Chen et al.（2001）在产品每个质量特性为独立（或依赖）的假设情况下，提出两个总过程能力指数 $C_T^+$ 和 $C_T^-$。当质量特性相互独立时，则

$$C_T^+ = \frac{1}{3}\Phi^{-1}\left\{\left[\left(\prod_{i \in o}\prod_{j=1}^{t_i}[2\Phi(3Q_{ij})-1]\right)+1\right]\div 2\right\} \qquad (2-26)$$

当质量特性相互依赖时，则

$$C_T^- = \frac{1}{3}\Phi^{-1}\left\{\left[2-\left(1-\left(1-\sum_{i \in o}\sum_{j=1}^{t_i}[2-2\Phi(3Q_{ij})]\right)\right)\right]\div 2\right\} \qquad (2-27)$$

其中，$t$ 为产品的质量特性总数，$i \in O = \{C_{pu}, C_{pl}, S_{pk}\}$，和

$$C_{pij} = \begin{cases} \dfrac{USL_j - \mu_j}{3\sigma_j}, & i = C_{pu}, \ j = 1, 2, \cdots, t_u \\[3mm] \dfrac{\mu_j - LSL_j}{3\sigma_j}, & i = C_{pl}, \ j = 1, 2, \cdots, t_l \\[3mm] \dfrac{1}{2}\Phi\left(\dfrac{USL_j - \mu_j}{\sigma_j}\right) + \dfrac{1}{2}\Phi\left(\dfrac{\mu_j - LSL_j}{\sigma_j}\right), & i = S_{pk}, \ j = 1, 2, \cdots, t_k \end{cases}$$

$u$、$l$ 和 $k$ 分别表示望小型、望大型和望目型质量特性；$t_u$、$t_l$ 和 $t_k$ 分别表示望小型、望大型和望目型质量特性的数量。

令 $c$ 表示总质量所需的质量水平，并且要求在相互独立和相互依赖的过程中，则每一个质量特性的过程能力指数值至少为 $C_0^+$ 或 $C_0^-$（注意：$C_0^+$ 和 $C_0^-$ 应大于 $c$），即令 $C_T^+$ 和 $C_T^- = c$ 和 $Q_{ij} = C_0^+$ 或 $C_0^-$，并代入式（2-26）和式（2-27），经整理可得：

$$\prod_{i=1}^{t}[2\Phi(3C_0^+)-1] = 2\Phi(3c)-1 \qquad (2-28)$$

和

$$1 - \sum_{j=1}^{t_i} \left[ 2 - 2\Phi(3C_0^-) \right] = 1 - \left[ 2 - 2\Phi(3c) \right] \qquad (2-29)$$

解 $C_0$ 值, 可得:

$$C_0^+ = \frac{1}{3}\Phi^{-1}\left[ \left( \sqrt[t]{2\Phi(3c)-1} + 1 \right)\!/2 \right] \qquad (2-30)$$

和

$$C_0^- = \frac{1}{3}\Phi^{-1}\left\{ \left[ 2 - \left( 1 - \left( 1 - \left( \left[ 2-2\Phi(3c) \right]/t \right) \right) \right) \right] \div 2 \right\} \qquad (2-31)$$

其中, $t = t_u + t_l + t_k$ 是产品质量特性的总数。

有关总质量能力指数 $c$ 值的设定, Chen et al. （2001）计算出不同质量水平与 $c$ 值的对应关系（见表 2-4）。若总质量能力指数 $c$ 值为 1.00, 表示该过程是"有能力"；若总质量能力指数 $c$ 值为 1.33, 表示该过程是"满意"但是必须加以控制；若总质量能力指数 $c$ 值为 1.50, 则表示该过程是"卓越"；若总质量能力指数 $c$ 值为 1.67, 表示该过程是"卓越"；若总质量能力指数 $c$ 值为 2.00, 表示该过程是"特佳"。

表 2-4　不同过程水平和 $t$ 值下的 $C_0^+$ 或 $C_0^-$ 值

| 过程水平 | $c$ 值 | 良率 | 不良品 | $C_0^+$ 或 $C_0^-$ | | | |
| --- | --- | --- | --- | --- | --- | --- | --- |
| | | | | $t=2$ | $t=3$ | $t=4$ | $t=5$ |
| 有能力 | 1.00 | 0.9973002039 | 2699.796 | 1.07 | 1.11 | 1.13 | 1.15 |
| 满意 | 1.33 | 0.9999339267 | 66.073 | 1.38 | 1.41 | 1.44 | 1.45 |
| 卓越 | 1.50 | 0.9999932047 | 6.795 | 1.55 | 1.58 | 1.60 | 1.61 |
| 特佳 | 2.00 | 0.9999999980 | 0.002 | 2.04 | 2.06 | 2.07 | 2.09 |

### 三、$C_{pu}$、$C_{pl}$ 和 $S_{pk}$ 区间估计的检定模式

为了让质量管理者能够更方便地评估产品过程能力是否达到应有的要求, 并且考虑抽样误差和点估计值所造成的影响, 本章利用上述所构建的 $C_{pu}$、$C_{pl}$ 和 $S_{pk}$ 的区间估计来进行衡量产品质量是否合格, 并提出一个 $C_{pu}$、$C_{pl}$ 和 $S_{pk}$ 区间估计的

检定模式。所提出的检定模式的实施步骤说明如下：

步骤1：决定总质量水平 $c$。制造商制定总质量水平 $c$（例如：满意），再依产品质量特性总数 $t$ 查表2-4得到所有质量特性的最小质量能力指数值 $C_0$。

步骤2：建立虚无假设 $H_0$ 和对立假设 $H_1$。如果制造商用于改进不合格质量特性的资源有限，则可以使用步骤1中获得的 $C_0$ 值将虚无假设 $H_0$ 及对立假设 $H_1$ 设为：

$$H_0: Q_{ij} = C_0 \text{ 和 } H_1: Q_{ij} \neq C_0$$

如果制造商用于改进不合格质量特性的资源不受限制，则可以使用步骤1中获得的 $C_0$ 值将虚无假设 $H_0$ 及对立假设 $H_1$ 设为：

$$H_0: Q_{ij} \geqslant C_0 \text{ 和 } H_1: Q_{ij} < C_0$$

步骤3：决定样本数 $\theta$ 及显著水平 $\alpha$。制造商决定需抽得的样本组数 $m$ 以及每组样本的观测值 $n$，并且依据制造商或顾客对产品质量要求高低决定显著水平 $\alpha$。

步骤4：计算 $K_l$、$K_u$ 和 $A_n$ 值。对已知样本数 $\theta$ $m \times n$ 和显著水平 $\alpha$ 查表2-3可得 $K_l$、$K_u$ 和 $A_n$ 值。

步骤5：收集并计算各质量特性的相关数值。收集产品各质量特性的相关数值（ $USL$ 和 $LSL$），并计算 $\overline{\overline{X}}$、$S_d$、$\widehat{C_{pu}}$、$\widehat{C_{pl}}$ 及 $\widehat{S_{pk}}$ 值。

步骤6：计算各质量特性的置信区间。由表2-2求得各质量特性的置信区间。

步骤7：制定决策法则。当质量特性（望小型、望大型或望目型）置信区间落于 $C_0$ 值，则不拒绝虚无假设 $H_0$；反之，则拒绝虚无假设 $H_0$，接受对立假设 $H_1$。即当质量特性的置信上限小于 $C_0$ 值，则质量特性为不良；当质量特性的置信区间落于 $C_0$ 值，则质量特性为合格；当质量特性的置信下限大于 $C_0$ 值，则质量特性为优良。表2-5为质量特性置信区间的判断准则以及所对应的质量状况。

步骤8：判定各质量特性是否合格。若产品全部质量特性的置信区间均大于或等于最小过程能力指数值 $C_0$，表示达合格标准，可继续执行生产程序；否则，需对不合格质量特性进行改善，以提升产品的质量水平。

表 2 - 5　置信区间的判断准则

| 置信区间 | 判断准则 | 质量状况 |
|---|---|---|
| 信赖上限 $< C_0$ | 拒绝虚无假设 $H_0$，接受对立假设 $H_1$ | 不良 |
| 信赖区间 $\in C_0$ | 不拒绝虚无假设 $H_0$，接受对立假设 $H_1$ | 合格 |
| 信赖下限 $> C_0$ | 拒绝虚无假设 $H_0$，接受对立假设 $H_1$ | 优良 |

# 第四节　应用实例——光学镜片

O 型号光学镜片为 L 公司所生产的光学镜片产品之一，此光学镜片主要用于 8.0 ~ 10.5μm 波长的红外线器件（例如：耳温枪、红外线非接触性温度计、红外线气体分析和红外线放射分析等），其作用可增加透射平均达 80%，材料为 99.999% ~ 99.99995% 纯度的硅。O 型号光学镜片的外观尺寸为影响光学镜头模块组装时的关键因素，故此产品主要需监控的质量特性为厚度与镜片直径。除了上述两个质量特性外，制造商还需监控异物（灰尘）间距，以避免影响镜片透射率，而异物间距所要求的质量规格为在面积 100μm 以下，两异物间距需超过 0.5mm 以上。O 型号光学镜片三个质量特性及其相关参数值如表 2 - 6 所示。

表 2 - 6　O 型号光学镜片三个质量特性及参数值　　　　单位：毫米

| 质量特性 | 类型 | PCI | USL | LSL | $\overline{\overline{X}}$ | $S_d$ | PCI 值 |
|---|---|---|---|---|---|---|---|
| 厚度 | 望目型 | $S_{pk}$ | 0.63 | 0.61 | 0.625 | 0.001 | $\widehat{S_{pk}} = 1.711$ |
| 镜片直径 | 望目型 | $S_{pk}$ | 8.30 | 8.20 | 8.263 | 0.011 | $\widehat{S_{pk}} = 1.183$ |
| 异物间距 | 望大型 | $C_{pl}$ | — | 0.50 | 0.531 | 0.008 | $\widehat{C_{pl}} = 1.292$ |

注：PCI 为过程能力指数；USL 为规格上界限；LSL 为规格下界限；$\overline{\overline{X}}$ 为样本均值；$S_d$ 为样本标准差。

接下来，利用所构建的检定模式的 8 个实施步骤，分析 L 公司所生产的 O 型号光学镜片 3 个质量特性的过程能力是否合格。实施步骤说明如下：

步骤 1：制造商要求 O 型号光学镜片的总质量水平需达到"满意"（$c = 1.33$）。因 O 型号光学镜片有 3 个质量特性，查表 2 – 4 可知最小过程能力指数值 $C_0 = 1.41$。

步骤 2：由于 L 公司改进不合格质量特性的资源有限，利用步骤 1 中获得的 $C_0$ 值，分别建立虚无假设 $H_0$ 及对立假设 $H_1$ 设为 $H_0: Q_{ij} = 1.41$ 和 $H_1: Q_{ij} \neq 1.41$

步骤 3：制造商指派一位质量管理人员，每隔 2 小时分别从 3 条生产线中随机抽取 25 组样本数据，每组样本数据有 12 笔观测值，总计抽得 300 笔样本数据（$\theta = 300$），并决定显著水平 $\alpha = 0.025$。

步骤 4：当 $\theta = 300$ 和 $\alpha = 0.025$ 时，查表 2 – 3 可知 $K_l = 0.8943$、$K_u = 1.1071$ 和 $A_n = 0.0481$。

步骤 5：收集 O 型号光学镜片 3 个质量特性的相关数值（$USL$ 和 $LSL$），并计算 $\overline{\overline{X}}$、$S_d$、$\widehat{C_{pl}}$ 和 $\widehat{S_{pk}}$ 值，结果如表 2 – 6 所示。

步骤 6：由表 2 – 2 可求得 O 型号光学镜片 3 个质量特性的置信区间，结果如表 2 – 7 所示。

步骤 7：利用表 2 – 4 判断 O 型号光学镜片 3 个质量特性的质量状况，可知：厚度为优良（$S_{pk}^* = [1.447，1.976]$）、镜片直径为不良（$S_{pk}^* = [1.001，1.367]$）和异物间距为合格（$C_{pl}^* = [1.093，1.492]$），结果如表 2 – 7 所示。

**表 2 – 7 O 型号光学镜片的置信区间和质量状况**

| 质量特性 | 置信区间 | 判断准则 | 质量状况 |
| --- | --- | --- | --- |
| 厚度 | $S_{pk}^* = [1.447，1.976]$ | 拒绝 $H_0$ | 优良 |
| 镜片直径 | $S_{pk}^* = [1.001，1.367]$ | 拒绝 $H_0$ | 不良 |
| 异物间距 | $C_{pl}^* = [1.093，1.492]$ | 不拒绝 $H_0$ | 合格 |

步骤 8：由于 O 型号光学镜片的镜片直径为不良的质量特性，因此 L 公司需对镜片直径过程均值或过程标准差进行改善，以提升 O 型号光学镜片的质量水平。

# 第五节　本章小结

过程能力指数是一种以统计方法为基准的衡量方式，对过程中所收集到的过程参数资料进行分析与评估，借此作为衡量产品潜力和性能的重要统计过程控制工具之一。因此，过程能力指数在制造业中得到了广泛的应用。在实践中，许多质量管理者和制造商都强调了过程能力指数的重要性，并期望学者能开发更多的过程能力指数方法，为产品质量管理提供更有力的工具。首先，本章第一节和第二节提出了两种改善过程性能的过程能力指数（准确度指数 $\delta$ 和精确度指数 $\gamma$）来测量过程偏移和过程变异。为了减少消费者对产品质量产生怀疑时，降低抽样误差所产生的影响，有效地评估过程的能力和性能，改善买卖关系，本章进一步利用布尔不等式和德摩根定律推导指数 $\delta$ 和 $\gamma$ 的 $(1 - \alpha) \times 100\%$ 的置信上限。其次，在本章第三节和第四节，利用布尔不等式和德摩根定律构建望小型、望大型和望目型的过程能力指数 $C_{pu}$、$C_{pl}$ 和 $S_{pk}$ 的置信闭区间。再次，探讨不同样本数与显著水平对置信区间的影响。接着构建一套易于实务工作者使用的 $C_{pu}$、$C_{pl}$ 和 $S_{pk}$ 区间估计检定模式。最后，将此模式应用于一家专门生产 O 型号光学镜片的 L 公司，验证了所提出方法的有效性。研究结果显示，如果制造商利用传统未考虑抽样误差的过程能力指数（点估计值），O 型号光学镜片的异物间距（$\widehat{C_{pl}} = 1.292$）会被判定为不良。然而利用本章所提出的方法，异物间距置信区间（$C_{pl}^* = [1.093, 1.492]$）是落于合格区间内。显然地，利用传统的点估计方法，可能会造成制造商误判并投入过多的资源去改善产品质量水平。因此，所提出的方法是一种易于使用且有效地用来衡量并判断产品过程能力是否满足规格要求的方法。

# 第三章  基于过程能力指数 $C_{pm}$ 的 多质量特性分析图

制造业面临的一个关键问题是确定如何衡量质量特性，并根据资源需求和性能改进潜力对所有不合格质量特性进行改善顺序的排列。过程能力指数（PCI）是一种被广泛用于确定产品质量特性的质量水平是否满足客户需求的有效方法。然而，现有的过程能力指数不能清楚地确定不合格质量特性的改进优先级，也不能确定不合格质量特性是由于精确度和（或）准确度不良所导致。本章结合过程能力指数 $C_{pm}$，最小过程能力指数 $C_0$，准确度指数 $A$ 与精确度指数 $P$，构建一个新的多质量特性分析图。企业管理者可以应用多质量特性分析图识别不合格的质量特性。如果改善不合格质量特性的预算是有限的，可使用判别距离来确定改进不合格质量特性的优先顺序。此外，本章还构建了一个所提方法的实施过程流程图，方便企业管理者使用。最后给出了一个贴片电阻的例子，说明所提方法在产品质量管理的适用性。

# 第一节　多质量特性分析图

## 一、多质量特性分析图的发展历程

由于产品往往具有多个不同形式的质量特性（望目型、望大型和望小型），称为"多质量特性"的产品。因此，要能有效地衡量所有质量特性并找出不合格质量特性及其缺失的原因，质量管理者仅利用单一个过程能力指数是不够充分的。在过去，已有许多研究者提出结合多个过程能力指数的质量分析图来解决多质量特性产品质量水平的衡量问题，例如：Singhal（1990）首先结合 $C_{pu}$、$C_{pl}$ 和 $C_{pk}$ 构建一个多过程绩效分析图（Multi – process Performance Analysis Chart，MP-PAC）。Singhal（1991）进一步加入过程能力指数 $C_p$ 重新发展出一个新的多过程绩效分析图。Pearn and Chen（1997）运用过程能力指数 $C_{pu}$、$C_{pl}$、$C_{pm}$ 和 $C_{pmk}$ 分别发展出 $C_{pk}/C_{pm}\mathrm{MP}_{zone}$ 和 $C_{pk}/C_{pmk}\mathrm{MP}_{zone}$。Chen et al.（2001）利用过程能力指数 $C_a$、$C_{pu}$、$C_{pl}$ 和 $C_{pa}$ 提出一个新的过程能力分析图（Process Capability Analysis Chart，PCAC）。Huang et al.（2002）运用过程能力指数 $C_a$、$C_{pu}$、$C_{pl}$ 和 $C_{ps}$ 发展了一个新的多过程能力分析图（Multi – process Capability Analysis Chart，MP-CAC）。Pearn and Shu（2003b）运用 $C_{pk}$ 的置信下界以及 $C_{pu}$ 和 $C_{pl}$ 提出一个改良式的 $C_{pk}\mathrm{MPPAC}$。Chen et al.（2005b）运用过程能力指数 $C_{pu}$、$C_{pl}$、$C_{pp}$ 和价格能力指数 $I_p$ 发展出一个供应商能力和价格分析图（Suppliers Capability and Price Analysis Chart，SCPAC）。Pearn et al.（2005）结合过程能力指数 $C_a$ 和 $C_{pmk}$ 的置信下限构建一个 $C_{pmk}$ MPPAC。Chen et al.（2006d）结合了过程能力指数 $C_{pu}$、$C_{pl}$ 和 $C_{pn}$ 和非正态的过程能力指数 $N_{pu}$、$N_{pl}$ 和 $N_{pn}$，构建一个新的多过程能力分析图和非正态多过程能力分析图（Non – normal Multi – process Capability Analysis Chart，NMPCAC）。Chen et al.（2006e）利用过程能力指数 $C_a$、$C_{pu}$、$C_{pl}$ 和 $C_{pn}$ 发展出一

个过程能力监控图（Process Capability Monitoring Chart，PCMC）。Pearn and Wu （2006）利用过程能力指数 $C_a$、$C_{pu}$、$C_{pl}$ 和 $C_{pk}$ 的置信下限重新发展出一个改良式的 $C_{pk}$ MPPAC。Chen and Chen（2007）利用过程能力指数 $C_{pu}$、$C_{pl}$ 和 $C_{pk}$ 的区间估计提出一个新的进阶多过程绩效分析图（Advanced Multi - process Performance A-nalysis Chart，AMPPAC）。Chen et al.（2007）运用六西格玛概念和过程能力指数 $C_{pu}$、$C_{pl}$ 和 $C_{pk}$ 发展出一个六西格玛过程能力分析图。Chen et al.（2008）利用过程能力指数 $C_{pm}$ 的生成估计式（Generated Estimator）、$C_{pu}$ 和 $C_{pl}$ 发展出一个 PCAC/ $C_{pm}$。Wang et al.（2011）运用过程能力指数 $C_p$、$C_{pu}$、$C_{pl}$ 和 $C_{ps}$ 建构一个 MPPAC/ $C_{ps}$。

　　为了便于说明，本书将上述所有分析图统称为多质量特性分析图（Quality Characteristic Analysis Chart，QCAC）。关于上述这些学者提出的方法、所修正的对象和使用的过程能力指数汇整如表 3 - 1 所示。

表 3 - 1　多质量特性分析图的发展

| 学者（年份） | 修正对象 | 过程能力指数 | 方法 |
|---|---|---|---|
| Singhal（1991） | Singhal （1990） | $C_p$、$C_{pu}$、$C_{pl}$ 和 $C_{pk}$ | MPPAC |
| Chen et al.（2001） | | $C_a$、$C_{pu}$、$C_{pl}$ 和 $C_{pa}$ | PCAC |
| Pearn and Chen（1997） | Singhal （1991） | $C_{pu}$、$C_{pl}$、$C_{pm}$ 和 $C_{pmk}$ | $C_{pk}$/$C_{pm}$ MP$_{zone}$ 和 $C_{pk}$/ $C_{pmk}$MP$_{zone}$ |
| Chen et al.（2005b） | | $C_{pu}$、$C_{pl}$、$C_{pp}$ 和 $I_p$ | SCPAC |
| Wang et al.（2011） | | $C_p$、$C_{pu}$、$C_{pl}$ 和 $C_{ps}$ | MPPAC/$C_{ps}$ |
| Pearn and Shu（2003b） | Pearn and Chen（1997） | $C_{pk}$ 的置信下限以及 $C_{pu}$ 和 $C_{pl}$ | 改良式的 $C_{pk}$ MPPAC |
| Pearn and Wu（2006） | | $C_a$、$C_{pu}$、$C_{pl}$ 和 $C_{pk}$ 的置信下限 | 改良式的 $C_{pk}$ MPPAC |
| Huang et al.（2002） | Chen et al.（2001） | $C_a$、$C_{pu}$、$C_{pl}$ 和 $C_{ps}$ | MPCAC |
| Chen et al.（2006e） | | $C_a$、$C_{pu}$、$C_{pl}$ 和 $C_{pn}$ | PCMC |
| Chen and Chen（2007） | | $C_{pu}$、$C_{pl}$ 和 $C_{pk}$ 的置信区间 | AMPPAC |
| Chen et al.（2007） | | 六西格玛的 $C_{pu}$、$C_{pl}$ 和 $C_{pk}$ | 六标准差 PCAC |
| Chen et al.（2008） | | $C_{pm}$ 的区间估计以及 $C_{pu}$ 和 $C_{pl}$ | PCAC/$C_{pm}$ |
| Chen et al.（2006d） | Huang et al.（2002） | $C_{pu}$、$C_{pl}$ 和 $C_{pn}$<br>$N_{pu}$、$N_{pl}$ 和 $N_{pn}$ | MPCAC 和 NMPCAC |
| Pearn et al.（2005） | | $C_a$ 和 $C_{pmk}$ 的置信下限 | $C_{pmk}$MPPAC |

表 3 − 1 中各过程能力指数除前述有定义者外，其余定义分别如下：

$$C_a = 1 - \frac{|\mu - m|}{d}, \quad C_{pa} = \frac{d^* - A^*}{3\sigma}, \quad C_{pmk} = \frac{d - |\mu - m|}{3\sqrt{\sigma^2 + (\mu - T)^2}}, \quad I_p = \frac{p - p_0}{p_0},$$

$$C_{ps} = \frac{1}{3}\Phi^{-1}\left[\frac{1}{2}\Phi(3C_{pu}) + \frac{1}{2}\Phi(3C_{pl})\right], \quad C_{pn} = \frac{d^* - A^*}{3\sqrt{\sigma^2 + (A^*)^2}},$$

$$N_{pu} = \frac{M - LSL}{(F_{99.865} - F_{0.135})/2}, \quad N_{pl} = \frac{USL - M}{(F_{99.865} - F_{0.135})/2} \text{和} N_{pn} =$$

$$\min\left\{\frac{USL - M}{3\sqrt{[(F_{99.865} - F_{0.135})/6]^2 + (M - T)^2}}, \frac{M - LSL}{3\sqrt{[(F_{99.865} - F_{0.135})/6]^2 + (M - T)^2}}\right\},$$

其中，$d^* = \min\{D_u, D_l\}$，$A^* = \max\{d^*(\mu - T)/D_u, d^*(T - \mu)/D_l\}$，$D_u = USL - T$，$D_l = T - LSL$，$p$ 为组件价格，$p_0$ 为买方预期支付价格，$F_\alpha$ 为第 $\alpha$ 个百分位，$M$ 为中位数。

## 二、基于准确度指数 $A$、精确度指数 $P$、$C_{pm}$ 的多质量特性分析图

通过过程能力指数（PCI）的有效运用，质量管理者不仅能掌握目前的产品质量状况，并可以用来预防不良品的产生，以确保产品质量维持在特定的水平之上。然而，当产品质量发生问题时，单一过程能力指数并无法指出哪一个质量特性才是关键的改善项目，以及判断不合格质量特性缺失是由于过程偏移或（和）过程变异所造成的。因此，基于 Chen et al.（2009a）和 Hsu（2012）提出的观念，令准确度指数 $A = (\mu - T)/d$ 以及精确度指数 $P = \sigma/d$ 构建一个多质量特性分析图（QCAC），以检测产品质量是否符合规格要求，并找出不合格质量特性以及判断其缺失是由于过程偏移或（和）过程变异所造成。

首先将过程能力指数 $C_{pm}$ 改写为：

$$C_{pm} = \frac{1}{3\sqrt{\left(\frac{\sigma}{d}\right)^2 + \left(\frac{\mu - T}{d}\right)^2}} = \frac{1}{3\sqrt{P^2 + A^2}} \tag{3−1}$$

一般而言，产品通常具有多个质量特性。因此，产品的总质量能力指数应由产品的各个质量特性所组成。Chen et al.（2001）在各质量特性独立的假设情况

下，提出一个总质量能力指数 $C_T$：

$$C_T = \frac{1}{3}\Phi^{-1}\left\{\left[\left(\prod_{i=1}^{t}\left[2\Phi(3C_{pmi})-1\right]\right)+1\right]\div 2\right\} \tag{3-2}$$

其中，$t$ 为产品的质量特性总数，$C_{pmi}$ 是第 $i$ 个质量特性的 $C_{pm}$ 值，$\Phi$ 为标准正态累积分布函数，$\Phi^{-1}$ 为 $\Phi$ 的反函数。

如果制造商设定产品总质量能力指数值为 $c$，并且要求每一个质量特性的过程能力指数值至少为 $C_0$，且需高于总质量能力指数 $c$，则令 $C_T = c$ 和 $C_{pmi} = C_0$，$i = 1，2，\cdots，t$，并代入式（3 – 2），可得：

$$\prod_{i=1}^{t}\left[2\Phi(3C_0)-1\right] = 2\Phi(3c)-1 \tag{3-3}$$

解 $C_0$ 值，可得，

$$C_0 = \frac{1}{3}\Phi^{-1}\left[\frac{(\sqrt[t]{2\Phi(3c)-1}+1)}{2}\right] \tag{3-4}$$

有关于产品总质量能力指数值 $c$ 的设定，Chen et al.（2001）已计算出不同质量水平与 $c$ 值的对应关系（见表 3 – 2）。若总质量能力指数值 $c$ 低于 1.00，表示此产品质量能力"不足"；若总质量能力指数值 $c$ 介于 1.00 ~ 1.33，表示该产品质量具"有能力"但是必须加以控制；若总质量能力指数值 $c$ 介于 1.33 ~ 1.50，则表示该产品质量是"满意"；若总质量能力指数值 $c$ 介于 1.50 ~ 2.00，表示该产品质量是"卓越"；若总质量能力指数值 $c$ 高于或等于 2.00，表示此产品质量能力"特佳"。

表 3 – 2　不同质量水平与 $c$ 值的对应关系

| 质量水平 | $c$ 值 |
| --- | --- |
| 不足 | $c < 1.00$ |
| 有能力 | $1.00 \leqslant c < 1.33$ |
| 满意 | $1.33 \leqslant c < 1.50$ |
| 卓越 | $1.50 \leqslant c < 2.00$ |
| 特佳 | $c \geqslant 2.00$ |

接着，令 $C_{pm} = C_0$，则式（3-1）变成：

$$\frac{1}{3\sqrt{P^2 + A^2}} = C_0 \qquad (3-5)$$

即 $P^2 + A^2 = \left(\frac{1}{3C_0}\right)^2 \qquad (3-6)$

将准确度指数 $A$ 和精确度指数 $P$ 的权重视为一样的情况下，根据表 3-2、式（3-4）和式（3-6），已知的产品质量特性总数 $t$ 值，便可以构建出在质量水平分别为"不足""有能力""满意""卓越"和"特佳"的多质量特性分析图（QCAC），即以准确度指数 $A$ 和精确度指数 $P$ 为坐标轴、原点为圆心、$\frac{1}{3C_0}$ 为半径，且 $P \geqslant 0$ 的半圆。比如，当质量水平为"有能力（$c=1$）和 $t=5$"时，所对应的多质量特性分析图如图 3-1 所示。

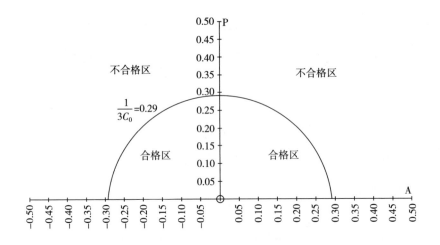

图 3-1  多质量特性分析图（当质量水平为"有能力（$c=1$）和 $t=5$"）

假设某产品有 $t$ 个质量特性，并且 $A_i$ 与 $P_i$ 分别表示第 $i$ 个质量特性的准确度指数与精确度指数。将点 $(A_i, P_i)$，$i=1, 2, \cdots, t$，描绘在坐标轴上，且定义点 $(A_i, P_i)$ 的判别距离（Discrimination Distance, DD）为：

$$DD_i = \sqrt{A_i^2 + P_i^2} - \frac{1}{3C_0}, \ i = 1, 2, \cdots, t \qquad (3-7)$$

其中，$C_0$ 为 $t$ 个质量特性中最小过程能力指数值。判别距离 $DD_i$ 的示意图如图 3 – 2 所示。

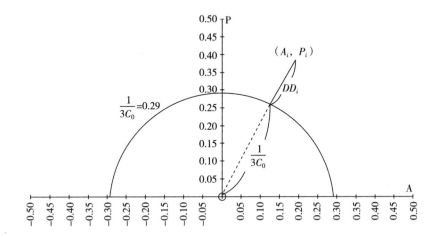

**图 3 – 2 点 $(A_i, P_i)$ 的判别距离（当质量水平为"有能力（$c=1$）和 $t=5$"）**

因此，第 $i$ 个质量特性是否需要改善的判断依据如下：

当 $DD_i \leq 0$ 时，第 $i$ 个质量特性是合格的；

当 $DD_i > 0$ 时，第 $i$ 个质量特性是不合格的，应被改善。

接着，假设考虑改善的质量特性有 $q$ 个 $(0 < q \leq t)$，则判别距离所构成的集合为：

$$L = \left\{ DD_i > 0 \middle| DD_i = \sqrt{A_i^2 + P_i^2} - \frac{1}{3C_0}, \ i = 1, \ 2, \ \cdots, \ t \right\}$$

$$= \{ DD_{r1}, \ DD_{r2}, \ \cdots, \ DD_{rq} \} \tag{3–8}$$

令 $DD_{(j)} = DD_{r1}, \ DD_{r2}, \ \cdots, \ DD_{rq}$ 中的第 $j$ 个最大值，$j = 1, \ 2, \ \cdots, \ q$，则 $DD_{(1)} \geq DD_{(2)} \geq \cdots \geq DD_{(q)}$。因此，$DD_{(1)}$ 所对应的质量特性应最优先被考虑改善，$DD_{(2)}$ 所对应的质量特性次之，依此类推，$DD_{(q)}$ 所对应的质量特性最后被考虑改善。

进一步来看，若考虑总改善成本 $F$ 有限制，且设 $DD_{(j)}$ 所对应的质量特性的

改善成本为 $C_{(j)} \leqslant F$，$j = 1, 2, \cdots, q$。当 $\sum_{j=1}^{k} C_{(j)} \leqslant F < \sum_{j=1}^{k+1} C_{(j)}$ 时，表示有 $k$ 个质量特性可被改善（$1 \leqslant k \leqslant q$）。此处举一简单例子做说明，假设有一位制造商考虑改善不合格质量特性的总改善成本 $F = \$900$，以及共有两个不合格质量特性（O1 和 O2）需改善。而这两个不合格质量特性所需改善成本分别为 O1 = \$700 和 O2 = \$300，对应的判别距离分别为 $DD_1$ 和 $DD_2$，且已知 $DD_1 > DD_2$。因此在总改善成本预算有限情况下，根据 $DD$ 值的大小，可以得知 O1 为需优先改善的不合格质量特性。

另外，由于过程能力指数 $C_{pm}$ 的总体均值 $\mu$ 和标准差 $\sigma$ 为未知，因此可分别利用样本均值和样本标准差进行估计总体均值和标准差。为使所抽出的样本数据为所有可能样本中出现概率最大的样本，且估计的结果较接近总体参数的真实值，而使估计误差较小，Neter et al.（1993）建议采用极大似然估计（Maximum Likelihood Estimator）所求得样本参数估计量与总体参数量具有一致性（Consistency）的特性来进行处理。首先假设 $X_1, X_2, \cdots, X_n$ 为从总体均值 $\mu$ 和总体标准差 $\sigma$ 的正态分布中所抽出的 $n$ 个随机样本。令 $\hat{\mu} = \overline{X} = \dfrac{\sum_{i=1}^{n} X_i}{n}$ 和 $\hat{\sigma} = S = $

$$\sqrt{\dfrac{\sum_{i=1}^{n} (X_i - \overline{X})^2}{n}}$$，则 $(\hat{\mu}, \hat{\sigma})$ 为 $(\mu, \sigma)$ 的极大似然估计。因此，当总体均值 $\mu$ 和总体标准差 $\sigma$ 未知时，可用 $(\hat{\mu}, \hat{\sigma})$ 来估计 $(\mu, \sigma)$。利用极大似然估计的不变性（Invariance），可用 $(\hat{A}, \hat{P})$ 来估计 $(A, P)$，其中 $\hat{A} = (\hat{\mu} - T)/d$ 和 $\hat{P} = \hat{\sigma}/d$。

### 三、多质量特性分析图的实施步骤

综合上述，可构建下列 5 个实施步骤来分析某产品的每个质量特性的质量水平，判断其质量水平是否已达合格标准，并可对不合格的质量特性进行排列改善的先后顺序。所构建的分析实施步骤如下：

步骤 1：根据表 3 - 2 决定产品要求的质量水平，即决定总质量能力指数值 $c$。接着将 $c$ 值和质量特性总数 $t$ 值带入式（3 - 4），得到所有质量特性的最小过程质量能力指数值 $C_0$，然后利用式（3 - 6）画出多质量特性分析图。

步骤 2：收集所有 $t$ 个质量特性的相关数据（$USL_i$，$LSL_i$，$T_i$，$d_i$），且从总体随机抽取 $n$ 个产品样本，并分别计算每个质量特性均值 $\mu_i$ 和标准差 $\sigma_i$ 的极大似然估计值 $\hat{\mu}_i$ 和 $\hat{\sigma}_i$。之后，计算出每个质量特性的准确度估计值 $\hat{A}_i = (\hat{\mu}_i - T_i)/d_i$、精确度估计值 $\hat{P}_i = \hat{\sigma}_i/d_i$ 与 $\hat{C}_{pmi}$ 值，$i = 1$，$2$，$\cdots$，$t$。

步骤 3：将步骤 2 所得到的 $(\hat{A}_i, \hat{P}_i)$，$i = 1$，$2$，$\cdots$，$t$，描绘于多质量特性分析图。

步骤 4：透过点 $(\hat{A}_i, \hat{P}_i)$，$i = 1$，$2$，$\cdots$，$t$ 的散布图，判断产品各质量特性是否合格。若全部点 $(\hat{A}_i, \hat{P}_i)$，$i = 1$，$2$，$\cdots$，$t$，均落在多质量特性分析图合格区，表示产品质量达到合格标准，继续执行生产程序；否则，进入步骤 5。

步骤 5：找出落在多质量特性分析图不合格区的点，并设为 $(\hat{A}_{r1}, \hat{P}_{r1})$，$\cdots$，$(\hat{A}_{rq}, \hat{P}_{rq})$，然后计算这些点的判别距离 $\widehat{DD}_{ri} = \sqrt{\hat{A}_{ri}^2 + \hat{P}_{ri}^2} - \dfrac{1}{3C_0}$，并将 $\widehat{DD}_{ri}$ 值，$i = 1$，$2$，$\cdots$，$q$，由大而小排列。令 $\widehat{DD}_{(j)} = \widehat{DD}_{r1}$，$\widehat{DD}_{r2}$，$\cdots$，$\widehat{DD}_{rq}$，$j = 1$，$2$，$\cdots$，$q$ 中第 $j$ 个最大值，则 $\widehat{DD}_{(1)} \geq \widehat{DD}_{(2)} \geq \cdots \geq \widehat{DD}_{(q)}$。因此可得到不合格质量特性的改善先后顺序，依序为 $\widehat{DD}_{(1)}$ 所对应的质量特性，其次为 $\widehat{DD}_{(2)}$ 所对应的质量特性，依此类推，最后为 $\widehat{DD}_{(q)}$ 所对应的质量特性。进一步，若总改善成本 $F$ 有限制，且已知 $\widehat{DD}_{(j)}$ 所对应的质量特性改善成本为 $C_{(j)} \leq F$，则当 $\sum\limits_{j=1}^{k} C_{(j)} \leq F < \sum\limits_{j=1}^{k+1} C_{(j)}$，$1 \leq k \leq q$ 时，表示有 $k$ 个质量特性可被改善。

上述所构建的多质量特性分析图实施步骤的流程图，如图 3 - 3 所示。

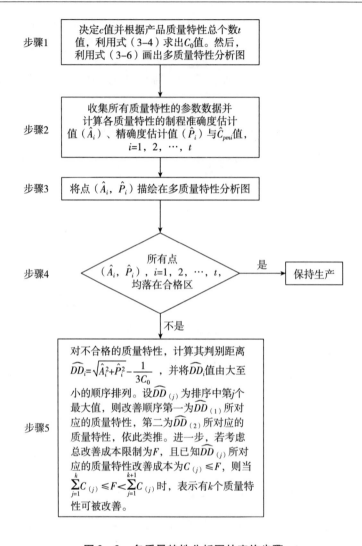

图 3 – 3　多质量特性分析图的实施步骤

# 第二节　应用实例——贴片电阻

　　H 型号贴片电阻为 C 公司主要生产的产品之一。H 型号贴片电阻共有 5 个质量特性，分别是：长度（Length）、宽度（Width）、高度（Height）、顶部宽（Upper Width）和底部宽（Lower Width）。贴片电阻属于被动组件，作为电阻器的一种，主要用以降低电子产品中电路的电压及限制其电流，是高科技电子产品中最基本且必要的零件。此外，贴片电阻具有体积小、质量稳定、安定度高和成本低等优点，目前已被广泛地使用于数字相机、移动电话、液晶显示器和汽车音响等。在每个电子产品中，少则需要数十个，多则需要上千个不同阻值的贴片电阻，因此，若有质量不良或与规格需求不符的贴片电阻被组装在产品上，将会造成产品的不稳定，使其无法发挥应有的功能。因此，C 公司需要一种能有效找出贴片电阻不合格质量特性与改善这些不良质量特性的方法。

为了协助 C 公司了解 H 型号贴片电阻的质量水平，首先由一位质量检验人员利用随机抽样方式，平均每半小时抽取 10 个样本数据，抽取 5 次，共计抽得 50 个样本数据。依据中心极限定理（$n \geqslant 30$）可知，所得到的样本均值的抽样分配为趋近于正态分布。另外，所收集 H 型号贴片电阻 5 个质量特性的相关数据如表 3 − 3 所示。

表 3 − 3　H 型号贴片电阻 5 个质量特性的规格与参数值

单位：毫米

| 质量特性 | $USL_i$ | $T_i$ | $LSL_i$ | $d_i$ | $\hat{\mu}_i$ | $\hat{\sigma}_i$ |
|---|---|---|---|---|---|---|
| 长度（Length） | 2.10 | 2.00 | 1.90 | 0.10 | 2.022 | 0.028 |
| 宽度（Width） | 1.35 | 1.25 | 1.15 | 0.10 | 1.267 | 0.018 |
| 高度（Height） | 0.65 | 0.50 | 0.35 | 0.15 | 0.518 | 0.021 |
| 顶部宽（Upper Width） | 0.55 | 0.35 | 0.15 | 0.20 | 0.408 | 0.030 |
| 底部宽（Lower Width） | 0.50 | 0.35 | 0.20 | 0.15 | 0.359 | 0.033 |

注：$USL$ 为规格上界限；$LSL$ 为规格下界限；$T$ 为目标值；$d$ 为公差；$\hat{\mu}$ 为样本均值；$\hat{\sigma}$ 为样本标准差。

根据表 3 − 3 的数据，利用所构建的 5 个实施步骤即可分析出 C 公司所生产的 H 型号贴片电阻质量特性的质量水平是否已达合格标准，并可得知首要改善的不合格质量特性为何者。实施步骤说明如下：

步骤 1：C 公司决定 H 型号贴片电阻总质量水平达到"有能力"，因此从表 3-2 可知 $c = 1.00$。接着，可求得所有质量特性中最小过程能力指数值 $C_0 = (1/3) \Phi^{-1}\left[\left(\sqrt[5]{2\Phi(3)-1}+1\right)/2\right] = 1.15$。接着，构建多质量特性分析图（见图 3-4）。

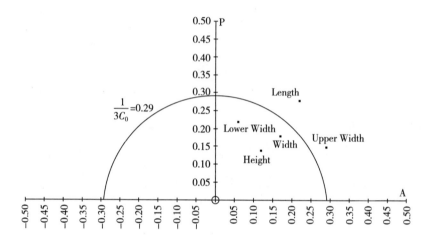

**图 3-4　H 型号贴片电阻的多质量特性分析**

步骤 2：从所收集 H 型号贴片电阻的 5 个质量特性之全部参数值 $\hat{\mu}_i$，$\hat{\sigma}_i$，$T_i$，$d_i$，$i = 1, 2, \cdots, 5$，计算各质量特性的准确度指数估计值 $\hat{A}_i = (\hat{\mu}_i - T_i)/d_i$、精确度指数估计值 $\hat{P}_i = \hat{\sigma}_i/d_i$ 与 $\hat{C}_{pmi}$ 值，$i = 1, 2, \cdots, 5$，结果如表 3-4 所示。

**表 3-4　H 型号贴片电阻的分析结果**

| 质量特性 | $\hat{A}_i$ | $\hat{P}_i$ | $\hat{C}_{pmi}$ |
|---|---|---|---|
| 长度（Length） | 0.22 | 0.28 | 0.94 |
| 宽度（Width） | 0.17 | 0.18 | 1.35 |
| 高度（Height） | 0.12 | 0.14 | 1.81 |
| 顶部宽（Upper Width） | 0.29 | 0.15 | 1.02 |
| 底部宽（Lower Width） | 0.06 | 0.22 | 1.46 |

步骤3：将步骤2所得到的 H 型号贴片电阻的 $(\hat{A}_i, \hat{P}_i)$ 值，$i = 1, 2, \cdots,$ 5，描绘于多质量特性分析图（见图 3－4）。

步骤4：由图 3－4 可知，在 H 型号贴片电阻的 5 个质量特性中，长度和顶部宽落在不合格区，而宽度、高度和底部宽则在合格区内。

步骤5：分别计算长度的判别距离 $\widehat{DD}_1 = \sqrt{(0.22)^2 + (0.28)^2} - \dfrac{1}{(3 \times 1.15)} =$ 0.066 和顶部宽的判别距离 $\widehat{DD}_2 = \sqrt{(0.29)^2 + (0.15)^2} - \dfrac{1}{(3 \times 1.15)} = 0.037$。因为 $\widehat{DD}_1 = 0.066 > 0.037 = \widehat{DD}_2$，因此当 C 公司总改善成本没有限制时，长度与顶部宽可同时被改善，但是若改善成本有限制时，则应优先改善长度，再视是否还有剩余的改善成本，再进行改善顶部宽。另由图 3－4 可知，长度是由于精确度指数 $P$ 不良，因此要提升长度的质量水平必须减少过程标准差 $\sigma$；而顶部宽是由于准确度指数 $A$ 不良，因此要提升顶部宽的质量水平必须改善过程均值 $\mu$，使其更接近过程目标值。

# 第三节　本章小结

本章结合过程能力指数 $C_{pm}$、最小过程能力指数 $C_0$、准确度指数 $A$ 及精确度指数 $P$ 进行结合，推得关系式 $P^2 + A^2 = (1/3C_0)^2$，首先，用此构建一个多质量特性分析图（QCAC）。其次，根据多质量特性分析图可了解产品各质量特性是否合格，并判断不合格质量特性产生缺失是因为过程偏移或（和）过程变异所造成。再次，对落入不合格区的质量特性计算所对应的判别距离的值。当总改善成本有限制时，可根据判别距离的值的大小进行排列不合格质量特性改善的先后顺序。本章并进一步构建一个实施多质量特性分析图的流程图，方便企业管理者使用。最后，将所构建的多质量特性分析图运用于一家生产贴片电阻的 C 公司，协助该公司衡量所生产的 H 型号贴片电阻的质量水平。研究结果发现，C 公司所生产的 H 型号贴片电阻的 5 个质量特性中，长度应最优先被改善，其次为顶部宽。另外，C 公司若要改善长度的质量水平，则应该解决精确度指数 $P$ 的问题，也就是减少过程标准差 $\sigma$，而若要提升顶部宽的质量水平，则必须解决准确度指数 $A$ 的问题，也就是改善过程均值 $\mu$，使其更接近过程目标值。

# 第四章　基于六西格玛与过程能力指数 $C_{pk}$ 的多质量特性分析图

　　许多统计学家和质量管理者都强调应重视过程能力指数的发展和应用研究，提出更精确的过程能力和性能评估方法。事实上，客户会要求产品的每个质量特性的过程能力都必须满足预先设定的规格，但是单一过程能力指数并不能达到这个目的。因此，本章将构建一个基于六西格玛与过程能力指数 $C_{pk}$ 的多质量特性分析图（QCAC）来评价多质量特性产品的过程能力。第一节叙述六西格玛的重要性。第二节计算当过程均值 $\mu$ 偏移 $1.5\sigma$ 时，$6\sigma$、$5\sigma$、$4\sigma$ 和 $3\sigma$ 的 $C_{pk}$ 值，并说明如何结合六西格玛概念与过程能力指数 $C_{pk}$，进行构建多质量特性分析图（QCAC）。为了方便质量管理者使用所提的方法，还构建了一个实施步骤，以利质量管理者进行检验与控制产品的质量水平。第三节给出了一个缝纫机轴承的例子说明所提方法在产品质量管理的适用性。第四节为本章小结。

## 第一节　六西格玛

　　六西格玛（Six Sigma）是美国摩托罗拉公司于 1985 年提出的一个概念。当时，美国正面临着日本电子行业竞争的威胁，需要大幅提高产品的质量水平

（Harry and Schroeder，2000；Linderman et al.，2003）。六西格玛是以过程与产品规格各有六个西格玛而命名。从长期来看，六西格玛的过程可以达到每一百万次机会只产生 3.4 个缺陷（Wyper et al.，2000）。六西格玛已经开始使用在商业、交易和生产过程中作为一种统计工具和技术（Tong et al.，2004；Pfeifer et al.，2004）。许多事实证明，六西格玛在降低成本、缩短周期、消除缺陷、提高客户满意度和显著提高盈利能力方面是成功的（George，2002；Mahanti and Antony，2009），例如：1999 年通用电气公司在实行六西格玛项目上花费了 5 亿美元，但获得了超过 20 亿美元的收益（Pande et al.，2000）。美国银行（Bank of America，BOA）采用六西格玛后，客户的满意度提高了 10.4%，问题减少了 24%（Roberts，2004）。Knowles et al.（2004）成功地将六西格玛方法和相关工具应用于英国南部一家国际食品制造商的药物甜味生产过程中，总计投资约 13000 英镑，获得节省 290000 英镑的结果。Ricardo et al.（2005）应用六西格玛来减少浪费，使材料浪费每年减少近 50000 单位。Lo et al.（2009）说明实施六西格玛方法后，有效地将过程能力指数 $C_{pu}$ 值从 0.57 提高到 1.75，即 0.07% 缺陷，而无须升级生产设备或增加生产成本。六西格玛使用一个系统的实施过程；一个五步骤 DMAIC 方法，即定义（Define）（通用电气和其他公司在开始时添加了"定义（Define）"阶段，以确保选择正确的项目）、测量（Measure）、分析（Analyze）、改进（Improve）和控制（Control）。关于 DMAIC 方法的描述可以参考 Pyzdek（2003）和 Keller（2005）的研究。

由于许多企业实施六西格玛的成果是非常有效的，所以本章将六西格玛应用于产品生产过程能力的改进。根据 Chen et al.（2001）指出过程能力指数（PCI）可被视为衡量产品质量和性能的一种有效与优秀的手段。因此，可以在六西格玛的测量（Measure）步骤中使用过程能力指数来测量产品的过程能力。但产品通常具有许多质量特性的问题（Bothe，1991；Chen et al.，2001；Huang et al.，2002）。只有当每一个质量特性的所有过程能力都达到预设的规格时，顾客才会接受产品。因此衡量产品的过程能力必须考虑多个质量特性。显然，单一过程能力指数不能满足上述要求。本章以 Kane（1986）提出的过程能力指数 $C_{pk}$ 为基础，构建一个多质量特性产品的特性分析图（QCAC）。此外，还考虑当过程均值 $\mu$ 偏移 $1.5\sigma$ 时，$6\sigma$、$5\sigma$、$4\sigma$ 和 $3\sigma$ 所对应的 $C_{pk}$ 值。然后在过程均值 $\mu$ 偏移 $1.5\sigma$ 的情况下，构建 $6\sigma$、$5\sigma$、$4\sigma$ 和 $3\sigma$ 的多质量特性分析图。多质量特性分析图不仅可以对多个质量特性的产品进行过程能力评价，而且可以根据质量特性的落点迅速地判断过程的准确度和精确度。通过这些分析，生产线上的工作人员和质量管理人员可以清楚地在多质量特性分析图了解过程能力的缺失原因。因此，多质量特性分析图不仅是一种度量工具，更是一种初步的产品质量分析工具。

# 第二节　多质量特性分析图

评价过程能力的基本要素是根据过程均值 $\mu$、过程标准差 $\sigma$ 和产品规格的公差。由于不同产品具有不同的规格，因此，质量管理人员不能马上从 $\mu$ 和 $\sigma$ 来评价过程能力与性能。为此，Juran（1974）首先将过程参数 $\mu$ 和 $\sigma$ 与产品规格的公差结合，提出了过程能力指数的概念。至今，许多统计学家和质量管理者都投入大量的心力进行过程能力指数的研究，提出更精确的过程能力和性能评估的方法（Kane，1986；Singhal，1991；Boyles，1994；Chen and Pearn，1997；Huang et al.，2002；Chen et al.，2006b；Yu et al.，2007；Chen et al.，2009）。一般来说，产品通常具有许多质量特性（Bothe，1991；Chen et al.，2001），也就是说多质量特性产品的总过程能力会低于每一个质量特性的过程能力。即当过程能力设定为必须满足要求的水平时，各质量特性的过程能力应大于整个产品的预设标准。Huang et al.（2002）提出个别质量特性的最小过程能力指数 $C_0$：

$$C_0 = \Phi^{-1}\left[\left(\sqrt[t]{2\Phi(3c)-1}+1\right)/2\right]/3 \tag{4-1}$$

其中，$c$ 为总质量能力指数，$t$ 为质量特性总数，$\Phi^{-1}$ 为标准正态累积分布函数 $\Phi$ 的反函数。

当个别质量特性的过程能力指数值超过 $c$（即 $C_0 \geq c$），可以通过求解前面的式子得到个别质量特性的 $C_0$。接着，令 $P = \sigma/d$ 表示精确度指数和 $A = (\mu - m)/d$ 表示准确度指数，然后利用 $C_{pk}$ 的公式可以找到 $P$ 和 $A$ 之间的关系，即：

$$C_{pk} = \frac{d - |\mu - T|}{3\sigma} = \frac{1 - |A|}{3P} = C_0 \qquad (4-2)$$

意味着：

$$C_0 |A| + 3C_0 P = 1 \qquad (4-3)$$

根据 Linderman et al.（2003）提到摩托罗拉设定了在六西格玛概念下，过程均值 $\mu$ 与规格上下界限是相差 $\pm 6\sigma$，并进一步假设当过程受到干扰，可能导致过程均值 $\mu$ 偏离目标值 $1.5\sigma$。因此，当过程质量水平达到 $k\sigma$（即 $d = k\sigma$）且过程均值 $\mu$ 偏移 $1.5\sigma$ 时，$C_{pk}$ 可重新表示为：

$$C_{pk} = \frac{d - |\mu - T|}{3\sigma} = \frac{k\sigma - 1.5\sigma}{3\sigma} = \frac{k - 1.5}{3} \qquad (4-4)$$

假设良率 $yield\%$ 是介于规格上界限（$USL$）和规格下界限（$LSL$）之间的概率，即 $USL$ 为 $T + k\sigma$ 和 $LSL$ 为 $T - k\sigma$。因为过程均值 $\mu$ 偏移 $1.5\sigma$，所以当过程均值 $\mu$ 右移 $1.5\sigma$ 时，$\mu$ 为 $1.5\sigma$（见图 4-1）。

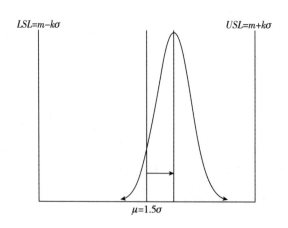

图 4-1　过程均值 $\mu$ 往右偏移 1.5 $\sigma$

当过程均值右移 $1.5\sigma$ 时，良率可以写为：

$$yield\% = \Pr(LSL \leqslant X \leqslant USL) = \Pr(T - k\sigma \leqslant X \leqslant T + k\sigma)$$

$$= \Pr\left[\frac{(-k-1.5)\sigma}{\sigma} \leqslant Z \leqslant \frac{(k-1.5)\sigma}{\sigma}\right] = \Phi(k-1.5) - \Phi[-(k+1.5)]$$

$$= \Phi(k-1.5) + \Phi(k+1.5) - 1 \tag{4-5}$$

根据式（4-5），可以计算出当过程均值 $\mu$ 右移 $1.5\sigma$ 时，$d = \{6\sigma, 5\sigma, 4\sigma, 3\sigma\}$ 的不同良率值和 $C_{pk}$ 值，结果如表 4-1 所示。

**表 4-1 不同西格玛所对应的良率值和 $C_{pk}$ 值**

| $d = k\sigma$ | $yield\%$ | $C_{pk}$ |
|:---:|:---:|:---:|
| $3\sigma$ | 0.9331928 | 0.50 |
| $4\sigma$ | 0.9937903 | 0.83 |
| $5\sigma$ | 0.9997673 | 1.17 |
| $6\sigma$ | 0.9999966 | 1.50 |

根据式（4-1），当总过程能力指数 $c = C_{pk}$，可以得到不同质量特性总数 $t$，在 $6\sigma$、$5\sigma$、$4\sigma$ 和 $3\sigma$ 中各质量特性的最小过程能力指数 $C_0$，表 4-2 给出了计算结果。例如，假设一个产品包括 4 个质量特性（A1、A2、A3 和 A4），当产品质量等级预设为 $6\sigma$ 时，最小过程能力指数 $C_0$ 可由表 4-2 查得 $C_0 = 1.595$。同样，当产品的质量水平设定为 $5\sigma$、$4\sigma$ 和 $3\sigma$ 时，最小过程能力指数的临界值 $C_0$ 分别为 1.288、0.982 和 0.702。然后根据式（4-3）可得出质量水平为 $6\sigma$、$5\sigma$、$4\sigma$ 和 $3\sigma$ 的多质量特性分析图（见图 4-2）。从图 4-2 可知，过程 A1 的质量水平已达到 $6\sigma$，因此，可知过程 A1 良率大于 99.99966%。过程 A2 的质量水平在 $3\sigma \sim 4\sigma$，而 A2 的过程变异过大，减小 A2 的过程变异 $\sigma$ 可以提高过程能力。过程 A3 的质量水平小于 $3\sigma$，而 A3 的过程均值 $\mu$ 过大，因此 A3 的过程均值 $\mu$ 应向过程的目标值靠近，以提高过程能力。过程 A4 的质量水平小于 $3\sigma$，而 A4 的过程均值 $\mu$ 太小，因此应将 A4 的过程均值 $\mu$ 提高到更接近过程目标值，以改善过程能力。

表4-2　不同质量特性总数 $t$，在 $6\sigma$、$5\sigma$、$4\sigma$ 和 $3\sigma$ 的 $C_0$ 值

| $t$ | $3\sigma$ ($c = 0.5$) | $4\sigma$ ($c = 0.83$) | $5\sigma$ ($c = 1.17$) | $6\sigma$ ($c = 1.5$) |
|---|---|---|---|---|
| 1 | 0.500 | 0.830 | 1.170 | 1.500 |
| 2 | 0.606 | 0.909 | 1.23 | 1.548 |
| 3 | 0.663 | 0.952 | 1.264 | 1.576 |
| 4 | 0.702 | 0.982 | 1.288 | 1.595 |
| 5 | 0.731 | 1.005 | 1.305 | 1.610 |
| 6 | 0.754 | 1.023 | 1.320 | 1.622 |
| 7 | 0.774 | 1.039 | 1.332 | 1.632 |
| 8 | 0.790 | 1.052 | 1.343 | 1.641 |
| 9 | 0.804 | 1.063 | 1.352 | 1.649 |
| 10 | 0.817 | 1.073 | 1.360 | 1.656 |

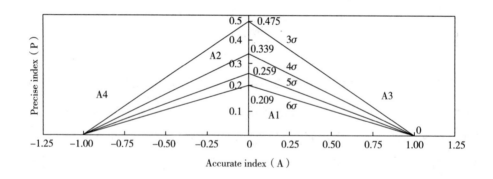

图4-2　$3\sigma \sim 6\sigma$ 质量水平的多质量特性分析

根据以上结果，可以构建一个实施步骤法来检验产品质量的水平，如下：

步骤1：确定总质量特性数量 $t$，以及 $6\sigma$、$5\sigma$、$4\sigma$ 和 $3\sigma$ 中的 $C_0 = \Phi^{-1}[(\sqrt[t]{2\Phi(3c) - 1} + 1)/2]/3$（见表4-3）。然后根据式（4-3）可构建质量水平为 $6\sigma$、$5\sigma$、$4\sigma$ 和 $3\sigma$ 的多质量特性分析图。

步骤2：收集各质量特性的数据，并计算精确度指数 $P$ 和准确度指数 $A$。

步骤3：将精确度指数 $P$ 和准确度指数 $A$ 绘入多质量特性分析图。

步骤4：从多质量特性分析图中找出不合格的质量特性进行改进。

# 第三节　应用实例——缝纫机轴承

机械工业是一种专业化、分工精细的产业，不仅会产生产业集群效应，而且还会带来技术的高度创新和经济的快速增长。Z 公司成立于 1968 年，员工总数 200 多人，产品经营范围包括欧洲、加拿大、东南美洲、日本和非洲等。公司主要专营生产家用缝纫机、家用吸尘器及零配件。Z 公司团队通过应用先进技术，将服务范围从代工扩展到设计制造。Z 公司不仅运用创新理念和先进技术与政府、学校和机构合作开发新型缝纫机，而且还获得了国际 ISO 9001 和 ISO 14001 质量保证标准以及环境管理许可证。在 Z 公司，从研发到产品的每一个阶段，都将质量保证理念融入到新产品中，每年在产品质量控制和管理方面投入大量的研发资金、时间和精力。随着客户对高质量的持续需求，Z 公司期望能导入六西格玛，以降低生产成本，保持市场竞争力，追求可持续经营。然而，产品通常具有许多质量特性，导致六西格玛难以实施。因此，Z 公司决定采用本章所提的方法来测量多质量特性产品的过程能力，解决质量改进的问题。

缝纫机轴承是 Z 公司所生产的缝纫机中一个非常重要的零件。为了使缝纫机轴承的质量达到规定的质量标准，将利用所提方法的四个实施步骤进行分析，结果如下：

步骤1：缝纫机轴承有 4 个质量特性，根据表 4 - 2 可知，当产品质量水平设定为 $6\sigma$、$5\sigma$、$4\sigma$ 和 $3\sigma$ 时，最小过程能力指数 $C_0$ 为 1.595、1.288、0.982 和 0.702。然后根据式（4 - 3）可构建质量水平为 $6\sigma$、$5\sigma$、$4\sigma$ 和 $3\sigma$ 的多质量特性分析图（见图 4 - 3）。

步骤2：按个别的质量特性采集 30 个样本，然后测量并计算各质量特性的过程能力指数 $C_{pk}$、$C_{pu}$、精确度指数 $P$ 和准确度指数 $A$（见表 4 - 3）。

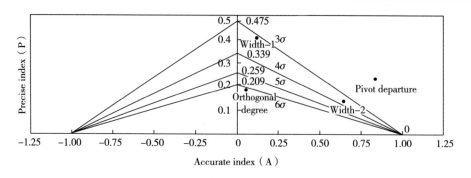

**图4－3　缝纫机轴承的多质量特性分析**

**表4－3　缝纫机轴承的分析结果**

| 质量特性 | 类型 | USL | T | LSL | $\mu$ | $\sigma$ | $(C_{pk})\ C_{pu}$ | A | P |
|---|---|---|---|---|---|---|---|---|---|
| 宽度1 | 望目 | 6.9 | 6.8 | 6.7 | 6.824 | 0.0406 | 0.6232 | 0.24 | 0.4065 |
| 宽度2 | 望目 | 30.15 | 30 | 28.85 | 30.103 | 0.0235 | 0.6664 | 0.6867 | 0.1567 |
| 正交度 | 望小 | 0.036 | — | — | 0.037 | 0.0072 | 1.5003 | 0.1019 | 0.1996 |
| 支点偏离 | 望小 | 0.05 | — | — | 0.0447 | 0.0122 | 0.1452 | 0.8933 | 0.2449 |

注：$USL$ 为规格上界限；$LSL$ 为规格下界限；$T$ 为目标值；$\mu$ 为均值；$\sigma$ 为标准差。

步骤3：将精确度指数 $P$ 和准确度指数 $A$ 绘入多质量特性分析图（见图4－3）。

步骤4：根据图4－3可知，过程宽度1（width－1）的质量水平在 $3\sigma \sim 4\sigma$，过程宽度1的过程变异过大，因此减小宽度1的过程标准差 $\sigma$ 可以提高过程能力。过程宽度2（Width－2）的质量水平在 $3\sigma \sim 4\sigma$，而宽度2的过程均值 $\mu$ 过大，因此应调整宽度2的过程均值 $\mu$，使其更接近过程目标值，以提高过程能力。过程正交度（Orthogonal degree）的质量水平已达到 $6\sigma$，因此可知过程正交度的良率在99.99966%以上。过程支点偏离（Pivot departure）的质量水平小于 $3\sigma$，而支点偏离的过程均值 $\mu$ 过大，因此应调整支点偏离的过程均值 $\mu$，使其更接近过程目标值。

# 第四节　本章小结

六西格玛是一种非常成功的过程改进方法。六西格玛可以让产品的质量水平提高与成本降低，然而产品通常具有许多质量特性，导致六西格玛难以实施。本章以六西格玛概念与 Kane（1986）提出的过程能力指数 $C_{pk}$ 为基础，构建了一个多质量特性分析图（QCAC）。此外，还计算了当过程均值 $\mu$ 偏移 $1.5\sigma$ 时，$3\sigma$、$4\sigma$、$5\sigma$ 和 $6\sigma$ 的 $C_{pk}$ 值，以及个别质量特性的最小过程能力指数 $C_0 = \Phi^{-1}$ $[(\sqrt{2\Phi(3c)-1}+1)/2]/3$ 值。然后利用关系式 $C_0|A|+3C_0P=1$，建立质量水平为 $3\sigma$、$4\sigma$、$5\sigma$ 和 $6\sigma$ 的多质量特性分析图。多质量特性分析图（QCAC）不仅可以评价多质量特性的产品的过程能力，又可让生产人员和质量管理人员根据质量特性在多质量特性分析图的落点，迅速地判断过程的精确度和准确度是否足够。因此，多质量特性分析图不仅是一种测量工具，而且是一种初步的质量检验工具。最后，利用多质量特性分析图对缝纫机轴承的质量水平进行了检验，结果表明，正交度的质量水平达到了 $6\sigma$，但其他均小于 $6\sigma$。

# 第五章 基于六西格玛与置信区间的 多质量特性分析图

贴片电阻是无源组件中的一种电阻器，主要用于调节电子产品中的电压和电流。一个电子产品可以嵌入几十个甚至一千多个电阻变化的贴片电阻。薄膜贴片电阻温度系数低，稳定可靠，有五个主要的望目型质量特性，分别是：长度、宽度、高度、上部宽度和下部宽度。为了提高薄膜贴片电阻的品质，防止顾客因产品质量不佳退货造成的损失，本章提出一种基于六西格玛与区间估计的多质量特性分析图。所提方法考虑了抽样误差，包含了单个质量特性和总质量能力的验收标准。本章第一节基于六西格玛与过程能力指数 $C_{pm}$，构建了一个多质量特性分析图（QCAC）。第二节推导了过程能力指数 $C_{pm}$ 的置信下限。第三节介绍了薄膜贴片电阻质量性能评估的实施步骤。第四节以某薄膜贴片电阻厂商为研究对象，验证所提出方法的有效性。第五节是本章小结。

## 第一节 多质量特性分析图

根据六西格玛的概念，即使是一个稳定的过程也可能出现 $1.5\sigma$ 的偏移（Yu and Chen，2016）。当这种情况发生时，六西格玛质量水平仍然可以接受。基于

上述定义，在望目型（Nominal - the - best，NTB）质量特性的过程中，过程目标值 $T$ 与过程均值 $\mu$ 之间的距离 $d$ 为 $|\mu - T| = 1.5\sigma$。因此，当质量特性的质量水平达到 $k\sigma$ 水平（即 $d = k\sigma$）时，六西格玛概念下的过程能力指数 $C_{pm}$ 可写为：

$$C_{pm} = \frac{d}{3\sqrt{\sigma^2 + (\mu - T)^2}} = \frac{k\sigma}{3\sqrt{\sigma^2 + (1.5\sigma)^2}} = \frac{k}{3\sqrt{3.25}} \qquad (5-1)$$

表 5 - 1 显示了 $6\sigma$、$5\sigma$、$4\sigma$ 和 $3\sigma$ 下的 $C_{pm}$、良率和百万分率的缺陷率（Parts Per Million，PPM）的对应值，以及当过程均值 $\mu$ 偏移 $1.5\sigma$ 的良率和百万分率的缺陷率的对应值。

表 5 - 1　不同质量水平的过程能力指数 $C_{pm}$、良率和百万分率的缺陷率

| 质量水平 | $C_{pm}$ | | | | | |
| --- | --- | --- | --- | --- | --- | --- |
| | 未偏移 | 良率 | 缺陷率（PPM） | 偏移 1.5$\sigma$ | 良率 | 缺陷率（PPM） |
| $6\sigma$ | 2.0000 | 99.9999998 | 0.002 | 1.1094 | 99.99966 | 3.4 |
| $5\sigma$ | 1.6667 | 99.999943 | 0.57 | 0.9245 | 99.9767 | 233 |
| $4\sigma$ | 1.3333 | 99.9937 | 63 | 0.7396 | 99.379 | 6200 |
| $3\sigma$ | 1.0000 | 99.73 | 2700 | 0.5547 | 93.32 | 66803 |

假设 $X_h$ 表示一个生产过程的相关质量特性，对于一个遵循正态分布的重要质量特性 $h$，即 $X_h \sim N(\mu_h, \sigma_h^2)$。令 $Y_h = (X_h - T)/d$，则正态分布 $Y_h \sim N(\delta_h, \gamma_h^2)$ 具过程均值 $\delta_h = (\mu_h - T)/d$ 和过程方差 $\gamma_h^2 = \sigma_h^2/d$。因此，薄膜贴片电阻五个质量特性的过程能力指数 $C_{pmh}$ 为：

$$C_{pmh} = \frac{d}{3\sqrt{\sigma^2 + (\mu - T)^2}} = \frac{1}{3\sqrt{\left(\frac{\sigma^2}{d}\right) + \left(\frac{\mu - T^2}{d}\right)}} = \frac{1}{3\sqrt{\delta_h^2 + \gamma_h^2}}, \ h = 1, 2, \cdots 5$$

$$(5-2)$$

令 $C_{pmh} = k$，可得：

$$\frac{1}{3\sqrt{\delta_h^2 + \gamma_h^2}} = k \qquad (5-3)$$

相当于:

$$\delta_h^2 + \gamma_h^2 = \left(\frac{1}{3k}\right)^2 \qquad (5-4)$$

式（5-4）满足圆的标准方程式。因此，可以使用表5-1中提供的信息以及给定的 $k$ 值作为产品验收标准来构建一个多质量特性分析图（见图5-1）。

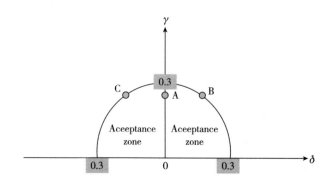

图5-1　多质量特性分析（当 $k = 6\sigma = 1.1094$）

多质量特性分析图（QCAC）是一种有效且方便的方法，可帮助薄膜贴片电阻制造商快速检验与产品相关的每个质量特性的过程能力。多质量特性分析图背后的基本原理是收集、排序和计算过程数据，将结果转换为图表，然后根据图表确定过程能力是否满足要求（Ouyang et al.，2014）。然而，尽管多质量特性分析图是有效且易于使用的，但是过程参数（$\mu$ 和 $\sigma$）通常是未知的，这就产生了分析结果可靠性的问题。此外，由于采样方法以及环境和人为因素的影响，抽样误差也是一种无法避免的问题。鉴于此，下文将推导过程能力指数 $C_{pmh}$ 的置信下限，以利分析和评价薄膜贴片电阻的各质量特性的质量水平，并且可以通过计算薄膜贴片电阻的总质量能力值，协助薄膜贴片电阻制造商判断产品的质量水平是否符合所要求的标准。

# 第二节 过程能力指数 $C_{pmh}$ 的置信下限

在正态性假设下（即 $X \sim N(\mu, \sigma^2)$），过程能力指数 $C_{pmh}$ 与过程良率具有特定的关系，即 $Yield\% \geqslant 2\Phi(3C_{pm}) - 1$（Chen et al.，2008）。因此，较高的 $C_{pmh}$ 值代表较低的过程损耗。通过准确的计算，过程能力指数可以提供许多非常有用的过程信息，并可作为确定产品是否满足制造商或客户对质量要求的有效工具（Wu et al.，2017）。在实践中，制造商经常利用过程能力指数来确定质量特性的质量水平是否达到客户要求（Hus et al.，2016）。然而，环境和人为因素可能导致质量特性偏离正常状态。因此，过程参数（$\mu$ 和 $\sigma$）应利用参数估计或者置信区间的方式来避免抽样误差（Montgomery，2012）。基于此，令 $Y_{h1}$，$Y_{h2}$，…，$Y_{hn}$ 为一个重要质量特性 $h$ 的随机样本，则样本均值和样本标准差可分别推导如下：

$$\hat{\delta}_h = \frac{1}{n}\sum_{i=1}^{n} Y_{hi} \text{ 和 } \hat{\gamma}_h = \sqrt{\frac{1}{n-1}\sum_{i=1}^{n}(Y_{hi} - \hat{\delta}_h)^2}$$

其中，$n$ 是总样本量。

在正态假设下，令

$$\tau = \frac{\hat{\delta} - \delta}{\frac{\hat{\gamma}_h}{\sqrt{n-1}}} \text{ 和 } \chi = \frac{(n-1)\hat{\gamma}_h^2}{\gamma_h^2}$$

其中，$\tau$ 遵循 $n-1$ 自由度的 $t$ 分布，即 $t_{n-1}$，$\chi$ 遵循 $n-1$ 自由度的卡方分布，即 $\chi_{n-1}^2$。

因此，可得：

$$1 - \frac{\alpha}{2} = p\left\{ -t_{\frac{\alpha}{4};n-1} \leqslant \tau \leqslant t_{\frac{\alpha}{4};n-1} \right\}$$

$$= p\left\{ -t_{\frac{\alpha}{4};n-1} \leqslant \frac{\hat{\delta} - \delta}{\frac{\hat{\gamma}_h}{\sqrt{n-1}}} \leqslant t_{\frac{\alpha}{4};n-1} \right\}$$

$$= p\left\{\hat{\delta} - t_{\frac{\alpha}{4};n-1} \times \frac{\hat{\gamma}_h}{\sqrt{n-1}} \leqslant \delta \leqslant \hat{\delta} + t_{\frac{\alpha}{4};n-1} \times \frac{\hat{\gamma}_h}{\sqrt{n-1}}\right\} \qquad (5-5)$$

和

$$1 - \frac{\alpha}{2} = p\left\{\chi \geqslant \chi^2_{\frac{\alpha}{2};n-1}\right\} = p\left\{\frac{(n-1)\hat{\gamma}_h^2}{\gamma_h^2} \geqslant \chi^2_{\frac{\alpha}{2};n-1}\right\} = p\left\{\gamma_h^2 \leqslant \frac{n-1}{\chi^2_{\frac{\alpha}{2};n-1}}\hat{\gamma}_h^2\right\} \qquad (5-6)$$

其中，$t_{\alpha/4;n-1}$ 是 $t_{n-1}$ 分布的上 $\alpha/4$ 分位数，$\chi^2_{\alpha/2;n-1}$ 是 $\chi^2_{n-1}$ 分布的下 $\alpha/2$ 分位数，$\alpha$ 代表显著性水平。

为了推导过程能力指数 $C_{pmh}$ 的置信下限，定义两个事件如下：

$$E_{\delta h} = \left\{\hat{\delta} - t_{\frac{\alpha}{4};n-1} \times \frac{\hat{\gamma}_h}{\sqrt{n-1}} \leqslant \delta \leqslant \hat{\delta} + t_{\frac{\alpha}{4};n-1} \times \frac{\hat{\gamma}_h}{\sqrt{n-1}}\right\} \qquad (5-7)$$

和

$$E_{\gamma h} = \left\{\gamma_h^2 \leqslant \frac{n-1}{\chi^2_{\frac{\alpha}{2};n-1}}\hat{\gamma}_h^2\right\} \qquad (5-8)$$

事实上，$P(E_{\delta h}) = P(E_{\gamma h}) = 1 - (\alpha/2)$ 和 $P(E_{\delta h}^C) = P(E_{\gamma h}^C) = \alpha/2$。

基于布尔不等式和德摩根定律，可得到：

$$P(E_{\delta h} \cap E_{\gamma h}) \geqslant 1 - P(E_{\delta h}^C) - P(E_{\gamma h}^C) = 1 - \alpha \qquad (5-9)$$

相当于，

$$p\left\{\hat{\delta}_h - t_{\frac{\alpha}{4};n-1}\sqrt{\frac{\hat{\gamma}_h^2}{(n-1)}} \leqslant \delta_h \leqslant \hat{\delta}_h + t_{\frac{\alpha}{4};n-1}\sqrt{\frac{\hat{\gamma}_h^2}{(n-1)}},\ \gamma_h^2 \leqslant \frac{n-1}{\chi^2_{\frac{\alpha}{2};n-1}}\hat{\gamma}_h^2\right\} \geqslant 1 - \alpha$$

$$(5-10)$$

因此，$(\delta_h,\ \gamma_h^2)$ 的 $100(1-\alpha)\%$ 置信域为：

$$CR_h = \left\{(\delta_h,\ \gamma_h^2) \mid \hat{\delta}_h - e_h \leqslant \delta_h \leqslant \hat{\delta}_h + e_h,\ \gamma_h^2 \leqslant \frac{n-1}{\chi^2_{\frac{\alpha}{2};n-1}}\hat{\gamma}_h^2\right\} \qquad (5-11)$$

其中，$e_h = t_{\alpha/4;n-1}\sqrt{\hat{\gamma}_h^2/(n-1)}$。

根据 Chen et al.（2017c）可以用数学规划法推导出过程能力指数 $C_{pmh}$ 的置信下限，如下：

$$\begin{cases} LC_{pmh} = Min \dfrac{d}{3\sqrt{\delta_h^2 + \gamma_h^2}} \\[2mm] s.\,t. \\[2mm] \hat{\delta}_h - e_h \leqslant \delta_h \leqslant \hat{\delta}_h + e_h \\[2mm] \gamma_h^2 \leqslant \dfrac{n-1}{\chi_{\frac{\alpha}{2};n-1}^2}\hat{\gamma}_h^2 \end{cases} \qquad (5-12)$$

接下来，定义两种情况来推导过程能力指数 $C_{pmh}$ 的 $100(1-\alpha)\%$ 置信下限：

情况1：$0 \in [\hat{\delta}_h - e_h, \ \hat{\delta}_h + e_h]$

当 $0 \in [\hat{\delta}_h - e_h, \ \hat{\delta}_h + e_h]$，则 $(\delta_h, \ \gamma_h^2) = \left(0, \ \dfrac{n-1}{\chi_{\alpha/2;n-1}^2}\hat{\gamma}_h^2\right)$ 接近多质量特性分析图的原点。因此，$C_{pmh}$ 最大的置信下限值 $LC_{pmh}$ 会在 $\gamma$ 轴上（见图 5-1 中的点 A），并可以写为：

$$LC_{pmh} = \dfrac{1}{3\sqrt{\dfrac{n-1}{\chi_{\frac{\alpha}{2};n-1}^2}\hat{\gamma}_h^2}} \qquad (5-13)$$

情况2：$0 \notin [\hat{\delta}_h - e_h, \ \hat{\delta}_h + e_h]$

当 $0 \notin [\hat{\delta}_h - e_h, \ \hat{\delta}_h + e_h]$，则 $C_{pmh}$ 最大的置信下限值 $LC_{pmh}$ 会在 $\gamma$ 轴的左右两侧（见图 5-1 中的点 B 和点 C），并可以写为：

$$LC_{pmh} = \dfrac{1}{3\sqrt{Min^2\left\{\hat{\delta}_h - t_{\frac{\alpha}{4};n-1}\sqrt{\dfrac{\hat{\gamma}_h^2}{n-1}}, \ \hat{\delta}_h + t_{\frac{\alpha}{4};n-1}\sqrt{\dfrac{\hat{\gamma}_h^2}{n-1}}\right\} + \dfrac{n-1}{\chi_{\frac{\alpha}{2};n-1}^2}\hat{\gamma}_h^2}} \qquad (5-14)$$

从这些关系中，令

$$I = \begin{cases} 0 \ if \ 0 \in [\hat{\delta}_h - e_h, \ \hat{\delta}_h + e_h] \\[2mm] 1 \ if \ 0 \notin [\hat{\delta}_h - e_h, \ \hat{\delta}_h + e_h] \end{cases} \qquad (5-15)$$

则 $C_{pmh}$ 的 $100(1-\alpha)\%$ 置信下限 $LC_{pmh}$，可以改写为：

$$LC_{pmh} = \dfrac{1}{3\sqrt{I \times Min^2\left\{\hat{\delta}_h - t_{\frac{\alpha}{4};n-1}\sqrt{\dfrac{\hat{\gamma}_h^2}{n-1}}, \ \hat{\delta}_h + t_{\frac{\alpha}{4};n-1}\sqrt{\dfrac{\hat{\gamma}_h^2}{n-1}}\right\} + \dfrac{n-1}{\chi_{\frac{\alpha}{2};n-1}^2}\hat{\gamma}_h^2}} \qquad (5-16)$$

# 第三节　改进薄膜贴片电阻质量水平的实施步骤

本节提出一个改进薄膜贴片电阻质量水平的实施步骤。所提的实施步骤将演示如何测量薄膜贴片电阻的质量水平，并识别出不可接受、需要改进的质量特性，从而实现产品质量的持续提高。首先基于最低和最高要求的质量水平进行构建多质量特性分析图。接下来，计算薄膜贴片电阻所有质量特性的 $LC_{pmh}$ 值，借此降低计算过程参数 $\mu$ 和 $\sigma$ 可能导致的抽样误差问题。最后，计算出薄膜贴片电阻的总质量能力值，以帮助企业确定产品的质量水平已达到要求。所提的实施步骤如下：

步骤 1：从表 5 - 1 中确定薄膜贴片电阻的五个关键质量特性所需的最高和最低的质量水平。

步骤 2：使用表 5 - 1 中的 $k$ 值和式（5 - 4）构建多质量特性分析图（QCAC），同时在最高（Maximum）和最低（Minimum）要求的质量水平之间建立一个验收区（Acceptance Zone）（见图 5 - 2）。

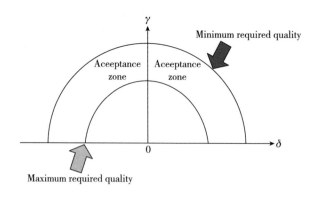

**图 5 - 2　最高和最低要求质量水平的多质量特性分析**

步骤3：确定显著性水平 $\alpha$、总样本量 $n$ 和五个关键质量特性的规格（规格上界限 $USL$、规格下界限 $LSL$、目标值 $T$ 和公差 $d$）。

步骤4：计算 $\hat{\delta}_h$、$\hat{\gamma}_h$ 和 $LC_{pm}$ 的值。

步骤5：标记 $LC_{pm}$ 值在多质量特性分析图上。

步骤6：计算总质量能力值 $\lambda$（Chen et al.，2001）：

$$\lambda = \frac{1}{3}\Phi^{-1}\left\{\left[\left(\prod_{h=1}^{5}\left[2\Phi(3C_{pmh})-1\right]\right)+1\right]\div 2\right\} \tag{5-17}$$

步骤7：设置产品验收标准如下：①所有质量特性必须介于最低和最高质量水平之间，即在图5-2所示的验收范围内。②总质量能力值 $\lambda$ 必须高于所需的最低质量水平。如果未符合其中任何一个标准，那么薄膜贴片电阻制造商必须进行改善，以提高产品的质量水平。

# 第四节 应用实例——薄膜贴片电阻

贴片电阻是无源组件中的一种电阻器，主要用于电子产品中降低电路电压和限制电流，是大多数高科技电子产品的重要组成部分。贴片电阻器可分为薄膜贴片电阻器和厚膜贴片电阻器，前者精度高，温度系数低，电阻稳定可靠。薄膜贴片电阻有五个主要的质量特性，即长度、宽度、高度、上部宽度和下部宽度。薄膜贴片电阻体积小，主要用于消费电子产品，如笔记本电脑、数码相机和手机。薄膜贴片电阻也被用于物联网、可穿戴设备和智能控制等新兴行业。通常，一个电子产品可以嵌入几十个甚至一千多个薄膜贴片电阻，其公差各不相同。因此，安装质量差或不符合规格的薄膜贴片电阻会妨碍产品的正常运行，从而影响客户满意度。如前所述，薄膜贴片电阻具有体积小、稳定性高、成本低等优点，是大多数高科技电子产品的重要组成部分。Q公司是生产各种类型的薄膜贴片电阻的制造商，其中R型薄膜贴片电阻是目前市场上销售量最高的。R型薄膜贴片电阻的五个关键质量特性如表 5 - 2 所示。

表 5 - 2　R 型薄膜贴片电阻的规格和参数值　　　　单位：毫米

| 质量特性 | USL | T | LSL | d | $\hat{\delta}_h$ | $\hat{\gamma}_h$ | $LC_{pm}$ | $\lambda$ |
|---|---|---|---|---|---|---|---|---|
| 长度（L） | 1.200 | 1.000 | 0.800 | 0.200 | 0.2825 | 0.3833 | 0.938 | |
| 宽度（W） | 0.550 | 0.500 | 0.450 | 0.050 | −0.3412 | 0.0842 | 0.946 | |
| 高度（H） | 0.400 | 0.350 | 0.300 | 0.050 | 0.2239 | 0.6836 | 0.656 | 0.5491 |
| 上宽（UW） | 0.300 | 0.200 | 0.100 | 0.100 | 0.2584 | 0.1248 | 1.212 | |
| 下宽（LW） | 0.300 | 0.200 | 0.100 | 0.100 | 0.4667 | 0.1925 | 0.676 | |

注：USL 为规格上界限；LSL 为规格下界限；T 为目标值；d 为公差。

为了保证薄膜贴片电阻产品的质量和使用安全，Q 公司需要一套方法来确定 R 型薄膜贴片电阻的质量水平是否符合质量要求。因此，Q 公司决定采用本章所提出的方法对 R 型薄膜贴片电阻器进行质量水平的评定，实施步骤总结如下：

步骤 1：Q 公司决定 R 型薄膜贴片电阻的五个关键质量特性的最高要求的质量水平为 "6 个西格玛"，最低要求的质量水平为 "4 个西格玛"。

步骤 2：从表 5 - 1 中，我们得到 $6\sigma = 1.1094$ 和 $4\sigma = 0.7396$。使用这些值和式（5 - 4），可以构建多质量特性分析图（见图 5 - 3）。

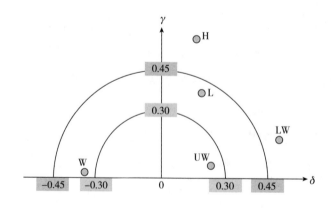

图 5 - 3　R 型薄膜贴片电阻的多质量特性分析

步骤 3：Q 公司指定 $n = 300$ 和 $\alpha = 0.05$。表 5 - 2 给出了 R 型薄膜贴片电阻的五个关键质量特性 $USL$、$LSL$、$T$ 和 $d$ 的值。

步骤 4：表 5 - 2 显示了五个关键质量特性的 $\hat{\delta}_h$、$\hat{\gamma}_h$ 和 $LC_{pm}$ 的值。

步骤 5：图 5 - 3 标记了五个关键质量特性的 $LC_{pm}$ 值。

步骤 6：R 型薄膜贴片电阻的总质量能力值计算为 $\lambda = 0.5491$。

步骤 7：如表 5 - 2 所示，高度（$LC_{pm} = 0.656 < 0.7396$）、下宽（$LC_{pm} = 0.676 < 0.7396$）、上宽（$LC_{pm} = 1.212 > 0.7396$）三个质量特性不在合格范围内，即这三个关键质量特性的质量能力为"不合格"。此外，总质量能力也低于最低要求质量能力（$\lambda = 0.5491 < 0.7396$）。值得注意的是，上宽（$LC_{pm} = 1.212 > 0.7396$）也是不可接受的，因为质量水平太高。从实践的角度来看，这意味着上宽质量特性上投入了太多的资源，所以应该进行调整和重新配置生产资源。

# 第五节　本章小结

过程能力指数（PCI）是生产过程持续改进的有效工具。本章成功地应用过程能力指数 $C_{pm}$ 构建了一套可用于薄膜贴片电阻的质量水平检验的方法和实施步骤。所提出的方法可以帮助制造商识别已经投入过多资源的质量特性，并确保产品的各种质量特性和总质量能力能满足所规定的要求。然后利用一家薄膜贴片电阻制造商 Q 公司作为应用实例，协助 Q 公司检验所生产的 R 型薄膜贴片电阻的质量水平。结果显示，Q 公司生产的薄膜贴片电阻在高度和下宽两个质量特性存在质量缺陷，而质量特性上宽的质量水平过高。因此，Q 公司必须改进这三个质量特性的质量水平。最后，建议 Q 公司需要考虑的一个问题是有关薄膜贴片电阻组装过程的质量和组装方法。

# 第六章　基于六西格玛的多质量特性分析图、熵法与逼近理想解排序法

各种过程能力指数（PCI）已被广泛地应用在衡量与评估望目型、望大型及望小型质量特性的质量水平是否满足顾客的要求。但是企业除了需要了解造成不合格质量特性缺失的原因，还需考虑改善不合格质量特性所需耗用的资源以及改善后可获得的效益情况下，何者为最应优先改善的质量特性。根据上述问题，本章提出一个基于六西格玛的多质量特性分析图（QCAC）、熵法与逼近理想解排序法的产品质量改善与决策方法。所提方法不仅有助于测量和确定质量特性是否满足六西格玛水平，还可以根据资源的需求和性能改进的潜力，对产品所有不合格质量特性的改进顺序进行排列。此外，所提方法也是一个强有力的工具，可用于分析质量特性不合格是由于准确度和（或）精确度问题所导致的。本章第一节说明如何将六西格玛概念加入多质量特性分析图中，进而构建一个新的多质量特性分析图。第二节和第三节简略地介绍熵法（Entropy）与逼近理想解排序法（Technique for Order Preference by Similarity to Ideal Solution，TOPSIS）及其应用和运算步骤。第四节结合上述三种方法进行开发一个 QCAC – Entropy – TOPSIS 方法，并排列提出方法的实施步骤。第五节以自行车快卸杆作为实际案例，说明所提出方法的可用性。第六节为本章小结。

# 第一节　多质量特性分析图

Chen et al. （2009a）将过程能力指数 $C_{pk}$、最小过程能力指数 $C_0$、准确度指数 $A$ 和精确度指数 $P$ 进行结合，提出一个以过程能力指数 $C_{pk}$ 为基础的过程能力分析图（Process Capability Analysis Chart，PCAC），解决了单一过程能力指数无法判断产品不合格质量特性缺失是由于过程偏移或（和）过程变异所造成的。但是过程能力指数 $C_{pk}$ 并无法反映出过程中心偏离目标值 $T$，而这可能会造成对产品实际质量水平的误判。因此，本节将利用过程能力指数 $C_{pm}$ 与六西格玛概念，构建一个新的多质量特性分析图（QCAC），借此用来评价多质量特性产品的过程能力，然后接着计算质量特性的判别距离（Discrimination Distance，DD）。

首先，根据 Chen et al. （2009b）提出 $3\sigma$、$4\sigma$、$5\sigma$ 和 $6\sigma$ 质量水平和产品总质量能力指数值 $c$ 的对应关系（见表 6-1）。因此当质量水平已知时，可通过已知的 $c$ 值和产品质量特性总数 $t$ 值，利用式（6-1）可求得 $3\sigma$、$4\sigma$、$5\sigma$ 和 $6\sigma$ 质量水平的最小过程能力指数 $C_0$ 值。不同质量水平和 $t$ 值的 $C_0$ 值如表 6-1 所示。

$$C_0 = \frac{1}{3}\Phi^{-1}\left[\frac{(\sqrt[t]{2\Phi(3c)-1}+1)}{2}\right] \tag{6-1}$$

表 6-1　不同质量水平和 $t$ 值下的 $C_0$ 值

| 质量水平 | $c$ 值 | $C_0$ | | | | | | | | |
| --- | --- | --- | --- | --- | --- | --- | --- | --- | --- | --- |
| | | $t=2$ | $t=3$ | $t=4$ | $t=5$ | $t=6$ | $t=7$ | $t=8$ | $t=9$ | $t=10$ |
| $3\sigma$ | 0.55 | 0.651 | 0.706 | 0.744 | 0.772 | 0.794 | 0.813 | 0.829 | 0.842 | 0.855 |
| $4\sigma$ | 0.74 | 0.825 | 0.872 | 0.904 | 0.929 | 0.948 | 0.964 | 0.978 | 0.990 | 1.001 |
| $5\sigma$ | 0.92 | 0.993 | 1.034 | 1.062 | 1.083 | 1.100 | 1.114 | 1.127 | 1.138 | 1.147 |
| $6\sigma$ | 1.11 | 1.173 | 1.208 | 1.233 | 1.252 | 1.267 | 1.279 | 1.290 | 1.300 | 1.308 |

在准确度指数 $A = (\mu - T)/d$ 和精确度指数 $P = \sigma/d$ 的权重视为一样的情况下，根据表 6-1、式 (6-1) 和式 (6-2)，对已知的产品质量特性总数 $t$，便可以构建出在质量水平分别为 $3\sigma$、$4\sigma$、$5\sigma$ 和 $6\sigma$ 的多质量特性分析图（QCAC），即以准确度指数 $A$ 和精确度指数 $P$ 为坐标轴、原点为圆心、$\dfrac{1}{3C_0}$ 为半径、且 $P \geqslant 0$ 的半圆。比如，当 $t = 3$，$3\sigma$、$4\sigma$、$5\sigma$ 和 $6\sigma$ 的多质量特性分析如图 6-1 所示。

$$C_{pm} = \frac{1}{3\sqrt{\left(\dfrac{\sigma}{d}\right)^2 + \left(\dfrac{\mu - T}{d}\right)^2}} = \frac{1}{3\sqrt{P^2 + A^2}}$$

$$\Rightarrow P^2 + A^2 = \left(\frac{1}{3C_0}\right)^2 \tag{6-2}$$

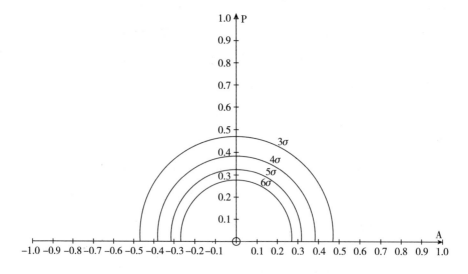

**图 6-1　基于 $3\sigma$、$4\sigma$、$5\sigma$ 和 $6\sigma$ 的多质量特性分析（当 $t = 3$ 时）**

根据图 6-1 可知，可将半圆内视为质量特性合格区，而半圆外视为质量特性不合格区。接着，利用式（6-3），便可计算出所有不合格质量特性的判别距离 $DD$。

$$DD_i = \sqrt{A_i^2 + P_i^2} - \frac{1}{3C_0}, \quad i = 1, 2, \cdots, t, \tag{6-3}$$

在实践上，总体的均值 $\mu$ 和标准差 $\sigma$ 均为未知，因此必须利用样本均值和样本标准差估计总体的均值 $\mu$ 和标准差 $\sigma$。为使所抽得的样本数据为所有可能样本中出现概率最大的样本，且估计的结果较接近总体参数的真实值，并使估计误差较小，Neter et al.（1993）建议采用极大似然估计（Maximum Likelihood Estimation）。通过采用极大似然估计，所求得的样本参数估计量将有与总体参数量具有一致性（Consistency）的性质。假设 $X_1$，$X_2$，$\cdots$，$X_n$ 为从总体过程均值 $\mu$ 和总

体过程标准差 $\sigma$ 所抽出的 $n$ 个随机样本。令过程均值的估计值为 $\hat{\mu} = \overline{X} = \dfrac{\sum\limits_{i=1}^{n} X_i}{n}$

和过程标准差的估计值为 $\hat{\sigma} = S = \sqrt{\dfrac{\sum\limits_{i=1}^{n}(X_i - \overline{X})^2}{n}}$，则 $(\hat{\mu}, \hat{\sigma})$ 为 $(\mu, \sigma)$ 的

极大似然估计。通过极大似然估计的不变性（Invariance）性质，因此可用 $(\hat{A}, \hat{P})$ 来估计 $(A, P)$，其中，$\hat{A} = (\hat{\mu} - T)/d$ 和 $\hat{P} = \hat{\sigma}/d$。

# 第二节　熵法

一般而言，在评估多准则决策分析（Multiple – criteria Decision Analysis，MCDA）的过程中，通常会受到评估准则权重的影响。如果计算权重的过程不正确，将会导致决策结果失准的情形发生（Deng et al.，2000；Yurdakul and İç，2009；Kao，2010；Yue，2011；İç，2012）。目前，已经有许多解决如何决定评估准则权重的方法被提出，而熵法是一种广泛地被用于决定每个评估准则在备选方案权重的方法，例如：Fazlollahtabar（2010）结合分析层级程序法（Analytic Hierarchy Process，AHP）、熵法和逼近理想解排序法（Technique for Order Preference by Similarity Ideal Solution，TOPSIS）发展出一个启发式多准则决策分析技术。Azadeh et al.（2011）利用混合遗传算法、熵法和逼近理想解排序法，确定单元制造系统中最佳运算符的分派。Tian et al.（2013）运用熵法解决模糊逼近理想解排

序法中决定准则权重的问题。

熵法（Entropy），在信息论中是一种根据概率分布的离散度进行判断资料不确定性的方法。熵法也是一种可有效地运用在调查和比较两组资料之间的分布状况（Deng et al.，2000；Aalami et al.，2010；Singh and Benyoucef，2011）。当所计算出的熵值越大，代表该分类群越混乱，能传递正确决策的信息越少；反之，当熵值越小，代表该分类群越有序，能传递正确决策的信息越多。也就是说，熵值越小所代表的意义便是其所分类的结果越好（Liu and Zhang，2011）。以下是利用熵法决定多准则决策分析问题中各项评估准则权重的运算步骤：

步骤1：假设一个多准则决策分析问题有 $m$ 个备选方案，以集合 $U = \{ U_1,$ $U_2,\ \cdots,\ U_m \}$ 表示，而每个备选方案有 $n$ 项评估准则，以集合 $Q = \{ Q_1,\ Q_2,\ \cdots,$ $Q_n \}$ 表示，并且假设某决策者对第 $i$ 个备选方案 $U_i$ 在第 $j$ 个评估准则 $Q_j$，给予一个评分值 $x_{ij}(i = 1,\ 2,\ \cdots,\ m;\ j = 1,\ 2,\ \cdots,\ n)$。因此，可用 $x_{ij}$ 值构建一个原始评分值矩阵 $D$，如下：

$$D = \left[ x_{ij} \right]_{m \times n} \equiv \begin{array}{c} \\ U_1 \\ \vdots \\ U_i \\ \vdots \\ U_m \end{array} \overset{\begin{array}{ccccc} Q_1 & \cdots & Q_j & \cdots & Q_n \end{array}}{\left[ \begin{array}{ccccc} x_{11} & \cdots & x_{1j} & \cdots & x_{1n} \\ \vdots & & \vdots & & \vdots \\ x_{i1} & \cdots & x_{ij} & \cdots & x_{in} \\ \vdots & & \vdots & & \vdots \\ x_{m1} & \cdots & x_{mj} & \cdots & x_{mn} \end{array} \right]} \qquad (6-4)$$

步骤2：求出各评分值的正规化矩阵

$$G = \left[ r_{ij} \right]_{m \times n} \equiv \begin{array}{c} \\ U_1 \\ \vdots \\ U_i \\ \vdots \\ U_m \end{array} \overset{\begin{array}{ccccc} Q_1 & \cdots & Q_j & \cdots & Q_n \end{array}}{\left[ \begin{array}{ccccc} r_{11} & \cdots & r_{1j} & \cdots & r_{1n} \\ \vdots & & \vdots & & \vdots \\ r_{i1} & \cdots & r_{ij} & \cdots & r_{in} \\ \vdots & & \vdots & & \vdots \\ r_{m1} & \cdots & r_{mj} & \cdots & r_{mn} \end{array} \right]} \qquad (6-5)$$

其中，$r_{ij} = \dfrac{x_{ij}}{\sum\limits_{q=1}^{m} x_{qj}}, i = 1,2,\cdots,m ; j = 1,2,\cdots,n$。

步骤 3：计算各项评估准则的熵值

$$e_j = -h \sum_{i=1}^{m} r_{ij} \ln r_{ij}, j = 1,2,\cdots,n \tag{6-6}$$

其中，$h = 1/\ln m$。

步骤 4：构建所有评估准则的权重所组成的向量 $W = (w_1, w_2, \cdots, w_n)$，

$$其中，w_j = \dfrac{1 - e_j}{\sum\limits_{y=1}^{n} (1 - e_y)}, j = 1,2,\cdots,n \tag{6-7}$$

表示第 $j$ 项评估准则的权重，而 $1 - e_j$ 表示第 $j$ 项评估准则能正确传递决策信息的程度。

## 第三节　逼近理想解排序法

实际上，制造商用于改进产品质量水平的资源是非常有限。对于企业而言，必须慎重评估改善每一项不合格质量特性所需耗用的资源以及改善后可获得的效益。因此，在资源有限及效益各异的情况下，决定何者最应被优先考虑改善的不合格质量特性是一个非常重要且关键的问题。而在考虑改善产品质量特性所需耗用的资源及改善后可获得的效益不同情况下，进行评估、比较和排列多个不合格质量特性的改善先后顺序，并选出最应优先被改善的质量特性是属于多准则决策分析（MCDA）的问题。在解决多准则决策分析的问题中，普遍使用由 Hwang and Yoon（1981）所发展出的逼近理想解排序法（TOPSIS）。逼近理想解排序法是一个可以有效帮助决策者从有限的备选方案中寻找出最适方案的方法。Govindan et al.（2013）说明逼近理想解排序法相较于其他多准则决策分析评估方法，例如：消去与选择转换法（Elimination Et Choice Translating Reality，ELECTRE）

或分析层级程序法（AHP），可更有效且清楚地呈现出最适方案与其他备选方案间的数值变化关系，并处理大量备选方案和评估准则的比较问题。Kim et al. (2013) 表示逼近理想解排序法是一个透过简单的运算方式，有效且具逻辑性地协助人们在各评估准则下评选最适方案的方法。Wang and Durugbo (2013) 说明从逼近理想解排序法所评选出的最佳方案，可以同时具有最大利益及最小化成本的优势。逼近理想解排序法（TOPSIS）目前已经被广泛地运用在各产业上，例如：过程选择（Parkan and Wu，1997；1998）、伙伴选择（Crispim and de – Sousa，2009；2010）、研发项目选择（Liu，et al.，2010）、投资目标选择（Wei，et al.，2010）、供应商选择（Dotoli and Falagario，2012；Li et al.，2012；Kasirian and Yusuff，2012）、太阳能电池选择（Garcia – Cascales et al.，2011）、沙漠化指数选择（Sepehr and Zucca，2012）。

逼近理想解排序法（TOPSIS）基本概念是根据每个备选方案与理想解（Ideal Solution）的接近程度，再进行排序备选方案被选取的方法。其中，理想解可分为两种，一种是正理想解（Positive – ideal Solution），另一种是负理想解（Negative – ideal Solution），而最佳的方案应该是与正理想解的距离最近，且与负理想解的距离最远者。逼近理想解排序法决定备选方案被选取的先后顺序的运算步骤如下：

步骤1：建立原始评分值矩阵 $D = [x_{ij}]_{m \times n}$ 和各评分值的正规化矩阵 $G = [r_{ij}]_{m \times n}$，并算出所有评估准则的权重向量 $W = (w_1, w_2, \cdots, w_n)$。

步骤2：将各评分值的正规化矩阵 $G$ 各行向量加权，其权重分别为 $w_1, \cdots, w_j, \cdots, w_n$，而得到一个加权后的新矩阵 $T$：

$$T = [v_{ij}]_{m \times n} \equiv \begin{bmatrix} v_{11} & \cdots & v_{1j} & \cdots & v_{1n} \\ \vdots & & \vdots & & \vdots \\ v_{i1} & \cdots & v_{ij} & \cdots & v_{in} \\ \vdots & & \vdots & & \vdots \\ v_{m1} & \cdots & v_{mj} & \cdots & v_{mn} \end{bmatrix} \qquad (6-8)$$

其中，$v_{ij} = w_j r_{ij}$，$i = 1, 2, \cdots, m$；$j = 1, 2, \cdots, n$。

步骤 3：决定正理想解向量 $V^+$ 和负理想解向量 $V^-$，

$$V^+ = (v_1^+, \cdots, v_j^+, \cdots, v_n^+)，\text{其中}\ v_j^+ = \begin{cases} \max\limits_{i=1,2,\cdots,m} v_{ij}, & j \in J, \\ \min\limits_{i=1,2,\cdots,m} v_{ij}, & j \in J', \end{cases} j = 1, 2, \cdots, n$$

$$(6-9)$$

$$V^- = \{v_1^-, \cdots, v_j^-, \cdots, v_n^-\}，\text{其中}\ v_j^- = \begin{cases} \min\limits_{i=1,2,\cdots,m} v_{ij}, & j \in J, \\ \max\limits_{i=1,2,\cdots,m} v_{ij}, & j \in J', \end{cases} j = 1, 2, \cdots, n$$

$$(6-10)$$

$J$ 和 $J'$ 分别为所有效益评估准则所构成的集合和所有成本评估准则所构成的集合。

步骤 4：利用欧式距离度量计算第 $i$ 个备选方案 $U_i(i=1, 2, \cdots, m)$ 的正分离度 $d_i^+$ 和负分离度 $d_i^-$，其中，

$$d_i^+ = \left\{ \sum_{j=1}^n (v_{ij} - v_j^+)^2 \right\}^{\frac{1}{2}}, i = 1,2,\cdots,m$$

$$(6-11)$$

和

$$d_i^- = \left\{ \sum_{j=1}^n (v_{ij} - v_j^-)^2 \right\}^{\frac{1}{2}}, i = 1,2,\cdots,m$$

$$(6-12)$$

步骤 5：计算各备选方案对理想解的相对近似度 $RC_i$，

$$RC_i = \frac{d_i^-}{d_i^+ + d_i^-}, i = 1, 2, \cdots, m。$$

$$(6-13)$$

步骤 6：根据 $RC_i$ 值的大小顺序进行排列，便可获得各备选方案被选取的先后顺序。$RC_i$ 值越大者，对应的备选方案越优先被考虑选取。

# 第四节　QCAC – Entropy – TOPSIS 方法及实施步骤

在本节，将发展一个结合多质量特性分析图、熵法与逼近理想解排序法而成

的 QCAC – Entropy – TOPSIS 方法，并用来进行检测产品质量特性是否符合规格要求，且在考虑改善不合格质量特性所需耗用的资源以及改善后可获得的效益不同情况下，排列不合格质量特性改善的先后顺序。所提出的 QCAC – Entropy – TOPSIS 方法共分为 11 个步骤，如下：

步骤1：首先决定产品质量水平（例如：六西格玛），再依产品质量特性总数 $t$ 值，查表 6 – 1 得到所有质量特性的最小过程能力指数值 $C_0$，然后利用式 （6 – 2）画出多质量特性分析图（QCAC）。接着，根据样本数据计算各质量特性的准确度指数估计值 $\hat{A}_i$、精确度指数估计值 $\hat{P}_i$ 与 $\hat{C}_{pmi}$ 值，$i = 1, 2, \cdots, t$，并将所得到的 $(\hat{A}_i, \hat{P}_i)$，$i = 1, 2, \cdots, t$，描绘于多质量特性分析图。若在多质量特性分析图中找到 $m$ 个（$0 \leqslant m \leqslant t$）不合格的质量特性，设为 $(\hat{A}_{r_1}, \hat{P}_{r_1})$，$\cdots$，$(\hat{A}_{r_m}, \hat{P}_{r_m})$，利用式（6 – 3）计算各点的判别距离 $\widehat{DD}_{r_i}$，然后将其正规化并记作 $s_i$，即 $s_i = \widehat{DD}_{r_i} / \sum_{i=1}^{m} \widehat{DD}_{r_i}$，$i = 1, 2, \cdots, m$。

步骤2：将步骤1得到的 $m$ 个不合格质量特性视为独立的 $m$ 个备选方案，并以集合 $U = \{U_1, U_2, \cdots, U_m\}$ 表示。假设有 $p$ 位决策者，且每位决策者对每个备选方案均有独立的 $n$ 项评估准则，以集合 $Q = \{Q_1, Q_2, \cdots, Q_n\}$ 表示，并且每位决策者依据各不合格质量特性（即备选方案）改善时所需耗用的资源或改善后可获得的效益，以个人经验对每项评估准则赋予 1 ~ 10 分的评分值 $x_{kij}$（$k = 1, 2, \cdots, p$；$i = 1, 2, \cdots, m$；$j = 1, 2, \cdots, n$）（例如，评估准则为效益准则时，则分数越高代表该准则可获得的效益越好（也就是：1 分代表最差，10 分代表最好）；反之，如评估准则为成本准则时，则分数越高代表该准则所需耗用的资源越多（也就是：1 分代表最少，10 分代表最多）。然后，利用算术平均法求出所有决策者对每个备选方案在每项评估准则下的平均评分值。比如第 $k$ 位决策者对第 $i$ 个备选方案的第 $j$ 项评估准则赋予 $x_{kij}$ 的评分值，则所有决策者对第 $i$ 个备选方案的第 $j$ 项评估准则的平均评分值为 $x_{ij} = \dfrac{1}{p} \sum_{k=1}^{p} x_{kij}$，$i = 1, 2, \cdots, m$；$j = 1, 2, \cdots, n$。接着，以 $x_{ij}$ 值构建一个原始平均评分值矩阵 $D$，利用式（6 – 4），如下：

$$D = \left[ x_{ij} \right]_{m \times n} \equiv \begin{array}{c} \\ U_1 \\ \vdots \\ U_i \\ \vdots \\ U_m \end{array} \begin{array}{ccccc} Q_1 & \cdots & Q_j & \cdots & Q_n \\ \left[ \begin{array}{ccccc} x_{11} & \cdots & x_{1j} & \cdots & x_{1n} \\ \vdots & & \vdots & & \vdots \\ x_{i1} & \cdots & x_{ij} & \cdots & x_{in} \\ \vdots & & \vdots & & \vdots \\ x_{m1} & \cdots & x_{mj} & \cdots & x_{mn} \end{array} \right] \end{array}$$

步骤3：利用式（6-5），求出各平均评分值的正规化矩阵 $G = \left[ r_{ij} \right]_{m \times n}$。

步骤4：利用式（6-6），计算各项评估准则的熵值 $e_j$，$j = 1, 2, \cdots, n$。

步骤5：利用式（6-7），构建所有评估准则权重所组成的向量 $W = (w_1, w_2, \cdots, w_n)$。

步骤6：利用式（6-8），构建一个加权后的新矩阵 $T = \left[ v_{ij} \right]_{m \times n}$。

步骤7：利用式（6-9）和式（6-10），决定正理想解向量 $V^+$ 和负理想解向量 $V^-$。

步骤8：利用式（6-11）和式（6-12），计算各备选方案的正分离度 $d_i^+$ 和负分离度 $d_i^-$，$i = 1, 2, \cdots, m$。

步骤9：利用式（6-13），计算各备选方案对理想解的相对近似度 $RC_i$，$i = 1, 2, \cdots, m$。

步骤10：将各备选方案对理想解的相对近似度加权，其权重为步骤1所求得的 $s_i$ 值，可得：

$$RC'_i = s_i RC_i, \quad i = 1, 2, \cdots, m。 \tag{6-14}$$

步骤11：依 $RC'_i$ 值的大小进行排列，便可获得备选方案被选取的先后顺序。$RC'$ 值越大者，对应的备选方案越被优先考虑选取（即所对应的不合格质量特性应越被优先考虑改善）。

# 第五节  应用实例——自行车快卸杆

## 一、案例分析

N 公司是一家自行车快卸杆的制造商。N 公司所生产的 Y 型号快卸杆为目前市场上销售量最大的产品。Y 型号快卸杆有三个质量特性，分别为：轴心规格（Spindle Specification）、心轴牙部外径（Spindle Outside Diameter）与组立有效距离（Assembly Distance）。快卸杆是一种使用于自行车前、后车轮的轮轴上，使用者只要释放快卸轴心，就可以轻松卸下车轮进行清洁、保养或携带而不必依靠任何工具。然而，若有质量不良或规格不符的快卸杆被组装在自行车上，将会造成轮胎的摇晃或快拆杆断裂，进而造成骑车者的危险。因此，N 公司想要提升 Y 型号快卸杆的质量，以提供顾客质量稳定和安全可靠的产品。在本次 Y 型号快卸杆质量提升项目中，主要参与决策者是 N 公司里 3 位拥有 10 年以上管理经验的主管，分别是产品经理 $E_1$、品管经理 $E_2$ 以及总经理 $E_3$。

由一位质量管理人员利用随机抽样方式抽得 55 笔 Y 型号快卸杆的样本数据。收集并计算出 Y 型号快卸杆 3 个质量特性的相关数据（$USL_i$，$LSL_i$，$T_i$，$d_i$，$\hat{\mu}_i$，$\hat{\sigma}_i$，$i = 1$，2，3），结果如表 6 – 2 所示。

表 6 – 2  Y 型号快卸杆的质量特性及相关数值　　　　　　单位：毫米

| 质量特性 | $USL_i$ | $T_i$ | $LSL_i$ | $d_i$ | $\hat{\mu}_i$ | $\hat{\sigma}_i$ |
|---|---|---|---|---|---|---|
| 轴心规格（$U_1$） | 5 | 4.9 | 4.8 | 0.1 | 4.84 | 0.01 |
| 心轴牙部外径（$U_2$） | 4.88 | 4.85 | 4.82 | 0.03 | 4.84 | 0.02 |
| 组立有效距离（$U_3$） | 113 | 112 | 111 | 1 | 112.37 | 0.34 |

注：$USL$ 为规格上界限；$LSL$ 为规格下界限；$T$ 为目标值；$d$ 为公差；$\hat{\mu}$ 为样本均值；$\hat{\sigma}$ 为样本标准差。

利用所构建的 QCAC – Entropy – TOPSIS 分析法的 11 个步骤，进行检验 N 公司生产的 Y 型号快卸杆的质量水平。质量检验的实施步骤如下：

步骤 1：N 公司决定 Y 型号快卸杆要达到 6 个西格玛的质量水平（即 $c$ = 1.11），因 Y 型号快卸杆有 3 个质量特性（即 $t=3$），查表 6 – 1 可知最小过程能力指数值 $C_0 = 1.208$。接着，利用式（6 – 2）画出多质量特性分析图（QCAC）（见图 6 – 2）。然后，计算出各质量特性的准确度指数估计值 $\hat{A}_i$、精确度指数估计值 $\hat{P}_i$ 与 $\hat{C}_{pmi}$ 值，$i=1, 2, \cdots, 3$（见表 6 – 3）。接着，将 $(\hat{A}_i, \hat{P}_i)$ 值，$i=1, 2, \cdots, 3$，描绘于多质量特性分析图（见图 6 – 2）。由图 6 – 2 可知，3 个质量特性均不合格，即 3 个备选方案，并分别记作 $U_1$、$U_2$ 和 $U_3$，然后利用式（6 – 3）算出 3 个不合格质量特性的判别距离 $DD$ 并正规化，因此得到 $(s_1, s_2, s_3) = (0.322, 0.458, 0.220)$。

**表 6 – 3　Y 型号快卸杆各质量特性的分析结果**

| 质量特性 | $\hat{A}_i$ | $\hat{P}_i$ | $\hat{C}_{pmi}$ |
|---|---|---|---|
| 轴心规格（$U_1$） | − 0.6 | 0.1 | 0.55 |
| 心轴牙部外径（$U_2$） | − 0.33 | 0.67 | 0.47 |
| 组立有效距离（$U_3$） | 0.37 | 0.34 | 0.66 |

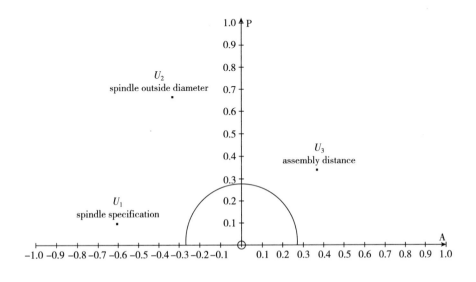

**图 6 – 2　Y 型号快卸杆的多质量特性分析**

步骤 2：3 位决策者（产品经理 $E_1$、品管经理 $E_2$ 以及总经理 $E_3$）决定此次改善的评估准则有三项，分别为：改善所需耗用的成本 $Q_1$、改善后可获得的效益 $Q_2$ 以及改善所需耗用的时间 $Q_3$。接着，通过问卷（见表 6 - 4）调查方式请 3 位决策者根据个人专业经验，对每个不合格质量特性在各项评估准则下给予 1 ~ 10 分的评分值。

表 6 - 4  改善 Y 型号快卸杆的评估问卷

| 质量特性 | 准则 | | |
|---|---|---|---|
| | 改善所需耗用的成本（$Q_1$） | 改善后可获得的效益（$Q_2$） | 改善所需耗用的时间（$Q_3$） |
| 轴心规格（$U_1$） | | | |
| 心轴牙部外径（$U_2$） | | | |
| 组立有效距离（$U_3$） | | | |

注：如评估准则为效益准则（即改善后可获得的效益）时，则分数越高代表该准则可获得的效益越好（1 分表示最差，10 分表示最好）；反之，如评估准则为成本准则（即改善所需耗用成本和改善所需耗用的时间）时，则分数越高代表该准则所需耗用的资源越多（1 分表示最少，10 分表示最多）。

根据得到的评估评分值，可以构建 3 位决策者的原始评分值矩阵，如下：

$$E_1 = \begin{array}{c} \\ U_1 \\ U_2 \\ U_3 \end{array} \begin{array}{ccc} Q_1 & Q_2 & Q_3 \\ \left[\begin{array}{ccc} x_{111} & x_{112} & x_{113} \\ x_{121} & x_{122} & x_{123} \\ x_{131} & x_{132} & x_{133} \end{array}\right] \end{array} = \left[\begin{array}{ccc} 2 & 9 & 4 \\ 10 & 3 & 10 \\ 5 & 4 & 3 \end{array}\right]$$

$$E_2 = \begin{array}{c} \\ U_1 \\ U_2 \\ U_3 \end{array} \begin{array}{ccc} Q_1 & Q_2 & Q_3 \\ \left[\begin{array}{ccc} x_{211} & x_{212} & x_{213} \\ x_{221} & x_{222} & x_{223} \\ x_{231} & x_{232} & x_{233} \end{array}\right] \end{array} = \left[\begin{array}{ccc} 3 & 10 & 4 \\ 10 & 7 & 8 \\ 4 & 2 & 4 \end{array}\right]$$

$$E_3 = \begin{array}{c} \\ U_1 \\ U_2 \\ U_3 \end{array} \begin{array}{ccc} Q_1 & Q_2 & Q_3 \\ \left[\begin{array}{ccc} x_{311} & x_{312} & x_{313} \\ x_{321} & x_{322} & x_{323} \\ x_{331} & x_{332} & x_{333} \end{array}\right] \end{array} = \left[\begin{array}{ccc} 1 & 8 & 7 \\ 10 & 5 & 6 \\ 6 & 3 & 5 \end{array}\right]$$

以算术平均法计算 3 位决策者对每个不合格质量特性在各项评估准则下的平均评分值，而得到原始平均评分值矩阵 $D$ 如下：

$$
\begin{array}{c}
\quad\quad Q_1 \quad\ Q_2 \quad\ Q_3 \\
D = \begin{matrix} U_1 \\ U_2 \\ U_3 \end{matrix}
\begin{bmatrix} x_{11} & x_{12} & x_{13} \\ x_{21} & x_{22} & x_{23} \\ x_{31} & x_{32} & x_{33} \end{bmatrix}
= \begin{bmatrix} 2 & 9 & 5 \\ 10 & 5 & 8 \\ 5 & 3 & 4 \end{bmatrix}
\end{array}
$$

步骤3：利用式（6-5）求出各平均评分值的正规化矩阵 $G$。

$$
\begin{array}{c}
\quad\quad Q_1 \quad\ Q_2 \quad\ Q_3 \\
G = \begin{matrix} U_1 \\ U_2 \\ U_3 \end{matrix}
\begin{bmatrix} r_{11} & r_{12} & r_{13} \\ r_{21} & r_{22} & r_{23} \\ r_{31} & r_{32} & r_{33} \end{bmatrix}
= \begin{bmatrix} 0.118 & 0.529 & 0.294 \\ 0.588 & 0.294 & 0.471 \\ 0.294 & 0.177 & 0.235 \end{bmatrix}
\end{array}
$$

步骤4：利用式（6-6）求出各评估准则的熵值 $e_j$ 所构成的向量，

因为 $\left( \sum_{i=1}^{3} r_{i1}\ln r_{i1}, \sum_{i=1}^{3} r_{i2}\ln r_{i2}, \sum_{i=1}^{3} r_{i3}\ln r_{i3} \right) = (-0.924, -1.003, -1.055)$，

且 $h = 1/\ln(3) = 0.910$。因此，可得

$(e_1, e_2, e_3) = (-0.910 \times (-0.924), -0.910 \times (-1.003), -0.910 \times (-1.055)) = (0.841, 0.913, 0.960)$。

步骤5：利用式（6-7）求出评估准则之权重向量 $W$，

$$
W = (w_1, w_2, w_3) = \left( \frac{1 - 0.841}{(1 - 0.841) + (1 - 0.913) + (1 - 0.960)}, \right.
$$

$$
\frac{1 - 0.913}{(1 - 0.841) + (1 - 0.913) + (1 - 0.960)},
$$

$$
\left. \frac{1 - 0.960}{(1 - 0.841) + (1 - 0.913) + (1 - 0.960)} \right)
$$

$= (0.556, 0.304, 0.140)$。

步骤6：利用式（6-8）得到一个加权的新矩阵 $T$，

$$
\begin{array}{c}
\quad\quad Q_1 \quad\ Q_2 \quad\ Q_3 \\
T = \begin{matrix} U_1 \\ U_2 \\ U_3 \end{matrix}
\begin{bmatrix} v_{11} & v_{12} & v_{13} \\ v_{21} & v_{22} & v_{23} \\ v_{31} & v_{32} & v_{33} \end{bmatrix}
= \begin{bmatrix} 0.066 & 0.161 & 0.041 \\ 0.327 & 0.089 & 0.066 \\ 0.163 & 0.054 & 0.033 \end{bmatrix}
\end{array}
$$

步骤7：利用式（6-9）和式（6-10）决定正理想解向量 $V^+$ 和负理想解向量 $V^-$。因为 $J = \{Q_2\}$，$J' = \{Q_1, Q_3\}$，所以

$$V^+ = (\min_{i=1,2,3} v_{i1}, \max_{i=1,2,3} v_{i2}, \min_{i=1,2,3} v_{i3}) = (0.066, 0.161, 0.033)\text{ 和}$$

$$V^- = (\max_{i=1,2,3} v_{i1}, \min_{i=1,2,3} v_{i2}, \max_{i=1,2,3} v_{i3}) = (0.327, 0.054, 0.066)。$$

步骤8：利用式（6-11）和式（6-12）计算出各不合格质量特性的正分离度和负分离度，$(d_1^+, d_2^+, d_3^+) = (0.008, 0.273, 0.144)$ 和 $(d_1^-, d_2^-, d_3^-) = (0.283, 0.035, 0.167)$。

步骤9：利用式（6-13）计算各不合格质量特性对理想解的相对近似度，

$$(RC_1, RC_2, RC_3) = \left( \frac{d_1^-}{d_1^+ + d_1^-}, \frac{d_2^-}{d_2^+ + d_2^-}, \frac{d_3^-}{d_3^+ + d_3^-} \right) = (0.973, 0.114, 0.537)。$$

步骤10：利用式（6-14）求出各不合格质量特性对理想解的相对近似度加权后的值，

$$(RC'_1, RC'_2, RC'_3) = (s_1 RC_1, s_2 RC_2, s_3 RC_3) = (0.313, 0.052, 0.118)。$$

步骤11：利用 $RC'_i$（$i = 1, 2, 3$）值的大小进行排列不合格质量特性改善的先后顺序，可得：轴心规格（$RC'_1 = 0.313$）> 组立有效距离（$RC'_3 = 0.118$）> 心轴牙部外径（$RC'_2 = 0.052$）。因此，建议 N 公司在考虑"改善所需耗用的成本""改善后可获得的效益"以及"改善所需耗用的时间"的情况下，应优先改善轴心规格 $U_1$，其次为组立有效距离 $U_3$ 和心轴牙部外径 $U_2$。进一步从图6-2可知，轴心规格 $U_1$ 是因为准确度指数 $A$ 的问题，因此，要提升轴心规格 $U_1$ 的质量水平必须改善过程均值 $\mu$。而组立有效距离 $U_3$ 和心轴牙部外径 $U_2$ 是因为准确度指数 $A$ 和精确度指数 $P$ 的问题，要提升组立有效距离 $U_3$ 和心轴牙部外径 $U_2$ 的质量水平必须减少过程标准差 $\sigma$ 以及改善过程均值 $\mu$，使其更接近过程目标值。

## 二、有效性分析

接下来将 QCAC - Entropy - TOPSIS 方法与过程能力分析图（PCAC）和逼近理想解排序法（TOPSIS）方法进行比较，借此说明本章所提出的方法的有效性。

如表6-5所示，所有的方法都有能力对每一个不合格的质量特性按改善的优先顺序进行排列。Chen et al.（2009b）的过程能力分析图使用过程能力指数 $C_{pk}$ 来衡量产品的质量水平是否满足要求验收标准。然而，过程能力指数 $C_{pk}$ 与过程值 $T$ 无关，并无法解释过程均值 $\mu$ 与目标值是否有偏移。Ouyang et al.（2013）后来使用过程能力指数 $C_{pm}$ 来克服上述问题。然而，却没有考虑六西格玛的概念。此外，这两种过程能力分析方法都不能确定在考虑资源需求和改进绩效的潜力，进行排列和选择最优先改善的不合格质量特性。另外，逼近理想解排序法（TOPSIS）的缺点是不能有效地测量产品的质量特性是否符合六西格玛的概念，也不能识别产品质量特性不合格是由于精确度和（或）准确度问题而导致。因此，与其他方法相比，本章提出的方法是一种有效的产品质量测量工具，可以优先考虑企业的资源运用和质量特性的改进潜力，并可确定质量特性是否达到六西格玛水平。此外，造成缺陷质量特性的成因也可以用所提出的方法进行验证得知。

表6-5　所提方法与现有方法的优劣势比较

| 方法 | 作者 | 反映目标值 | 实现六西格玛 | 测量质量特性 | 识别不合格质量特性 | 确定精确度或准确度不良 | 同时考虑资源和改进的潜力 | 不合格的质量特性优先改进 |
|---|---|---|---|---|---|---|---|---|
| PCAC | Chen et al.（2009b） | 否 | 可 | 可 | 可 | 可 | 否 | 可 |
| | Ouyang et al.（2013） | 可 | 否 | 可 | 可 | 可 | 否 | 可 |
| TOPSIS | Hwang and Yoon（1981） | 否 | 否 | 否 | 否 | 否 | 可 | 可 |
| 所提方法 | | 可 | 可 | 可 | 可 | 可 | 可 | 可 |

# 第六节　本章小结

本章提出一个结合多质量特性分析图、熵法与逼近理想解排序法的 QCAC -

Entropy – TOPSIS 方法，用来检测产品是否符合规格和排列改善不合格质量特性的先后顺序。首先，结合六西格玛概念、过程能力指数 $C_{pm}$、最小过程能力指数值 $C_0$、准确度指数 $A$ 与精确度指数 $P$，进行构建一个新的多质量特性能力分析图（QCAC）。其次，在进行熵（Entropy）和逼近理想解排序法（TOPSIS）分析时，所有不合格的质量特性都被视为备选方案。再次，利用熵法计算的评估准则的权重。又次，将评估准则的权重和判别距离 $DD$ 的值代入逼近理想解排序法中。复次，制造商可以根据自身资源的需求和考虑质量特性改进的潜力，进行排列改进顺序。最后，以自行车快卸杆制造商 N 公司为实例，详细说明了所提方法的实施过程。

通过实施 QCAC – Entropy – TOPSIS 方法，结果显示 N 公司在考虑"改善所需耗用的成本""改善后可获得的效益"以及"改善所需耗用的时间"的情况下，Y 型号快卸杆质量特性的改善顺序依序为：轴心规格、组立有效距离和心轴牙部外径。此外，N 公司如要改善轴心规格的质量水平，则应该解决准确度指数 $A$ 的问题，也就是必须改善过程均值 $\mu$。而组立有效距离和心轴牙部外径是由于准确度指数 $A$ 和精确度指数 $P$ 的问题，也就是必须减少过程标准差 $\sigma$ 以及改善过程均值 $\mu$。此外，通过与现有几种质量改善和决策方法说明所提方法的有效性与优越性（见表 6 –3）。从表 6 – 3 可知，通过逐步使用所提的方法，既可以帮助质量管理者测量并确定产品的质量特性是否满足六西格玛水平，又可以在考虑到资源需求和改进绩效的潜力下，选择一个最高优先级的不合格质量特性进行改进。另外，质量管理者可以应用所提出的方法来识别和理解，导致不合格质量特性的缺失是由于准确度和（或）精确度所造成的。因此，所提出的方法是一个有效的质量检验和改进工具，并可以直接应用于企业资源有限的情况。

# 第七章 改进的多质量特性分析图与模糊逼近理想解排序法

具单一质量特性或多个不同形式质量特性产品的衡量问题已被广泛地讨论和研究，而过程能力指数（PCI）、逼近理想解排序法（TOPSIS）和模糊逼近理想解排序法（fuzzy TOPSIS）三种方法也已被普遍地运用在各种产业上。然而仍有一些重要的问题有待解决，例如：①现有的多质量特性分析图是由多个过程能力指数所构成。然而，当质量管理人员利用多个过程能力指数进行衡量产品质量特性的质量水平时，不仅会增加计算的复杂度，进而影响所得结果的准确性，而且可能造成人力、时间及成本上的浪费。②模糊逼近理想解排序法并无法衡量和确定产品质量特性是否合格以及判断每个不合格质量特性缺失是由于过程偏移或（和）过程变异所造成。③从 Behzadian et al.（2012）整理自 2000 年以来应用模糊逼近理想解排序法的文献回顾中发现，没有研究将模糊逼近理想解排序法和过程能力指数进行结合应用，只有极少数的研究将模糊逼近理想解排序法应用于质量改善的议题中。为了解决这些问题，本章将构建一个基于六西格玛并可同时检验望目型、望小型和望大型质量特性的多质量特性分析图。在本章第一节将介绍如何构建改进的多质量特性分析图。第二节介绍有关模糊理论的一些基本概念和运算方法。第三节则构建结合多质量特性分析图和模糊逼近理想解排序法，用来找出不合格质量特性并排列改善先后顺序的实施步骤。第四节通过一个应用实例说明所提方法的应用和操作过程。第五节为本章小结。

# 第一节　改进的多质量特性分析图

在当前竞争激烈的商业环境和经济全球化的背景下，为了保持竞争力和可持续发展，高质量的产品对制造商来说变得越来越重要。一个高质量的产品不仅能带来产品的高性能、低成本、高可靠性和对客户的响应能力，还可成为制造商成功的关键因素之一。过程能力指数（PCI）是产品质量测量和保证的一种有效工具。高的过程能力指数值意味着高的质量量率和低的过程损失。过程能力指数已发展非常成熟，但是从过程能力指数的相关研究可以发现，过去的研究者大多着眼于利用过程能力指数找出产品或过程的改善项目，并未进一步明确地指出何者是应被优先考虑改善的质量特性（Pearn et al.，2002；Chen et al.，2003；Huang and Chen，2003；Chen et al.，2005a；Huang et al.，2005；Chen et al.，2006c；Pearn et al.，2006；Chen and Chen 2008）。此外，产品通常是由多个不同型式的质量特性所组成，只有当所有质量特性的质量水平皆达到特定的要求时，产品才能被顾客所接受。因此，为了要有效地衡量所有质量特性并找出不合格质量特性，仅利用单一的过程能力指数是不够的。然而，当质量管理者使用多个过程能力指数进行衡量多质量特性时，有可能会增加计算上的复杂性、困难度和错误率，进而影响到结果的准确性。此外，现有的多质量特性分析图并无法判断望大型和望小型质量特性不合格的原因是，由于过程偏移或（和）过程变异所造成。因此，本节将建立一个可同时衡量望目型、望小型和望大型质量特性的多质量特性分析图，并可判断产品不合格质量特性是由于过程偏移或（和）过程变异的问题所造成。

将望目型、望小型和望大型质量特性的正态分布观测数据 $x$ 分别进行如下的变量变换：

$$y = \left| \frac{x - T}{d} \right| \tag{7-1}$$

$$y = \frac{x}{USL} \tag{7-2}$$

$$y = \frac{LSL}{x} \tag{7-3}$$

式中 $T$ 为目标值、$d$ 为公差、$USL$ 和 $LSL$ 分别为规格上界限和规格下界限，则 $y$ 值将落入区间（0，1）内。

当所有观测数据经式（7-1）、式（7-2）或式（7-3）转换后，则各质量特性的公差 $d_y = 1$ 和目标值 $T_y = 0$。因此新数据的过程能力指数 $C_{pm}$ 可改写成：

$$C_{pm} = \frac{d_y}{3\sqrt{\sigma_y^2 + (\mu_y - T_y)^2}} = \frac{1}{3\sqrt{\sigma_y^2 + \mu_y^2}} \tag{7-4}$$

其中，$\mu_y > 0$ 和 $\sigma_y > 0$ 分别为新数据的均值和标准差。

如果产品有 $t$ 个质量特性，并且制造商设定产品总质量能力指数为 $c$，以及个别质量特性的最小过程能力指数为 $C_0$，且需高于总质量能力指数值 $c$。令 $C_T = c$ 和 $C_{pmi} = C_0$，$i = 1, 2, \cdots, t$，代入式（7-5）：

$$C_T = \frac{1}{3} \Phi^{-1} \left\{ \left[ \left( \prod_{i=1}^{t} \left[ 2\Phi(3C_{pmi}) - 1 \right] \right) + 1 \right] \div 2 \right\} \tag{7-5}$$

经整理可得：

$$\prod_{i=1}^{t} \left[ 2\Phi(3C_0) - 1 \right] = 2\Phi(3c) - 1 \tag{7-6}$$

解 $C_0$ 值，可得：

$$C_0 = \frac{1}{3} \Phi^{-1} \left[ \left( \sqrt[t]{2\Phi(3c) - 1} + 1 \right) / 2 \right] \tag{7-7}$$

然后，令 $C_{pm} = C_0$，则式（7-4）变成：

$$\frac{1}{3\sqrt{\sigma_y^2 + \mu_y^2}} = C_0 \tag{7-8}$$

即

$$\sigma_y^2 + \mu_y^2 = \left( \frac{1}{3C_0} \right)^2 \tag{7-9}$$

将变量变换后的总体均值 $\mu_y$ 和总体标准差 $\sigma_y$ 的权重视为一样的情况下，根据表 7 - 1、式 (7 - 7) 和式 (7 - 9)，对已知的产品质量特性总数 $t$，便可构建一个改进的多质量特性分析图，即以 $\mu_y$ 和 $\sigma_y$ 为坐标轴、原点为圆心、$\frac{1}{3C_0}$ 为半径，且 $\mu_y > 0$ 和 $\sigma_y > 0$ 的 1/4 圆。例如，当 $t = 9$ 时，$3\sigma$、$4\sigma$、$5\sigma$ 和 $6\sigma$ 所对应的改进的多质量特性分析图如图 7 - 1 所示。

表 7 - 1    不同质量水平和 $t$ 值的 $C_0$ 值

| 质量水平 | $c$ 值 | $C_0$ | | | | | | | | |
| --- | --- | --- | --- | --- | --- | --- | --- | --- | --- | --- |
| | | $t = 2$ | $t = 3$ | $t = 4$ | $t = 5$ | $t = 6$ | $t = 7$ | $t = 8$ | $t = 9$ | $t = 10$ |
| $3\sigma$ | 0.55 | 0.651 | 0.706 | 0.744 | 0.772 | 0.794 | 0.813 | 0.829 | 0.842 | 0.855 |
| $4\sigma$ | 0.74 | 0.825 | 0.872 | 0.904 | 0.929 | 0.948 | 0.964 | 0.978 | 0.990 | 1.001 |
| $5\sigma$ | 0.92 | 0.993 | 1.034 | 1.062 | 1.083 | 1.100 | 1.114 | 1.127 | 1.138 | 1.147 |
| $6\sigma$ | 1.11 | 1.173 | 1.208 | 1.233 | 1.252 | 1.267 | 1.279 | 1.290 | 1.300 | 1.308 |

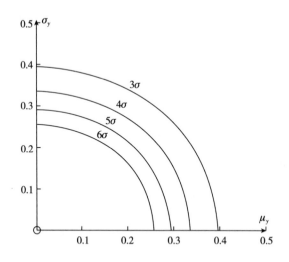

图 7 - 1    改进的多质量特性分析 (当 $t = 9$ 时)

假设某产品有 $t$ 个质量特性，并且第 $i$ 个质量特性通过式 (7 - 1)、式 (7 - 2) 或式 (7 - 3) 变量变换后的总体均值为 $\mu_{yi}$ 和总体标准差为 $\sigma_{yi}$。因此 ($\mu_{yi}$,

$\sigma_{yi}$），$i=1$，2，$\cdots$，$t$ 可被描绘于改进的多质量特性分析图的坐标轴上，并且 $(\mu_{yi}，\sigma_{yi})$ 到 1/4 个圆的判别距离 $DD$ 为：

$$DD_i = \sqrt{\mu_{yi}^2 + \sigma_{yi}^2} - \frac{1}{3C_0}，\quad i=1，2，\cdots，t \tag{7-10}$$

判别距离 $DD_i$ 的示意图，如图 7-2 所示。

因此，第 $i$ 个质量特性是否需要改善的判断依据如下：

当 $DD_i \leqslant 0$ 时，该质量特性是合格的；

当 $DD_i > 0$ 时，该质量特性是不合格的，应被改善。

也就是说，1/4 个圆内（含）视为质量特性合格区，而 1/4 个圆外则为质量特性不合格区。

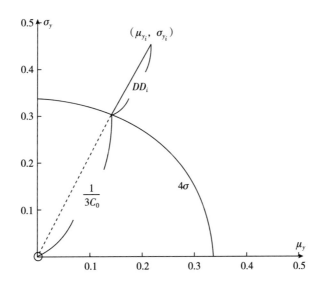

**图 7-2　点 $(\mu_{yi}，\sigma_{yi})$ 的判别距离 $DD$（当质量水平为 4$\sigma$ 和 $t=9$ 时）**

在实践上，产品各质量特性的总体均值 $\mu$ 和总体标准差 $\sigma$ 均为未知，所以利用式（7-1）、式（7-2）或式（7-3）变量变换后所得到的总体均值 $\mu_y$ 和总体标准差 $\sigma_y$ 也同样均为未知。因此，必须分别利用样本均值和样本标准差，来估计样本数据经变量变换后的总体均值 $\mu_y$ 和总体标准差 $\sigma_y$。为使所抽得的样本数据为所有可能样本中出现概率最大的样本，且估计的结果较接近总体参数之真实值而使估计误差较小，Neter et al.（1993）建议采用极大似然估计所求得的样本参数估计量与总体参数量具有一致性（Consistency）的特性来进行处理。假设 $X_1$，$X_2$，$\cdots$，$X_n$ 为从总体过程均值 $\mu$ 和总体过程标准差 $\sigma$ 所抽出的 $n$ 个随机样本，并经式（7-1）、式（7-2）或式（7-3）变量变换后所得到的样本数据。

令变量变换后的均值估计值为 $\hat{\mu}_y \equiv \bar{X} = \dfrac{\sum\limits_{i=1}^{n} X_i}{n}$ 和变量变换后的标准差估计值为

$\hat{\sigma}_y \equiv S = \sqrt{\dfrac{\sum\limits_{i=1}^{n}(X_i - \bar{X})^2}{n}}$，则 $(\hat{\mu}_y,\ \hat{\sigma}_y)$ 为 $(\mu_y,\ \sigma_y)$ 的极大似然估计。因此，可使用 $(\hat{\mu}_y,\ \hat{\sigma}_y)$ 来估计 $(\mu_y,\ \sigma_y)$。

# 第二节　模糊理论

实际上，制造商用于改进质量的资源是非常有限的。因此，制造业中一个非常重要的问题是如何根据资源配置和潜在改进来优先考虑做出哪些改进。事实上，评估、比较、排序和选择与资源需求和性能改进潜力相关的所有不合格质量特性的改进优先级是一个多准则决策（MCDM）问题。一般来说，决策者（Decision-maker）经常使用数值（或感觉）来评估多准则决策问题中每个评估准则的重要性权重和备选方案的等级。然而，由于决策数据中经常出现的不确定性、不精确性和模糊性问题，导致数值的定义太差，无法用于实际情况。此外，人类的思考程序中经常包含感性、模糊、嗜好与预感等动作，因此，只要有人为因素介入的人、事、物，便存在着不确定性与模糊性，以致传统二值逻辑（0 与 1）无法真实地描述所要表达的想法和概念。Zadeh（1965；1975）首先发展了模糊理论（Fuzzy Theory），并提出隶属度（Membership Grade）的构想，使对实际现象质化的描述可以用量化的数值表示，并通过数学计算方式将语言变量转换成明确值（Crisp Value），以利进行计算及比较。Delgado et al.（1992）和 Chen（2000）都认为当决策者使用语言变量来表示各项评估准则的重要性和备选方案在各评估准则下的评估结果时，将能更容易且清楚地表达其主观的判断和所隐含的模糊性，进而提高决策分析结果的可行性和接受度。

在传统的逼近理想解排序法（TOPSIS），决策者对于备选方案的评分和评估准则的权重通常是以明确的数值来呈现，并没有考虑人们在决策过程中常会受到主观性、模糊性和不确定性的影响。因此，Chen and Hwang（1992）首先利用模糊理论（fuzzy theory）去处理逼近理想解排序法中数据具有不确定性和模糊性的问题，并将模糊数值转化为明确数值。Chen et al.（2006a）进一步利用端点法（Vertex Method）提出一个更简单和有效的模糊逼近理想解排序法去处理模糊环境下群体决策的问题，该方法主要是计算所有备选方案与模糊正理想解及与模糊负理想解间的距离，之后选择离模糊正理想解最近，而离模糊负理想解最远的方案作为最适方案。近年来，模糊逼近理想解排序法已成功地应用于解决许多领域的评价和选择问题，包括道路安全性能（Bao et al.，2012）、射频识别（Radio Frequency Identification，RFID）系统（Mehrjerdi，2013）、生物技术产业研发战略联盟（Sun，2014）、电动汽车充电站（Guo and Zhao，2015）、逆向电子行业的物流战略（Prakash and Barua，2015）、航空公司维护（Chiu and Hsieh，2016）和汽车婴儿座椅（He et al.，2016）。

由于模糊逼近理想解排序法其广泛的适用性、普及性和易用性，当前已被应用于各个行业。下文将概略地介绍一些在模糊逼近理想解排序法中会应用到的模糊理论知识、模糊数和语言变量的基本定义以及运算法则（Zadeh，1965；1975；Chen and Hwang，1992；Chen et al.，2006a；Govindan et al.，2013）。

**定义 1**：在一个实数域 $R = (-\infty, \infty)$ 上的模糊集合（fuzzy set）$\tilde{A}$ 定义为：

$$\tilde{A} = \{(x, \mu_{\tilde{A}}(x)) \mid x \in R; \mu_{\tilde{A}}: R \rightarrow [0, 1]\} \qquad (7-11)$$

其中，$\mu_{\tilde{A}}(\cdot)$ 称为模糊集合 $\tilde{A}$ 的隶属函数（Membership Function），也就是元素 $x \in R$ 隶属于模糊集合 $\tilde{A}$ 的隶属度。当 $\mu_{\tilde{A}}(x)$ 值越大时，则表示元素 $x$ 隶属

于模糊集合 $\tilde{A}$ 的程度越高。

**定义 2**：在 $R = (-\infty, \infty)$ 上的模糊集合 $\tilde{A}$ 称为三角模糊数（Triangular Fuzzy Number），如果 $\tilde{A}$ 的隶属函数为：

$$\mu_{\tilde{A}}(x) = \begin{cases} 0, & x < a, \\ (x-a)/(b-a), & a \leqslant x \leqslant b, \\ (c-x)/(c-b), & b \leqslant x \leqslant c, \\ 0, & x > c. \end{cases} \quad (7-12)$$

且记作 $\tilde{A} = (a, b, c)$，其中 $a < b < c$，则式（7 – 12）的隶属度函数图形如图 7 – 3 所示。

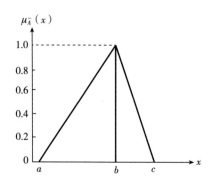

**图 7 – 3　三角模糊数 $\tilde{A} = (a, b, c)$ 的隶属度函数图形**

**定义 3**：假设有两个三角模糊数 $\tilde{A} = (a_1, b_1, c_1)$ 和 $\tilde{B} = (a_2, b_2, c_2)$。如果 $\tilde{A} = \tilde{B}$，则有 $a_1 = a_2$、$b_1 = b_2$ 和 $c_1 = c_2$。

**定义 4**：假设 $\tilde{A} = (a_1, b_1, c_1)$ 和 $\tilde{B} = (a_2, b_2, c_2)$，其中 $0 < a_i < b_i < c_i$，$i = 1, 2$，则运算方式如下：

加法：$\tilde{A}(+)\tilde{B} = (a_1 + a_2, b_1 + b_2, c_1 + c_2)$          (7 – 13)

减法：$\tilde{A}(-)\tilde{B} = (a_1 - c_2, b_1 - b_2, c_1 - a_2)$          (7 – 14)

乘法：$\tilde{A}(\times)B = (a_1 \times a_2, b_1 \times b_2, c_1 \times c_2)$          (7 – 15)

$$k( \times )\widetilde{A} = \begin{cases} (ka_1, \ kb_1, \ kc_1), \ k \geqslant 0; \\ (kc_1, \ kb_1, \ ka_1), \ k < 0. \end{cases} \tag{7-16}$$

除法：$\widetilde{A}( \div )\widetilde{B} = \left( \dfrac{a_1}{c_2}, \ \dfrac{b_1}{b_2}, \ \dfrac{c_1}{a_2} \right)$ $\hspace{2cm}$ (7-17)

倒数：$\widetilde{A}^{-1} = \left( \dfrac{1}{c_1}, \ \dfrac{1}{b_1}, \ \dfrac{1}{a_1} \right)$ $\hspace{2.5cm}$ (7-18)

利用端点法（Vertex Method）可求得两个三角模糊数 $\widetilde{A} = (a_1, \ b_1, \ c_1)$ 和 $\widetilde{B} = (a_2, \ b_2, \ c_2)$ 的距离（Chen, 2000）：

$$d(\widetilde{A}, \ \widetilde{B}) = \sqrt{\dfrac{1}{3}\big[(a_1 - a_2)^2 + (b_1 - b_2)^2 + (c_1 - c_2)^2\big]} \tag{7-19}$$

在一个多准则决策分析（MCDA）问题中，通常会包含模糊语言和明确数据，而模糊语言数据可用语言措辞（Linguistic Term）的语言变量表示。若模糊语言数据为语言措辞，则需先利用转换尺度（Conversion Scale）将语言变量转为模糊数，例如：当决策者利用五点语言尺度（非常重要、重要、普通、不重要和非常不重要）进行评估各评估准则的重要性时，则这些语言尺度可以分别利用三角模糊数来表示，即非常重要的三角模糊数为（7，9，10）、重要为（5，7，9）、普通为（3，5，7）、不重要为（1，3，5）和非常不重要为（0，1，3）。另外，决策者也可利用五点语言尺度（非常多、多、普通、少和非常少）来表示各备选方案在各评估准则下所需耗用的资源或可获得的效益之评估结果，则这些语言尺度同样也可以被分别利用三角模糊数来表示，即非常多的三角模糊数为（7，9，10）、多为（5，7，9）、普通为（3，5，7）、少为（1，3，5）和非常少为（0，1，3）。表7-2和表7-3分别为评估各评估准则的重要性和各备选方案在各评估准则下所需耗用的资源或可获得的效益的语言尺度及所对应的模糊数。

表7-2　各评估准则的重要性语言尺度及所对应的三角模糊数

| 语言尺度 | 三角模糊数 |
| --- | --- |
| 非常不重要 | （0，1，3） |

续表

| 语言尺度 | 三角模糊数 |
|---------|-----------|
| 不重要 | (1, 3, 5) |
| 普通 | (3, 5, 7) |
| 重要 | (5, 7, 9) |
| 非常重要 | (7, 9, 10) |

**表 7 - 3　各备选方案在各项准则下的语言尺度及所对应的三角模糊数**

| 语言尺度 | 三角模糊数 |
|---------|-----------|
| 非常少 | (0, 1, 3) |
| 少 | (1, 3, 5) |
| 普通 | (3, 5, 7) |
| 多 | (5, 7, 9) |
| 非常多 | (7, 9, 10) |

# 第三节　改进的多质量特性分析图与模糊逼近理想解排序法的实施步骤

　　本章旨在提出一种新的整合方法，将改进的多质量特性分析图（QCAC）与模糊逼近理想解排序法进行结合应用，以检验产品质量特性是否符合所要求的质量水平，并可在模糊环境下考虑资源需求及改善的绩效潜力，排列改善不合格质量特性的优先顺序。此外，所提出的方法是一种简单且易于使用的方法，可以通过改进的多质量特性分析图，同时进行分析望目型、望大型和望小型质量特性的质量水平，并且识别不合格质量特性是由于过程变异和（或）过程偏移而导致的。下文将说明如何结合改进的多质量特性分析图和模糊逼近理想解排序法，进行检测多质量特性的产品是否合格，并考虑在各评估准则下且为语言变量的情况下，决定不合格质量特性的改善先后顺序的实施步骤。所提出的方法分为 12 个实施步骤如下：

步骤 1：规定产品的质量水平（例如：4 个西格玛），利用表 7-1 找出对应的总质量能力指数值 $c$，再根据质量特性总数 $t$ 查得各所有质量特性的最小过程能力指数值 $C_0$，然后利用式（7-9）画出改进的多质量特性分析图。

步骤 2：对所收集到的望目型、望小型和望大型质量特性的样本数据，分别利用式（7-1）、式（7-2）和式（7-3）进行变量变换。之后，计算出变量变换后第 $i$ 个质量特性的 $\hat{\mu}_{yi}$、$\hat{\sigma}_{yi}$ 与 $\hat{C}_{pmi}$ 值，$i=1, 2, \cdots, t$，并将所得到的($\hat{\mu}_{yi}$, $\hat{\sigma}_{yi}$)，$i=1, 2, \cdots, t$，描绘于改进的多质量特性分析图。若全部的($\hat{\mu}_{yi}$, $\hat{\sigma}_{yi}$)，$i=1, 2, \cdots, t$ 落在改进的多质量特性分析图合格区，则表示产品符合质量要求。若在改进的多质量特性分析图中有 $m(0 \leq m \leq t)$ 个点落在不合格区，分别为($\hat{\mu}_{yo_1}$, $\hat{\sigma}_{yo_1}$), $\cdots$, ($\hat{\mu}_{yo_m}$, $\hat{\sigma}_{yo_m}$)，则利用式（7-10）计算出这些点的判别距离 $\widehat{DD}_{o_i}$，并进行正规化且记作 $z_i$，即 $z_i = \widehat{DD}_{o_i} / \sum_{i=1}^{m} \widehat{DD}_{o_i}$，$i=1, 2, \cdots, m$。

步骤 3：将步骤 2 所得到的 $m$ 个不合格质量特性视为独立的 $m$ 个备选方案，并以集合 $S = \{S_1, S_2, \cdots, S_m\}$ 表示。假设每个备选方案均有 $k$ 项独立的评估准则，以集合 $Q = \{Q_1, Q_2, \cdots, Q_k\}$ 表示。进一步，假设一个决策团队中有 $l$ 位决策者(分别以 $P_1$, $P_2$, $\cdots$, $P_l$ 表示)，且第 $r$ 位决策者对第 $j$ 项评估准则的重要性给予一模糊语言尺度，接着利用表 7-2 可得到对应的三角模糊数，并设为 $\tilde{w}_{rj} = (w_{rj1}, w_{rj2}, w_{rj3})$，$r=1, 2, \cdots, l$；$j=1, 2, \cdots, k$。第 $r$ 位决策者对第 $i$ 个备选方案(即第 $i$ 个不合格质量特性)在第 $j$ 项准则下改善时所需耗用的资源或改善后可获得的效益给予一模糊语言尺度，再利用表 7-3 得到对应的三角模糊数，并设为 $\tilde{x}_{rij} = (a_{rij}, b_{rij}, c_{rij})$，$r=1, 2, \cdots, l$；$i=1, 2, \cdots, m$；$j=1, 2, \cdots, k$。

步骤 4：利用步骤 3 得到的第 $r$ 位决策者对第 $j$ 项评估准则重要性的三角模糊数 $\tilde{w}_{rj} = (w_{rj1}, w_{rj2}, w_{rj3})$，$r=1, 2, \cdots, l$；$j=1, 2, \cdots, k$，求出全体决策者的聚合三角模糊数 $\tilde{w}_j = (w_{j1}, w_{j2}, w_{j3})$，$j=1, 2, \cdots, k$，

其中，$w_{j1} = \min_{1 \leqslant r \leqslant l} \{ w_{rj1} \}$，$w_{j2} = \dfrac{1}{l} \sum_{r=1}^{l} w_{rj2}$，$w_{j3} = \max_{1 \leqslant r \leqslant l} \{ w_{rj3} \}$ $\qquad\qquad (7-20)$

同样地，第 $r$ 位决策者对第 $i$ 个备选方案在第 $j$ 项准则下，改善时所需耗用的资源或改善后可获得的效益的三角模糊数 $\tilde{x}_{rij} = (a_{rij}, \ b_{rij}, \ c_{rij})$，$r = 1, \ 2, \ \cdots, \ l$；$i = 1, \ 2, \ \cdots, \ m$；$j = 1, \ 2, \ \cdots, \ k$，求出全体决策者的聚合三角模糊数 $\tilde{x}_{ij} = (a_{ij}, \ b_{ij}, \ c_{ij})$，$i = 1, \ 2, \ \cdots, \ m$；$j = 1, \ 2, \ \cdots, \ k$，

其中，$a_{ij} = \min_{1 \leqslant r \leqslant l} \{ a_{rij} \}$，$b_{ij} = \dfrac{1}{l} \sum_{r=1}^{l} b_{rij}$，$c_{ij} = \max_{1 \leqslant r \leqslant l} \{ c_{rij} \}$ $\qquad (7-21)$

步骤 5：以步骤 4 所得到的 $\tilde{x}_{ij}$ 和 $\tilde{w}_j$ 分别构建模糊矩阵 $\tilde{D}$ 和模糊权重向量 $\tilde{W}$。

$$\tilde{D} \equiv [\tilde{x}_{ij}]_{m \times k} = \begin{array}{c} \\ S_1 \\ \vdots \\ S_i \\ \vdots \\ S_m \end{array} \begin{array}{ccccc} Q_1 & \cdots & Q_j & \cdots & Q_k \\ \left[ \begin{matrix} \tilde{x}_{11} & \cdots & \tilde{x}_{1j} & \cdots & \tilde{x}_{1k} \\ \vdots & & \vdots & & \vdots \\ \tilde{x}_{i1} & \cdots & \tilde{x}_{ij} & \cdots & \tilde{x}_{ik} \\ \vdots & & \vdots & & \vdots \\ \tilde{x}_{m1} & \cdots & \tilde{x}_{mj} & \cdots & \tilde{x}_{mk} \end{matrix} \right] \end{array} \qquad (7-22)$$

$$\tilde{W} = (\tilde{w}_1, \ \tilde{w}_2, \ \cdots, \ \tilde{w}_k) \qquad\qquad (7-23)$$

步骤 6：令 $J$ 和 $J'$ 分别表示与改善后所获得的效益和改善时所需耗用的资源有关的评估准则的集合。

若 $Q_j \in J$，则计算

$\tilde{r}_{ij} = \dfrac{1}{c_j^+} ( \times ) \tilde{x}_{ij} = \left( \dfrac{a_{ij}}{c_j^+}, \ \dfrac{b_{ij}}{c_j^+}, \ \dfrac{c_{ij}}{c_j^+} \right)$，其中 $c_j^+ = \max_{1 \leqslant i \leqslant m} c_{ij}$；$j = 1, \ 2, \ \cdots, \ k$

若 $Q_j \in J'$，则计算

$\tilde{r}_{ij} = a_j^- ( \times ) \tilde{x}_{ij}^{-1} = \left( \dfrac{a_j^-}{c_{ij}}, \ \dfrac{a_j^-}{b_{ij}}, \ \dfrac{a_j^-}{a_{ij}} \right)$，其中 $a_j^- = \min_{1 \leqslant i \leqslant m} a_{ij}$

由此可得到正规化的模糊矩阵 $\tilde{G}$

$$
\begin{array}{cccccc}
& Q_1 & \cdots & Q_j & \cdots & Q_k \\
\widetilde{G} \equiv \left[\,\widetilde{r}_{ij}\,\right]_{m \times k} = 
\begin{matrix}
S_1 \\
\vdots \\
S_i \\
\vdots \\
S_m
\end{matrix}
&
\left[\begin{matrix}
\widetilde{r}_{11} & \cdots & \widetilde{r}_{1j} & \cdots & \widetilde{r}_{1k} \\
\vdots & & \vdots & & \vdots \\
\widetilde{r}_{i1} & \cdots & \widetilde{r}_{ij} & \cdots & \widetilde{r}_{ik} \\
\vdots & & \vdots & & \vdots \\
\widetilde{r}_{m1} & \cdots & \widetilde{r}_{mj} & \cdots & \widetilde{r}_{mk}
\end{matrix}\right]
\end{array}
\tag{7-24}
$$

步骤 7：将正规化的模糊矩阵 $\widetilde{G}$ 各行向量加权，其模糊权重分别为 $\widetilde{w}_1$，$\widetilde{w}_2$，$\cdots$，$\widetilde{w}_k$，而得到新矩阵 $\widetilde{T}$，

$$
\widetilde{T} \equiv \left[\,\widetilde{v}_{ij}\,\right]_{m \times k} =
\left[\begin{matrix}
\widetilde{v}_{11} & \cdots & \widetilde{v}_{1j} & \cdots & \widetilde{v}_{1k} \\
\vdots & & \vdots & & \vdots \\
\widetilde{v}_{i1} & \cdots & \widetilde{v}_{ij} & \cdots & \widetilde{v}_{ik} \\
\vdots & & \vdots & & \vdots \\
\widetilde{v}_{m1} & \cdots & \widetilde{v}_{mj} & \cdots & \widetilde{v}_{mk}
\end{matrix}\right]
\tag{7-25}
$$

其中，$\widetilde{v}_{ij} \equiv (\varphi_{ij},\ \zeta_{ij},\ \omega_{ij}) = \widetilde{w}_j(\times)\widetilde{r}_{ij}$，$i = 1,\ 2,\ \cdots,\ m$；$j = 1,\ 2,\ \cdots,\ k$。

步骤 8：决定模糊正理想解向量 $V^+$ 和模糊负理想解向量 $V^-$，

$$
V^+ = (\widetilde{v}_1^+,\ \widetilde{v}_2^+,\ \cdots,\ \widetilde{v}_k^+)\,;\quad V^- = (\widetilde{v}_1^-,\ \widetilde{v}_2^-,\ \cdots,\ \widetilde{v}_k^-)
\tag{7-26}
$$

其中 $\widetilde{v}_j^+ = (\alpha_j,\ \alpha_j,\ \alpha_j)$，$\alpha_j = \max\limits_{1 \leqslant i \leqslant m} \omega_{ij}$，$j = 1,\ 2,\ \cdots,\ k$ 和 $\widetilde{v}_j^- = (\beta_j,\ \beta_j,\ \beta_j)$，$\beta_j = \min\limits_{1 \leqslant i \leqslant m} \varphi_{ij}$，$j = 1,\ 2,\ \cdots,\ k$。

步骤 9：利用式（7-9）计算各备选方案的正分离度 $d_i^+$ 和负分离度 $d_i^-$，

$$
\begin{aligned}
d_i^+ &= \sum_{j=1}^{k} d(\widetilde{v}_{ij},\ \widetilde{v}_j^+) \\
&= \sum_{j=1}^{k} \sqrt{(1/3)\left[(\varphi_{ij} - \alpha_j)^2 + (\zeta_{ij} - \alpha_j)^2 + (\omega_{ij} - \alpha_j)^2\right]}\,,\quad i = 1,\ 2,\ \cdots,\ m
\end{aligned}
\tag{7-27}
$$

$$
d_i^- = \sum_{j=1}^{k} d(\widetilde{v}_{ij},\ \widetilde{v}_j^-)
$$

$$= \sum_{j=1}^{k} \sqrt{(1/3)\left[\left(\varphi_{ij} - \beta_j\right)^2 + \left(\zeta_{ij} - \beta_j\right)^2 + \left(\omega_{ij} - \beta_j\right)^2\right]}, \quad i = 1, 2, \cdots, m$$

$$(7-28)$$

步骤 10：计算各备选方案对理想解的相对近似度 $RC_i$，

$$RC_i = \frac{d_i^-}{d_i^+ + d_i^-}, \quad i = 1, 2, \cdots, m \qquad (7-29)$$

步骤 11：将各备选方案的相对近似度加权，其权重为所求得的 $z_i$ 值，可得：

$$RC'_i = z_i \times RC_i, \quad i = 1, 2, \cdots, m \qquad (7-30)$$

步骤 12：依 $RC'_i$ 值的大小进行顺序排列，便可获得备选方案被选取的先后顺序。$RC'$ 值越大者该备选方案越被优先考虑选取（即所对应的不合格质量特性越被优先考虑改善）。

# 第四节　应用实例——95 无铅汽油

M 公司为生产汽车、机车、工业及船舶用的各种燃料油制造商，其中以汽车、机车专用的 95 无铅汽油为主要生产的产品之一。一般而言，油品是维持机械运作的重要燃料之一。当消费者使用到质量不佳的无铅汽油时，将可能导致汽缸内部产生爆震、耗油量大、启动性能及引擎运转不佳和油品容易产生变质或胶漆等问题，而这些因素将可能会影响汽车、机车驾驶人的行车安全。95 无铅汽油共包含 9 项质量特性，其中有 1 项为望目型质量特性（油品密度），其余 8 项质量为望小型质量特性（分别是：雷氏蒸气压、含硫量、含氧量、蒸馏点 10%、蒸馏点 50%、蒸馏点 90%、蒸馏终点及蒸馏渣油）。95 无铅汽油各质量特性的规格如表 7-4 所示。

表 7 - 4　95 无铅汽油各质量特性的规格

| 质量特性（$i$） | 单位 | $USL_i$ | $LSL_i$ | $T_i$ | $d_i$ | 属性 |
|---|---|---|---|---|---|---|
| 油品密度（1） | g/mL | 0.780 | 0.725 | 0.7525 | 0.0275 | 望目型 |
| 雷氏蒸气压（2） | KPa | 60 | | | | 望小型 |
| 含硫量（3） | ppm | 50 | | | | 望小型 |
| 含氧量（4） | wt% | 2.7 | | | | 望小型 |
| 蒸馏点 10%（5） | ℃ | 70 | | | | 望小型 |
| 蒸馏点 50%（6） | ℃ | 121 | | | | 望小型 |
| 蒸馏点 90%（7） | ℃ | 190 | | | | 望小型 |
| 蒸馏终点（8） | ℃ | 225 | | | | 望小型 |
| 蒸馏渣油（9） | vol% | 2 | | | | 望小型 |

注：$USL$ 为规格上界限；$LSL$ 为规格下界限；$T$ 为目标值；$d$ 为公差。

为了取得分析资料，M 公司指派一位油品检验人员，每隔一小时分别从 3 个油槽中各随机抽取 10 笔样本数据，共抽取 3 次，总计抽得 90 笔样本数据。此外，3 位决策者所组成的一个小组将参与本次 95 无铅汽油质量提升项目，这 3 位决策者分别为品管部经理 $P_1$、厂长 $P_2$ 以及品管课长 $P_3$。然后，利用所建立的 12 个实施步骤，分析 M 公司所生产的 95 无铅汽油的质量特性，并排列不合格质量特性改善的先后顺序。实施步骤说明如下：

步骤 1：M 公司要求 95 无铅汽油质量需符合 4 个西格玛的质量水平，因为 95 无铅汽油质量有 9 个质量特性（即 $t = 9$），因此查表 7 - 1 可知 $c = 0.74$ 和最小过程能力指数值 $C_0 = 0.990$。接着，利用式（7 - 9）画出改进的多质量特性分析图（见图 7 - 4）。

步骤 2：将所收集到的 90 笔样本数据，对望目型质量特性（油品密度）以及望小型质量特性（雷氏蒸气压、含硫量、含氧量、蒸馏点 10%、蒸馏点 50%、蒸馏点 90%、蒸馏终点及蒸馏渣油）分别利用式（7 - 1）和式（7 - 2）转换成新的数据。例如：有 1 笔油品密度数据为 0.754，利用式（7 - 1），可得 $|(0.754 - 0.7525)/0.0275| = 0.055$。同样地，有 1 笔含硫量数据为 45，利用式（7 - 2），可得 $45/50 = 0.9$。接着，利用转换后的 90 笔新数据计算出各质量特性均值估计值 $\hat{\mu}_{yi}$、标准差估计值 $\hat{\sigma}_{yi}$ 与 $\hat{C}_{pmi}$ 值，$i = 1, 2, \cdots, 9$（见表 7 - 5）。

·93·

之后，将$(\hat{\mu}_{yi}, \hat{\sigma}_{yi})$，$i = 1, 2, \cdots, 9$，描绘于改进的多质量特性分析图（见图 7-4）。由图 7-4 可知有 4 个质量特性不合格，分别为：雷氏蒸气压（2）、含硫量（3）、蒸馏点 10%（5）以及蒸馏渣油（9）。因此将这 4 个不合格质量特性视为 4 个备选方案，并记作 $S_1$、$S_2$、$S_3$ 和 $S_4$。接着，利用式（7-10）算出这 4 个备选方案的判别距离 $\widehat{DD}_{o_i}$，$i = 1, 2, 3, 4$，并正规化可得（$z_1, z_2, z_3, z_4$）=

$$\left( \frac{\widehat{DD}_{o_1}}{\sum_{i=1}^{4} \widehat{DD}_{o_i}}, \frac{\widehat{DD}_{o_2}}{\sum_{i=1}^{4} \widehat{DD}_{o_i}}, \frac{\widehat{DD}_{o_3}}{\sum_{i=1}^{4} \widehat{DD}_{o_i}}, \frac{\widehat{DD}_{o_4}}{\sum_{i=1}^{4} \widehat{DD}_{o_i}} \right) = (0.154, 0.264, 0.335, 0.247)。$$

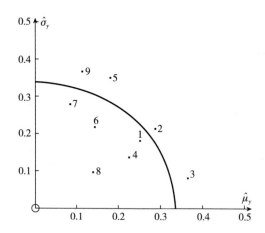

**图 7-4　95 无铅汽油改进的多质量特性分析**

注：1 表示油品密度；2 表示雷氏蒸气压；3 表示含硫量；4 表示含氧量；5 表示蒸馏点 10%；6 表示蒸馏点 50%；7 表示蒸馏点 90%；8 表示蒸馏终点；9 表示蒸馏渣油。

**表 7-5　95 无铅汽油各质量特性的 $\hat{\mu}_{yi}$、$\hat{\sigma}_{yi}$ 与 $\hat{C}_{pmi}$**

| 质量特性 | $\hat{\mu}_{yi}$ | $\hat{\sigma}_{yi}$ | $\hat{C}_{pmi}$ |
|---|---|---|---|
| 油品密度（1） | 0.252 | 0.181 | 1.074 |
| 雷氏蒸气压（2） | 0.289 | 0.214 | 0.927 |
| 含硫量（3） | 0.367 | 0.082 | 0.886 |
| 含氧量（4） | 0.227 | 0.136 | 1.260 |
| 蒸馏点 10%（5） | 0.182 | 0.341 | 0.862 |

续表

| 质量特性 | $\hat{\mu}_{yi}$ | $\hat{\sigma}_{yi}$ | $\hat{C}_{pmi}$ |
|---|---|---|---|
| 蒸馏点50%（6） | 0.143 | 0.218 | 1.279 |
| 蒸馏点90%（7） | 0.086 | 0.277 | 1.149 |
| 蒸馏终点（8） | 0.139 | 0.096 | 1.973 |
| 蒸馏渣油（9） | 0.113 | 0.356 | 0.892 |

步骤3：3位决策者（品管部经理 $P_1$、厂长 $P_2$ 以及品管课长 $P_3$）决定此次改善的评估准则有4项，分别为：改善所需耗用的成本 $Q_1$、改善后可获得的效益 $Q_2$、改善所需耗用的时间 $Q_3$ 以及改善所需投注的人力 $Q_4$，并根据个人专业经验对各评估准则重要性以及各备选方案在各评估准则下改善时所需耗用的资源或改善后可获得的效益不同情况下，给予语言尺度，结果见表7-6和表7-7。接着，利用表7-2和表7-3可得到对应的三角模糊数，结果见表7-8和表7-9。

表7-6　3位决策者对各评估准则重要性所给予的语言尺度

| 决策者 | 准则 | | | |
|---|---|---|---|---|
| | 改善所需耗用的成本（$Q_1$） | 改善后可获得的效益（$Q_2$） | 改善所需耗用的时间（$Q_3$） | 改善所需投注的人力（$Q_4$） |
| 品管部经理（$P_1$） | 非常重要 | 普通 | 普通 | 普通 |
| 厂长（$P_2$） | 重要 | 普通 | 重要 | 普通 |
| 品管课长（$P_3$） | 非常重要 | 重要 | 普通 | 重要 |

表7-7　3位决策者对各备选方案在各评估准则的语言尺度

| 决策者 | 备选方案 | 准则 | | | |
|---|---|---|---|---|---|
| | | 改善所需耗用的成本（$Q_1$） | 改善后可获得的效益（$Q_2$） | 改善所需耗用的时间（$Q_3$） | 改善所需投注的人力（$Q_4$） |
| 品管部经理（$P_1$） | 雷氏蒸气压（$S_1$） | 少 | 多 | 少 | 少 |
| | 含硫量（$S_2$） | 普通 | 普通 | 普通 | 少 |
| | 蒸馏点10%（$S_3$） | 非常多 | 多 | 非常多 | 非常多 |
| | 蒸馏渣油（$S_4$） | 非常多 | 普通 | 普通 | 多 |

| 决策者 | 备选方案 | 准则 | | | |
|---|---|---|---|---|---|
| | | 改善所需耗用的成本（$Q_1$） | 改善后可获得的效益（$Q_2$） | 改善所需耗用的时间（$Q_3$） | 改善所需投注的人力（$Q_4$） |
| 厂长（$P_2$） | 雷氏蒸气压（$S_1$） | 普通 | 普通 | 普通 | 少 |
| | 含硫量（$S_2$） | 多 | 多 | 少 | 普通 |
| | 蒸馏点 10%（$S_3$） | 非常多 | 多 | 非常多 | 非常多 |
| | 蒸馏渣油（$S_4$） | 多 | 多 | 多 | 多 |
| 品管课长（$P_3$） | 雷氏蒸气压（$S_1$） | 少 | 普通 | 少 | 少 |
| | 含硫量（$S_2$） | 多 | 多 | 少 | 普通 |
| | 蒸馏点 10%（$S_3$） | 非常多 | 非常多 | 非常多 | 多 |
| | 蒸馏渣油（$S_4$） | 多 | 多 | 多 | 非常多 |

表7−8　3位决策者对各评估准则重要性的三角模糊数

| $\widetilde{w}_{rj}$ 决策者 | 准则 | | | |
|---|---|---|---|---|
| | 改善所需耗用的成本（$Q_1$） | 改善后可获得的效益（$Q_2$） | 改善所需耗用的时间（$Q_3$） | 改善所需投注的人力（$Q_4$） |
| 品管部经理（$P_1$） | (7, 9, 10) | (3, 5, 7) | (3, 5, 7) | (3, 5, 7) |
| 厂长（$P_2$） | (5, 7, 9) | (3, 5, 7) | (5, 7, 9) | (3, 5, 7) |
| 品管课长（$P_3$） | (7, 9, 10) | (5, 7, 9) | (3, 5, 7) | (5, 7, 9) |

表7−9　3位决策者对各备选方案在各评估准则的三角模糊数

| 决策者 | $\widetilde{x}_{rij}$ 备选方案 | 准则 | | | |
|---|---|---|---|---|---|
| | | 改善所需耗用的成本（$Q_1$） | 改善后可获得的效益（$Q_2$） | 改善所需耗用的时间（$Q_3$） | 改善所需投注的人力（$Q_4$） |
| 品管部经理（$P_1$） | 雷氏蒸气压（$S_1$） | (1, 3, 5) | (5, 7, 9) | (1, 3, 5) | (1, 3, 5) |
| | 含硫量（$S_2$） | (3, 5, 7) | (3, 5, 7) | (3, 5, 7) | (1, 3, 5) |
| | 蒸馏点 10%（$S_3$） | (7, 9, 10) | (5, 7, 9) | (7, 9, 10) | (7, 9, 10) |
| | 蒸馏渣油（$S_4$） | (7, 9, 10) | (3, 5, 7) | (3, 5, 7) | (5, 7, 9) |
| 厂长（$P_2$） | 雷氏蒸气压（$S_1$） | (3, 5, 7) | (3, 5, 7) | (3, 5, 7) | (1, 3, 5) |
| | 含硫量（$S_2$） | (5, 7, 9) | (5, 7, 9) | (1, 3, 5) | (3, 5, 7) |
| | 蒸馏点 10%（$S_3$） | (7, 9, 10) | (5, 7, 9) | (7, 9, 10) | (7, 9, 10) |
| | 蒸馏渣油（$S_4$） | (5, 7, 9) | (5, 7, 9) | (5, 7, 9) | (5, 7, 9) |

续表

| 决策者 | $\widetilde{x}_{rij}$ 备选方案 | 准则 | | | |
|---|---|---|---|---|---|
| | | 改善所需耗用的成本（$Q_1$） | 改善后可获得的效益（$Q_2$） | 改善所需耗用的时间（$Q_3$） | 改善所需投注的人力（$Q_4$） |
| 品管课长（$P_3$） | 雷氏蒸气压（$S_1$） | (1, 3, 5) | (3, 5, 7) | (1, 3, 5) | (1, 3, 5) |
| | 含硫量（$S_2$） | (5, 7, 9) | (5, 7, 9) | (1, 3, 5) | (3, 5, 7) |
| | 蒸馏点10%（$S_3$） | (7, 9, 10) | (7, 9, 10) | (7, 9, 10) | (5, 7, 9) |
| | 蒸馏渣油（$S_4$） | (5, 7, 9) | (5, 7, 9) | (5, 7, 9) | (7, 9, 10) |

步骤 4：利用式（7-20），可求得全体决策者对各项评估准则重要性的聚合三角模糊数。例如：对改善所需耗用的成本准则（$Q_1$），3 位决策者的聚合三角模糊数的计算如下：

$$w_{11} = \min_{1 \leqslant r \leqslant 3} \left\{ w_{1r1} \right\} = \min \left\{ 7, 5, 7 \right\} = 5$$

$$w_{12} = \frac{1}{3} \sum_{r=1}^{3} w_{1r2} = \frac{1}{3}(9 + 7 + 9) = 8.333$$

$$w_{13} = \max_{1 \leqslant r \leqslant 3} \left\{ w_{1r3} \right\} = \max_{1 \leqslant r \leqslant l} \left\{ 10, 9, 10 \right\} = 10$$

因此可得 $\widetilde{w}_1 = (w_{11}, w_{12}, w_{13}) = (5, 8.333, 10)$。同理，可求得全体决策者对其余各项评估准则重要性的聚合三角模糊数，结果汇整于表 7-10。接着，利用式（7-21）分别求得全体决策者对各备选方案在各项评估准则下改善所需耗用资源或改善后可获得效益的聚合三角模糊数。例如：全体决策者对雷氏蒸气压 $S_1$ 在改善所需耗用的成本准则 $Q_1$ 下的聚合三角模糊数的计算如下：

$$a_{11} = \min_{1 \leqslant r \leqslant 3} \left\{ a_{11r} \right\} = \min \left\{ 1, 3, 1 \right\} = 1$$

$$b_{11} = \frac{1}{3} \sum_{r=1}^{3} b_{11r} = \frac{1}{3}(3 + 5 + 3) = 3.667$$

$$c_{11} = \max_{1 \leqslant r \leqslant 3} \left\{ c_{11r} \right\} = \max \left\{ 5, 7, 5 \right\} = 7$$

因此可得 $\widetilde{x}_{11} = (a_{11}, b_{11}, c_{11}) = (1, 3.667, 7)$。同理，可求得全体决策者对其余备选方案在各项评估准则下的聚合三角模糊数，结果汇整于表 7-11。

表7-10　全体决策者对各评估准则重要性的聚合三角模糊数

| 模糊权重向量 | 准则 | | | |
| --- | --- | --- | --- | --- |
| | 改善所需耗用的成本（$Q_1$） | 改善后可获得的效益（$Q_2$） | 改善所需耗用的时间（$Q_3$） | 改善所需投注的人力（$Q_4$） |
| $\widetilde{W}$ | (5, 8.333, 10) | (3, 5.667, 9) | (3, 5.667, 9) | (3, 5.667, 9) |

表7-11　全体决策者对各备选方案在各评估准则的聚合三角模糊数

| $\widetilde{x}_{ij}$ 备选方案 | 准则 | | | |
| --- | --- | --- | --- | --- |
| | 改善所需耗用的成本（$Q_1$） | 改善后可获得的效益（$Q_2$） | 改善所需耗用的时间（$Q_3$） | 改善所需投注的人力（$Q_4$） |
| 雷氏蒸气压（$S_1$） | (1, 3.667, 7) | (3, 5.667, 9) | (1, 3.667, 7) | (1, 3, 5) |
| 含硫量（$S_2$） | (3, 6.333, 9) | (3, 6.333, 9) | (1, 3.667, 7) | (1, 4.333, 7) |
| 蒸馏点10%（$S_3$） | (7, 9, 10) | (5, 7.667, 10) | (7, 9, 10) | (5, 8.333, 10) |
| 蒸馏渣油（$S_4$） | (5, 7.667, 10) | (3, 6.333, 9) | (3, 6.333, 9) | (5, 7.667, 10) |

步骤5：表7-10所构建的模糊权重向量记作 $\widetilde{W}$ 和表7-11所构建的模糊矩阵记作 $\widetilde{D}$,

即 $\widetilde{W} = \left\{(5,\ 8.333,\ 10),\ (3,\ 5.667,\ 9),\ (3,\ 5.667,\ 9),\ (3,\ 5.667,\ 9)\right\}$

和

$$\widetilde{D} = \begin{array}{c} \\ S_1 \\ S_2 \\ S_3 \\ S_4 \end{array} \begin{array}{cccc} Q_1 & Q_2 & Q_3 & Q_4 \\ \left[ \begin{array}{cccc} (1,\ 3.667,\ 7) & (3,\ 5.667,\ 9) & (1,\ 3.667,\ 7) & (1,\ 3,\ 5) \\ (3,\ 6.333,\ 9) & (3,\ 6.333,\ 9) & (1,\ 3.667,\ 7) & (1,\ 4.333,\ 7) \\ (7,\ 9,\ 10) & (5,\ 7.667,\ 10) & (7,\ 9,\ 10) & (5,\ 8.333,\ 10) \\ (5,\ 7.667,\ 10) & (3,\ 6.333,\ 9) & (3,\ 6.333,\ 9) & (5,\ 7.667,\ 10) \end{array} \right] \end{array}$$

步骤6：利用式（7-24）构建标准化的模糊矩阵 $\widetilde{G}$ 因为 $J = \left\{Q_2\right\}$, $J' = \left\{Q_1,\ Q_3,\ Q_4\right\}$, 则雷氏蒸气压 $S_1$ 在改善所需耗用的成本准则 $Q_1$ 下的标准化模糊数计算如下：

$$\widetilde{r}_{11} = \left(\frac{a_1^-}{c_{11}},\ \frac{a_1^-}{b_{11}},\ \frac{a_1^-}{a_{11}}\right) = \left(\frac{1}{7},\ \frac{1}{3.667},\ \frac{1}{1}\right) = (0.143,\ 0.273,\ 1)$$

而雷氏蒸气压 $S_1$ 在改善后可获得效益准则 $Q_2$ 的正规化模糊数的计算如下：

$$\tilde{r}_{12} = \left( \frac{a_{12}}{c_2^+}, \frac{b_{12}}{c_2^+}, \frac{c_{12}}{c_2^+} \right) = \left( \frac{3}{10}, \frac{5.667}{10}, \frac{9}{10} \right) = (0.3, 0.567, 0.9)$$

同理，可求得各 $\tilde{r}_{ij}$ 值，结果汇整于表 7 − 12。

**表 7 − 12　各备选方案在各评估准则的正规化模糊数**

| $\tilde{r}_{ij}$ ＼ 备选方案 | 准则 | | | |
|---|---|---|---|---|
| | 改善所需耗用的成本（$Q_1$） | 改善后可获得的效益（$Q_2$） | 改善所需耗用的时间（$Q_3$） | 改善所需投注的人力（$Q_4$） |
| 雷氏蒸气压（$S_1$） | (0.143, 0.273, 1) | (0.3, 0.567, 0.9) | (0.143, 0.273, 1) | (0.2, 0.333, 1) |
| 含硫量（$S_2$） | (0.111, 0.158, 0.333) | (0.3, 0.633, 0.9) | (0.143, 0.273, 1) | (0.143, 0.231, 1) |
| 蒸馏点10%（$S_3$） | (0.1, 0.111, 0.143) | (0.5, 0.767, 1) | (0.1, 0.111, 0.143) | (0.1, 0.12, 0.2) |
| 蒸馏渣油（$S_4$） | (0.1, 0.13, 0.2) | (0.3, 0.633, 0.9) | (0.111, 0.158, 0.333) | (0.1, 0.13, 0.2) |

表 7 − 12 所构建的矩阵即为正规化的模糊矩阵 $\tilde{G}$，即

$$\tilde{G} = \begin{array}{c} \\ S_1 \\ S_2 \\ S_3 \\ S_4 \end{array} \begin{array}{cccc} Q_1 & Q_2 & Q_3 & Q_4 \\ \left[\begin{array}{cccc} (0.143,0.273,1) & (0.3,0.567,0.9) & (0.143,0.273,1) & (0.2,0.333,1) \\ (0.111,0.158,0.333) & (0.3,0.633,0.9) & (0.143,0.273,1) & (0.143,0.231,1) \\ (0.1,0.111,0.143) & (0.5,0.767,1) & (0.1,0.111,0.143) & (0.1,0.12,0.2) \\ (0.1,0.13,0.2) & (0.3,0.633,0.9) & (0.111,0.158,0.333) & (0.1,0.13,0.2) \end{array}\right] \end{array}$$

步骤 7：利用式（7 − 25），将正规化的模糊矩阵 $\tilde{G}$ 各行向量加权，而得到新矩阵 $\tilde{T}$。

例如：雷氏蒸气压 $S_1$ 在改善所需耗用的成本准则 $Q_1$ 下的加权正规化模糊数为：

$$\tilde{v}_{11} \equiv (\varphi_{11}, \zeta_{11}, \omega_{11}) = \tilde{w}_1 (\times) \tilde{r}_{11} = (5, 8.333, 10)(\times)(0.143, 0.273, 1) = (0.715, 2.273, 10)$$

同理，可求得各 $\tilde{v}_{ij}$ 值，结果汇整在表 7 − 13。

**表 7 – 13    各备选方案在各评估准则的加权标准化模糊数**

| $\widetilde{v}_{ij}$ 备选方案 | 准则 | | | |
|---|---|---|---|---|
| | 改善所需耗用的成本（$Q_1$） | 改善后可获得的效益（$Q_2$） | 改善所需耗用的时间（$Q_3$） | 改善所需投注的人力（$Q_4$） |
| 雷氏蒸气压（$S_1$） | (0.715, 2.273, 10) | (0.9, 3.211, 8.1) | (0.429, 1.545, 9) | (0.6, 1.889, 9) |
| 含硫量（$S_2$） | (0.556, 1.316, 3.333) | (0.9, 3.589, 8.1) | (0.429, 1.545, 9) | (0.429, 1.308, 9) |
| 蒸馏点 10%（$S_3$） | (0.5, 0.926, 1.429) | (1.5, 4.344, 9) | (0.3, 0.63, 1.286) | (0.3, 0.68, 1.8) |
| 蒸馏渣油（$S_4$） | (0.5, 1.087, 2) | (0.9, 3.589, 8.1) | (0.333, 0.895, 3) | (0.3, 0.739, 1.8) |

表 7 – 13 所构建的矩阵即为加权的模糊矩阵 $\widetilde{T}$，即

$$
\widetilde{T} = \begin{array}{c} \\ S_1 \\ S_2 \\ S_3 \\ S_4 \end{array}
\begin{array}{cccc}
Q_1 & Q_2 & Q_3 & Q_4 \\
\left[ \begin{array}{cccc}
(0.715, 2.273, 10) & (0.9, 3.211, 8.1) & (0.429, 1.545, 9) & (0.6, 1.889, 9) \\
(0.556, 1.316, 3.333) & (0.9, 3.589, 8.1) & (0.429, 1.545, 9) & (0.429, 1.308, 9) \\
(0.5, 0.926, 1.429) & (1.5, 4.344, 9) & (0.3, 0.63, 1.286) & (0.3, 0.68, 1.8) \\
(0.5, 1.087, 2) & (0.9, 3.589, 8.1) & (0.333, 0.895, 3) & (0.3, 0.739, 1.8)
\end{array} \right]
\end{array}
$$

步骤 8：利用式（7 – 26），决定模糊正理想解向量 $V^+ = (\widetilde{v}_1^+, \widetilde{v}_2^+, \widetilde{v}_3^+, \widetilde{v}_4^+)$ 和模糊负理想解向量 $V^- = (\widetilde{v}_1^-, \widetilde{v}_2^-, \widetilde{v}_3^-, \widetilde{v}_4^-)$，例如：

$$\widetilde{v}_1^+ = (\alpha_1, \alpha_1, \alpha_1)，其中，\alpha_1 = \max\{10, 3.333, 1.429, 2\} = 10$$

和

$$\widetilde{v}_1^- = (\beta_1, \beta_1, \beta_1)，其中，\beta_1 = \min\{0.715, 0.556, 0.5, 0.5\} = 0.5$$

同理，可求得各 $\widetilde{v}_j^+$ 和 $\widetilde{v}_j^-$ 值，结果汇整在表 7 – 14。

**表 7 – 14    模糊正理想解向量 $V^+$ 和模糊负理想解向量 $V^-$**

| | 准则 | | | |
|---|---|---|---|---|
| | 改善所需耗用的成本（$Q_1$） | 改善后可获得的效益（$Q_2$） | 改善所需耗用的时间（$Q_3$） | 改善所需投注的人力（$Q_4$） |
| 模糊正理想解向量（$V^+$） | (10, 10, 10) | (9, 9, 9) | (9, 9, 9) | (9, 9, 9) |
| 模糊负理想解向量（$V^-$） | (0.5, 0.5, 0.5) | (0.9, 0.9, 0.9) | (0.3, 0.3, 0.3) | (0.3, 0.3, 0.3) |

步骤9：利用式（7－27）和式（7－28）计算各备选方案的正分离度 $d_i^+$ 和负分离度 $d_i^-$，例如：雷氏蒸气压 $S_1$ 的正分离度 $d_i^+$ 和负分离度 $d_i^-$ 为：

$$d_1^+ = \sum_{j=1}^{4} d(\widetilde{v}_{1j}, \widetilde{v}_j^+)$$

$$= \sum_{j=1}^{4} \sqrt{(1/3)\left[(\varphi_{1j} - \alpha_j)^2 + (\zeta_{1j} - \alpha_j)^2 + (\omega_{1j} - \alpha_j)^2\right]}$$

$$= \sqrt{(1/3)\left[(0.715 - 10)^2 + (2.273 - 10)^2 + (10 - 10)^2\right]} +$$

$$\sqrt{(1/3)\left[(0.9 - 9)^2 + (3.221 - 9)^2 + (8.1 - 9)^2\right]} +$$

$$\sqrt{(1/3)\left[(0.429 - 9)^2 + (1.545 - 9)^2 + (9 - 9)^2\right]} +$$

$$\sqrt{(1/3)\left[(0.6 - 9)^2 + (1.889 - 9)^2 + (9 - 9)^2\right]} = 25.659$$

$$d_1^- = \sum_{j=1}^{4} d(\widetilde{v}_{1j}, \widetilde{v}_j^-)$$

$$= \sum_{j=1}^{4} \sqrt{(1/3)\left[(\varphi_{1j} - \beta_j)^2 + (\zeta_{1j} - \beta_j)^2 + (\omega_{1j} - \beta_j)^2\right]}$$

$$= \sqrt{(1/3)\left[(0.715 - 0.5)^2 + (2.273 - 0.5)^2 + (10 - 0.5)^2\right]} +$$

$$\sqrt{(1/3)\left[(0.9 - 0.9)^2 + (3.221 - 0.9)^2 + (8.1 - 0.9)^2\right]} +$$

$$\sqrt{(1/3)\left[(0.429 - 0.3)^2 + (1.545 - 0.3)^2 + (9 - 0.3)^2\right]} +$$

$$\sqrt{(1/3)\left[(0.6 - 0.3)^2 + (1.889 - 0.3)^2 + (9 - 0.3)^2\right]} = 20.130$$

同理，可求得各 $d_i^+$ 和 $d_i^-$ 值，结果汇整在表7－15。

步骤10：利用式（7－29）计算各备选方案对理想解的相对近似度（$RC_i$），例如：雷氏蒸气压（$S_1$）的相对近似度（$RC_1$）为：

$$RC_1 = \frac{d_1^-}{d_1^+ + d_1^-} = \frac{20.130}{25.659 + 20.130} = 0.440$$

同理，可求得各 $RC_i$ 值，结果汇整在表7－15。

步骤11：利用式（7－30）将各备选方案的相对近似度加权，其权重为步骤2所求得的 $z_i$ 值，即 $RC'_i = z_i \times RC_i$，例如：雷氏蒸气压（$S_1$）的 $RC'_1$ 值为：

$$RC'_1 = z_1 \times RC_1 = 0.154 \times 0.440 = 0.068$$

同理，可求得各 $RC'_i$ 值，结果汇整在表 7 – 15。

步骤 12：利用 $RC'_i$，$i = 1$，2，3，4 的值按大到小的顺序进行排列，因此可得到各备选方案被选取的先后顺序为：含硫量（$RC'_2 = 0.099$）＞雷氏蒸气压（$RC'_1 = 0.068$）＞蒸馏点 10%（$RC'_3 = 0.064$）＞蒸馏渣油（$RC'_4 = 0.051$）（见表 7 – 15）。因此，建议 $M$ 公司在考虑"改善所需耗用的成本""改善后可获得的效益""改善所需耗用的时间"以及"改善所需投注的人力"为语言变量的情况下，应优先考虑改善含硫量，其次依序为雷氏蒸气压、蒸馏点 10% 和蒸馏渣油。另外，由图 7 – 4 可知雷氏蒸气压和含硫量质量不良的原因是过程均值 $\mu$ 的问题，而蒸馏点 10% 和蒸馏渣油质量不良的原因则是过程标准差 $\sigma$ 的问题。

表 7 – 15　各备选方案的正负分离度、相对近似度、
正规化判别距离、加权相对近似度及选取顺序

| 备选方案 | 正分离度（$d_i^+$） | 负分离度（$d_i^-$） | 相对近似度（$RC_i$） | 正规化判别距离（$z_i$） | 加权相对近似度（$RC'_i$） | 选取顺序 |
|---|---|---|---|---|---|---|
| 雷氏蒸气压（$S_1$） | 25.659 | 20.130 | 0.440 | 0.154 | 0.068 | 2 |
| 含硫量（$S_2$） | 27.204 | 16.272 | 0.374 | 0.264 | 0.099 | 1 |
| 蒸馏点 10%（$S_3$） | 30.523 | 7.177 | 0.190 | 0.335 | 0.064 | 3 |
| 蒸馏渣油（$S_4$） | 30.229 | 7.866 | 0.206 | 0.247 | 0.051 | 4 |

# 第五节　本章小结

本章提出一个结合改进的多质量特性分析图与模糊逼近理想解排序法的产品质量改善方法，并将此方法分为 12 个实施步骤。透过所构建的 12 个实施步骤，质量管理者可用来检测多质量特性的产品是否符合规格要求，并可在考虑改善不合格质量特性所需耗用的资源以及改善后可获得的效益不同，且为语言变量的情

况下，进行排列不合格质量特性改善的先后顺序。接着，本章将此方法应用于一家生产 95 无铅汽油的 M 公司，结果显示 M 公司在考虑"改善所需耗用的成本""改善后可获得的效益""改善所需耗用的时间"以及"改善所需投注的人力"为语言变量的情况下，应优先改善 95 无铅汽油的含硫量，其次依序为雷氏蒸气压、蒸馏点 10% 和蒸馏渣油。另外，雷氏蒸气压和含硫量质量不良的原因是过程均值 $\mu$ 的问题，而蒸馏点 10% 和蒸馏渣油是因为过程标准差 $\sigma$ 的问题。

# 第八章 基于过程能力指数的模糊供应商绩效评价指数

工业技术的快速发展缩短了电子、家用电器和通信等行业的升级换代周期。在这些行业中，电容器以良好的电气性能和高可靠性成为不可缺少的电气组件。供应商在供应链中起着至关重要的作用，供应商的产品质量决定了最终产品质量的保证程度。供应商的质量也影响到供应链中所有成员控制成本的能力。此外，决策者的评价同样在供应商选择过程中具有重要意义。因此，如何有效地评估和选择电容器的供应商是一个重要的研究问题。然而，当多个决策者的意见结合在一起时，诸如：认知差异、模糊语言学和不确定性等问题是常见的。为了解决这些问题，本章基于过程能力指数的概念提出一个供应商绩效评价指数 $S_{PL}$，并且推导出该指数的估计值及统计性质。该指数不仅有助于企业准确地衡量供应商绩效，还可以减少评价者在决策过程中的认知差异问题（即问卷量表的样本变异性）。此外，为了减少模糊度，评估供应商所用的语言标签的每个标准的评价分数将被转换成三角模糊数。然后，构建一个模糊推理系统，并通过该系统进行去模糊化，借此得到完整的明确值（Crisp Value）。最后以电容器供应商选择为例，说明了该方法的有效性。本章各节安排如下。第一节是文献综述，主要描述过去有关供应商评选与模糊理论的研究。第二节介绍了用于供应商评选的模糊集的一些基本概念和运算，并构建了模糊推论系统。第三节提出了供应商绩效评价指标 $S_{PL}$ 以及供应商绩效评价指南。第四节以实际案例说明了该方法的适用性。第五节为本章小结。

# 第一节 供应商评选与模糊理论

## 一、供应商评选

在传统的供应链管理中，供应链成员之间是相互竞争的，而且整体的关注点是持续地降低成本。然而，如果仅根据成本来选择供应商，则会在供应商和买方之间形成敌对关系，从而对产品质量和服务产生负面影响（Dyer，1997）。因此，企业必须从多个角度评估供应商，以保护彼此的利益，并建立良好和持久的合作关系（Chen et al.，2015；Fallahpour et al.，2017；Govindan et al.，2018）。一般来说，管理者通常根据个人主观偏好或经验做出判断，或采用李克特量表（Likert Scale）对供应商特征进行评分。然而，许多研究者认为，李克特量表不能恰当地反映评估者对某些定量指标的感受。例如，评估者可能认为供应商提供的服务水平介于可接受和满意之间。这给决策过程带来了不确定性。此外，当决策者的意见结合在一起时，也可能发生信息丢失。因此，企业管理者很难收集到准确的信息来选择合适的供应商，从而阻碍了制定适当的管理策略的能力。

供应商在供应链管理、生产零部件、确保产品质量以及间接管理和协助其合作伙伴的运营成本方面扮演着至关重要的角色（Wu et al.，2016）。供应商的产品质量水平决定了最终产品质量的保证程度和供应链所有成员控制成本的能力。因此，选择合适的供应商对企业至关重要。供应商的选择是一个决策过程，包括许多步骤和准则，而这些准则可分为"定量准则"和"定性准则"。表8-1总结了与供应商选择相关的重要准则。这些准则如下：

成本/价格：公司的采购成本、人工成本、材料成本、运输成本；

质量：供应商产品的质量；

交货期：供应商交货的时间；

技术：现代技术的实施；

关系：合作的持续时间和与供应商关系的密切程度；

服务：供应商支持和协调产品或技术的能力；

沟通：供应商对产品或服务做出反应，并与内外部合作伙伴进行沟通的能力；

绿色：供应商的产品或包装是否有绿色标识，是否遵循 3R（减量（Reduce）、再利用（Reuse）和回收（Recycle））；

可持续性：供应商（或其产品）对社会、经济和环境的影响。

除了传统的定量指标如质量、交货期、成本/价格外，还包括供应商服务、关系、沟通、绿色和可持续性等定性指标。从表 8 - 1 可知，成本/价格、质量、交货期和服务是最常用于评价和选择供应商的指标。

表 8 - 1 选择供应商的准则

| 文献 | 准则 | | | | | | | | |
|---|---|---|---|---|---|---|---|---|---|
| | 成本/价格 | 质量 | 交货期 | 技术 | 关系 | 服务 | 沟通 | 绿色 | 可持续性 |
| Junior and Carpinetti （2016） | √ | √ | √ | | √ | | | | |
| Jeang and Chung （2009） | √ | √ | | | | | | | |
| Kuo et al. （2010） | √ | √ | √ | | | √ | | √ | |
| Schramm and Morais （2012） | √ | √ | √ | | | √ | √ | | |
| Tseng and Chiu （2013） | √ | √ | √ | | √ | | | √ | |
| Nair et al. （2015） | √ | √ | √ | | | | | | |
| Plebankiewicz and Kubek （2016） | √ | √ | √ | √ | | √ | | | |
| Pramanik et al. （2016） | √ | √ | √ | | | | | | |
| Asadabadi （2017） | √ | | | | | √ | | | |
| Luthra et al. （2017） | √ | √ | √ | √ | | | | √ | √ |
| Babbar and Amin （2016） | √ | √ | | | | √ | | | |
| Kannan et al. （2015） | √ | √ | √ | | | √ | | √ | |
| Osiro et al. （2018） | √ | √ | √ | √ | √ | √ | √ | | √ |
| Hsu et al. （2017） | √ | √ | √ | | | | | | √ |
| Li et al. （2018） | | √ | | √ | | | | | √ |

以往的研究人员已经应用了许多不同的研究方法来解决供应商评选问题，包括多准则决策模型（Wang and Lee，2007）、层次分析法（Analytic Hierarchy Process，AHP）（Kuo et al.，2010）、逼近理想解排序法（Technique for Order of Preference by Similarity to Ideal Solution，TOPSIS）（Junior et al.，2014）和灰色分析（Chen and Zou，2017）。然而，这些方法大多采用精确的数字来处理决策信息，并不能处理不确定或不精确的信息。此外，信息源的不精确性，包括不可量化的信息、不完整的信息和一些未知的信息，这些都将使供应商的有效选择变得更加困难。显然，供应商选择的高度不确定性，这些方法对于供应商选择问题是无效的。因此，如何评价和选择最适合的供应商对企业而言是一个重要问题。

### 二、模糊理论与供应商评选

决策可以描述为某些心理和推理过程的最终结果。决策通常基于专家的判断和（或）利益相关者的价值观。专家往往依赖于自己的标准，因此，决策可能会受到主观性和不确定性的影响。但是，专家的这种主观性构成了他们决策过程中的主要缺陷。在这种情况下，语言变量比计分值更适合描述专家的偏好或评价。Zadeh（1965）指出，人类的思维和决策过程通常包括印象、情感和直觉。因此，只要有"人"参与，就会出现不确定性和模糊性，这意味着传统的二值逻辑在实践中很少应用。为了解决这个问题，Zadeh（1975）提出了模糊集和隶属度的概念。之后，许多研究者开始研究模糊环境下的供应商评价与选择问题。例如：Karsak and Dursun（2015）提出了一种基于质量功能展开（Quality Function Deployment，QFD）的集成模糊多准则决策方法，接着构建一个二元语言表示模型来评估伊斯坦布尔一家私立医院的供应商选择。Lima et al.（2016）利用基于模糊质量功能展开（QFD）的多准则方法筛选和选择最佳的汽车供应商。Parkouhi and Ghadikolaei（2017）应用模糊分析网络过程（Fuzzy Analytic Network Process，FANP）和灰色多准则优化和折衷解决方法（Grey VIsekriterijumska Optimizacija i Kompromisno Resenje，Grey VIKOR）技术为木材和造纸行业的公司选择最佳供应商。Banaeian et al.（2018）介绍了一种模糊群体决策方法，该方法使用 TOPSIS、VIKOR 和灰色关联分析（Grey Relational Analysis，GRA）来评估农业食品行业的绿色供应商选择。Chen et al. （2019）使用六西格玛质量指数（Six Sigma Quality Indices，SSQIs）进行薄膜晶体管液晶显示器（Thin – Film – Transistor Liquid – Crystal Display，TFT – LCD）面板制造商的性能测量，并开发了模糊绿色供应商选择模型。Feng et al. （2019）提出了一种集成的模糊灰色 TOPSIS 方法来评估和选择一家协同制造公司的供应商。Gupta et al. （2019）利用多属性边界近似面积比较（Multi – Attributive Border Approximation Area Comparison，MABAC）、加权聚合和产品评价（Weighted Aggregated Sum – Product Assessment，WASPAS）与 TOPSIS 的综合模糊层次分析法来寻找最适合的绿色汽车供应商。

在许多实际情况下，由于人类的判断通常是模糊的，决策环境是复杂和不确定的，因此，模糊语言的数据常常包含在供应商选择环境中。在这种情况下，语言变量比计分值更适合描述专家的偏好或评价。在模糊理论中，模糊语言标签可以用转换尺度表示为模糊数。通过将语言标签转换成模糊数，可以将"好"和"坏"的模糊概念转换为明确可计算的值。例如，语言标签"非常好（Very Good，VG)/非常高（Very High，VH）""好（Good，G)/高（High，H）""普通（Normal，N）""差（Poor，P)/低（Low，L）"和"非常差（Very Poor，VP)/非常低（Very Low，VL）"可以转换为三角模糊数："VG/VH（7，9，10）""G/H（5，7，9）""N（3，5，7）""P/L（1，3，5）"和"VP/VL（0，1，3）"。表 8 – 2 显示了这些语言标签及相应的模糊数（Chen，2000）。然后通过去模糊化，可将模糊数转化为一个完整的明确值（Crisp Value）。

表 8 – 2 语言标签及其对应的模糊数

| 语言标签 | 模糊数 |
| --- | --- |
| 非常差（VP)/非常低（VL） | (0, 0, 3) |
| 差（P)/低（L） | (1, 3, 5) |
| 普通（N） | (3, 5, 7) |
| 好（G)/高（H） | (5, 7, 9) |
| 非常好（VG)/非常高（VH） | (7, 10, 10) |

虽然这些方法是有帮助的，但供应商选择涉及多个领域的知识，当决策者的意见结合在一起时（即数据中有多大的差异或分散），可能会产生认知差异和信息丢失。从统计角度来看，标准差过高的数据可能表明决策者和/或问题中存在混乱或不确定性。如果企业不解决这一问题，最终的决策可能会产生不良的结果和较大的风险，进而影响公司的经营业绩。因此，企业需要一种有效的方法来解决上述问题。

# 第二节　基于模糊运算的供应商评选

模糊理论（Fuzzy Theory）可以用来定义无法详细描述的数据或状态，例如颜色、偏好或年龄。模糊理论的目的是协助决策者或研究人员以更精确的方式表达语言或者数据所传达的信息（Zadeh，1975）。模糊理论中的一种方法称为隶属函数，用0到1之间的值来表示研究对象的模糊度。该方法将主观判断量化，使结果更好地匹配人类的思维模式。模糊理论可以用来定义不同群体中不同参与者的隶属度，而定义该隶属度的因素（标准）不一定是语言。模糊理论有着极其广泛的应用和研究，从工程技术到社会科学等领域都有相关的研究成果，例如机器人控制（Mohanta and Keshari，2019）、信号与信息处理（Lin and Jin，2019）、教育（Plewa et al.，2016）、决策（Akman，2015）。模糊理论还可被应用于描述语言歧义（Akman，2015；Cid-López et al.，2016）。然而，以往的研究忽略了李克特量表（Likert Scale）在决策过程中评价者之间的认知差异（即数据中的变异性）。因此，本节通过构建一种可分析和量化定性和定量标准的供应商选择和绩效评价方法来解决这一问题。该方法利用模糊理论将决策者对服务需求的模糊语言转换为一个明确值（Crisp Value）。然后构建一个基于模糊逻辑的模糊推论系统（Fuzzy Inference System）。

### 一、模糊运算

在论域 $X$ 中，$X$ 的模糊子集 $\tilde{A}$ 是由隶属函数 $\mu_{\tilde{A}}(x)$ 定义，它将 $X$ 中的每个元素 $x$ 映射到一个 0 到 1 之间的实数。$\mu_{\tilde{A}}(x)$ 的函数值决定集合 $\tilde{A}$ 中 $X$ 的隶属度。$\tilde{A}$ 中的 $x$ 隶属度越高，表示 $\mu_{\tilde{A}}(x)$ 值越接近一致。Kuo et al.（2009）指出在模糊理论中，最常用的模糊数是三角模糊数（Triangular Number Fuzzy，TNF）（见图 8-1），其隶属函数见式（8-1）。

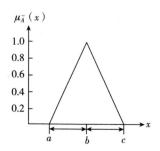

**图 8-1　三角模糊数**

$$\mu_{\tilde{A}}(x) = \begin{cases} 0 & x \leqslant a \quad or \quad x \geqslant c \\ (x-a)/(b-a) & a \leqslant x \leqslant b \\ (c-x)/(c-b) & b \leqslant x \leqslant c \end{cases} \qquad (8-1)$$

Kwong et al.（2007）提出顾客的需求可以看作是产品感知或服务感知，这些构成了以下模糊 "if-then" 规则 $R_j$ 定义的输入数据：

$R_j$: *If* $(X_{j1}$ *is* $x_{j1}$, *and* $X_{j2}$ *is* $x_{j2}$, $\cdots$, *and* $X_{jk}$ *is* $x_{jk})$, *then* $Y_j$ *is* $y_j$ 　(8-2)

上述规则是指当模糊集 $x_{j1}$，$x_{j2}$，$\cdots$，$x_{jk}$ 满足输入语言变量 $X_{j1}$，$X_{j2}$，$\cdots$，$X_{jk}$ 时，模糊集 $y_j$ 作为输出 $Y_j$ 的语言变量。当输入的语言变量 $X_{j1}$，$X_{j2}$，$\cdots$，$X_{jk}$ 变为模糊集 $x_{j1}$，$x_{j2}$，$\cdots$，$x_{jk}$，并有隶属度 $m_{j1}$，$m_{j2}$，$\cdots$，$m_{jk}$ 时，进行模糊推理。

Hsieh et al.（2007）提出应用模糊规则来确定模糊子集。此规则的隶属函数定义如下：

$$\mu_{\tilde{x}}(x) = \min \left\{ \mu_{\tilde{x}j1}(x), \ \mu_{\tilde{x}j2}(x), \ \cdots, \ \mu_{\tilde{x}jk}(x) \right\} \tag{8-3}$$

当使用并集确定子集的模糊规则具有以下隶属函数：

$$\mu_{\tilde{x}}(x) = \max \left\{ \mu_{\tilde{x}j1}(x), \ \mu_{\tilde{x}j2}(x), \ \cdots, \ \mu_{\tilde{x}jk}(x) \right\} \tag{8-4}$$

因此，输入 $m_j$ 和输出 $o_j$ 模糊推论的隶属度为：

$$m_j = \min \left\{ m_{j1}, \ m_{j2}, \ \cdots, \ m_{jk} \right\} \tag{8-5}$$

$$o_j = \max \left\{ o_{j1}, \ o_{j2}, \ \cdots, \ o_{jk} \right\} \tag{8-6}$$

因为 "$Y_j$ is $y_j$" 是其隶属度 $R_j$ 的结果，因此可将其等效为 $o_j$，并表示为：

$$Y_j \text{ is } y_{j1}: o_{j1}; \ Y_j \text{ is } y_{j2}: o_{j2}; \ \cdots; \ Y_j \text{ is } y_{jn}: o_{jn} \tag{8-7}$$

在规则建立后，所有的模糊关系和模糊语义评估可被聚合成一个完整的模糊域。为了获得更全面的明确值，采用重心法计算明确值 $\beta_j$。重心法定义如下：

$$\beta_j = \int_a^b x u(x) \, dx \Big/ \int_a^b u(x) \, dx \tag{8-8}$$

其中 $a$ 和 $b$ 表示输出语义变量 $Y_j$ 的上界限和下界限之间的边界。

## 二、模糊推论系统

模糊推论系统（Fuzzy Inference System）是基于模糊逻辑的控制系统。这个推论系统是基于逻辑变量分析的模拟输入的逻辑变量（逻辑变量是 0 到 1 之间的连续值，而不是传统的布尔逻辑）。模糊决策是一种很好的不确定性处理方法，在模糊系统中，模糊推论是使用模糊逻辑从给定的输入映射到输出的过程（Hsieh et al.，2007）。模糊推论过程包括五个阶段：模糊化（Fuzzification）、逻辑运算符在每个规则前件的应用、对每个规则（Rule）结果的暗示、结果的聚合、去模糊化（Defuzzification）。图 8 - 2 显示了模糊推论过程。

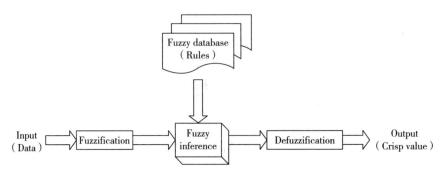

图 8-2　模糊推论过程

为了方便起见，可以使用 Matlab 2017b 软件中的模糊逻辑工具箱（Fuzzy Logic Toolbox）获得明确值。在模糊推论系统，输入（Input）是一个语言变量，输出（Output）是一个明确值（在这种情况下，输入和输出的间隔都在 0 到 10 之间）。图 8-3 至图 8-5 显示了 Matlab 2017b 模糊逻辑工具箱中所应用的输入语言标签、输出明确值和模糊规则。图 8-3 输入"语言标签"的五个模糊集的隶属函数。图 8-4 显示了输出"明确值"的七个隶属函数。图 8-5 显示了为所提出的方法而开发的 72 条模糊规则。

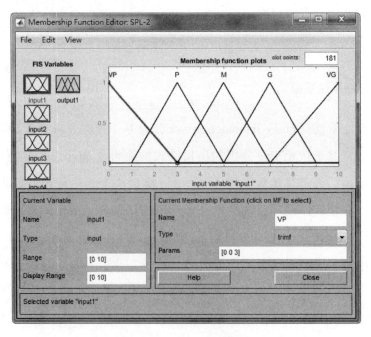

图 8-3　输入的语言标签

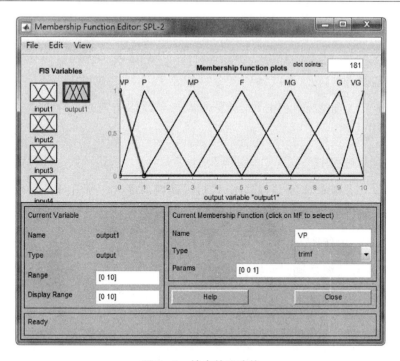

图 8 - 4　输出的明确值

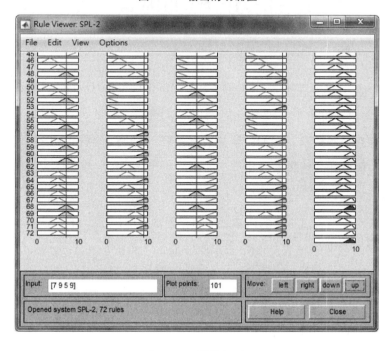

图 8 - 5　模糊规则

下文以某企业的供应商评选为例进行说明模糊推论过程的应用。首先，使用五点李克特量表（Five - point Likert Scale），在四项评估准则（成本/价格、质量、交付和服务）下，可以得到 1 分（非常差（VP）/非常低（VL））到 9 分（非常好（VG）/非常高（VH））的分数。每个评估准则的得分由决策者给出，为：价格（良好 = 7）、质量（非常好 = 9）、交货（普通 = 5）和服务（非常好 = 9）。在模糊化过程中，输入"良好 = 7、非常好 = 9、普通 = 5、非常好 = 9"，然后根据相应的隶属函数进行模糊化。经过模糊规则推论，利用 Matlab 2017b 软件中的模糊逻辑工具箱可计算出四个输入之间的输出明确值为 86.4。图 8 - 5 显示了计算模糊输出明确值的最大—最小的模糊推理过程。从图 8 - 5 可以看出，只执行了第 68 条模糊规则，而输出列的最后一行显示对唯一一个模糊规则的最大—最小推断结果。最后，在去模糊化过程中使用了重心法。

# 第三节　基于过程能力指数的供应商绩效评价指数 $S_{PL}$

过去，有几种多准则群体决策方法（Multi Criteria Group Decision Making，MCGDM）解决评价中的异质性问题及共识问题（Garcia et al.，2018）。然而，这些方法存在一些缺点，例如，缺乏数据解释（即数据中有多少变化或分散），相较于传统的统计方法较不精确。在统计学中，标准差 $\sigma$ 是测量数据集相对于均值 $\mu$ 的分散或变化最广泛的概念。从统计的角度看，当分析数据中的标准差 $\sigma$ 过高，可能表明决策者对事物的认知之间存在混淆和混乱。这种情况可能会导致公司的运营问题和业绩损失。Kaya and Kahraman（2010）和 Yang et al.（2019b）均指出，应用统计技术和方法可帮助管理人员进行风险评估和其他决策过程。因此，本节通过构建一种可分析和量化定性和定量标准的供应商选择和绩效评价方法来解决这一问题。该方法利用模糊理论将决策者对服务需求的模糊语言转换为一个明确值。然后，提出了供应商绩效评价指数 $S_{PL}$，用于供应商选择和绩效评估。通过将明确值聚合到指数 $S_{PL}$ 中，不仅可了解每个供应商的绩效表现，还可以减少多个决策者之间的认知差异。

一般来说，公司希望供应商提供的产品或服务质量越高越好（Ouyang，2013；2014；Hsu et al.，2016；Chen et al.，2017b；Chen and Yang，2018）。因此，在正态假设情况下，根据 Kane（2002）提出的过程能力指数概念导出供应商绩效评价指数 $S_{PL}$：

$$S_{PL} = \frac{\mu - LPB}{3\sigma} \qquad (8-9)$$

其中，$LPB$ 表示供应商的绩效下界限（Lower Performance Bound），$\mu$ 为均值，$\sigma$ 为标准差。

实际上，参数 $\mu$ 和 $\sigma$ 通常是未知的，而且难以取得总体数据，因此，大多采取抽样调查的方式取得样本，然后利用抽样估计式对样本数据进行衡量。而指数 $S_{PL}$ 的自然估计式 $\tilde{S}_{PL}$ 的期望值等于 $(b_n)^{-1} S_{PL}$，因此指数 $S_{PL}$ 是一个有偏估计式，该有偏估计式可表示如下（Chen et al.，2002a）：

$$\tilde{S}_{PL} = \frac{\bar{X} - LPB}{3s} \qquad (8-10)$$

其中，$\bar{X}$ 与 $s$ 分别为随机样本（Random Sample）的样本均值 $\bar{X}$ 与样本标准差 $s$ 来估计 $\mu$ 与 $\sigma$，而校正有偏估计式为无偏估计式的常数项 $b_n$ 可以表示如下：

$$b_n = \frac{\sqrt{2} \times \Gamma\left[(n-1)/2\right]}{\sqrt{n-1} \times \Gamma\left[(n-2)/2\right]}, \ n > 2 \qquad (8-11)$$

显然只要乘上 $b_n$ 值，即可得到 $S_{PL}$ 的无偏估计式，如下：

$$\hat{S}_{PL} = (b_n) \times \tilde{S}_{PL} \qquad (8-12)$$

事实上，$S_{PL}$ 的无偏估计式 $\hat{S}_{PL}$ 只是充分完备统计量 $(\bar{X}, (S)^2)$ 的函数，由于 $\left(\frac{3\sqrt{n}}{b_n}\right) \times \hat{S}_{PL}$ 的分布为具有自由度为 $n-1$ 的非中心化 $t$ 分布（Non-central $t$-distribution），其非中心化参数（Non-central Parameter）$\gamma$ 的分布为 $3\sqrt{n} \times S_{PL}$，可以记作 $t'_{n-1}(\gamma)$，而 $Z = \sqrt{n} \times \frac{(\bar{X} - LPB)}{\sigma}$ 服从 $N(3\sqrt{n} \times S_{PL}, 1)$ 分布，以及

$K = \dfrac{(n-1)\,s^2}{\sigma^2}$ 服从 $\chi^2_{n-1}$ 分布。因此，$\hat{S}_{PL}$ 可以重新整理如下：

$$\hat{S}_{PL} = \left(\frac{b_n}{3}\right) \times \sqrt{\frac{n-1}{n}} \times (K)^{-1/2} \times (Z) \qquad (8-13)$$

在总体为正态分布的假设下，由于 $\overline{X}$ 与 $(S)^2$ 是相互独立的，因此

$$E\,(\hat{S}_{PL})^2 = \left(\frac{b_n}{3}\right)^2 \times \left(\frac{n-1}{n}\right) \times E\,(K)^{-1} \times E\,(Z)^2$$

$$= \left(\frac{b_n}{3}\right)^2 \times \left(\frac{n-1}{n}\right) \times \left(\frac{\Gamma[(n-3)/2]}{2\Gamma[(n-1)/2]}\right) \times [9n\,(S_{PL})^2 + 1] \qquad (8-14)$$

$$Var(\hat{S}_{PL}) = E\,(\hat{S}_{PL})^2 - E^2(\hat{S}_{PL})$$

$$= \left(\frac{\Gamma[(n-1)/2]\,\Gamma[(n-3)/2]}{\Gamma^2[(n-2)/2]}\right)[\,(1/9n) + (S_{PL})^2\,] - (S_{PL})^2$$

$$(8-15)$$

进一步推导 $\hat{S}_{PL}$ 的概率密度函数（Probability Density Function，PDF）。首先令

$$W = \frac{3\sqrt{n}}{b_n} \times \hat{S}_{PL} = \frac{Z}{\sqrt{K/(n-1)}}$$ 服从 $w'_{n-1}\,(\gamma)$ 分布，再令 $Q = \hat{S}_{PL} = \dfrac{b_n}{3\sqrt{n}} \times W$，则 $W$

与 $Q$ 有一对一的数学关系，因此

$$f_Q(q) = f_W(w)\left|\frac{d_Q}{d_W}\right|,\ \text{其中}\ \left|\frac{d_Q}{d_W}\right| = \frac{3\sqrt{n}}{b_n}$$

且

$$f_W(w) = \frac{2^{-(n/2)}}{\Gamma[(n-1)/2]} \int_0^\infty x^{\left(\frac{n-2}{2}\right)} \times \exp\left\{-\frac{1}{2}\left[x + \left(w\sqrt{\frac{x}{(n-1)}} - \delta\right)^2\right]\right\}dx,\, w \in R$$

其中，$x \in R$，$R$ 为实数。

则

$$f_{\hat{S}_{PL}}(q) = f_W\!\left(\frac{3\sqrt{n}}{b_n}q\right)\left(\frac{3\sqrt{n}}{b_n}\right)$$

$$= \left(\frac{2^{-(n/2)}b_n^{-1}\sqrt{n}}{3\Gamma[(n-1)/2]}\right)\int_0^\infty w^{\left(\frac{n-2}{2}\right)}\exp\left\{-\frac{1}{2}\left[w + \left(\frac{\sqrt{nw}}{(n-1)b_n}\left(\frac{1}{3}\right)q - \right.\right.\right.$$

$$\left.\left.\left.\gamma\right)^2\right]\right\}dt,\, q \in R \qquad (8-16)$$

因此，在正态的假设下，$\hat{S}_{PL}$ 是 $S_{PL}$ 的一致最小无偏估计（Minimum Variance Unbiased Estimator，MVUE）。由此可推导出一致最小无偏估计的概率密度函数，如下：

$$f_{\hat{S}_{PL}}(q) = \left( \frac{2^{-(n/2)} b_n^{-1} \sqrt{n}}{3\Gamma\left[ (n-1)/2 \right]} \right) \int_0^\infty w^{\left(\frac{n-2}{2}\right)} \times \exp\left\{ -\frac{1}{2} \left[ w + \left( \frac{\sqrt{nw}}{(n-1)b_n} \times \left( \frac{1}{3} \right) \right. \right. \right.$$
$$\left. \left. \left. q - \gamma \right)^2 \right] \right\} dw, q \in R \tag{8-17}$$

为了方便计算最佳估计式 $\hat{S}_{po}$，表 8-3 给出了不同 $n$ 值所对应 $b_n$ 值。

表 8-3 $n$ 值所对应 $b_n$ 值

| $n$ | $b_n$ | $n$ | $b_n$ | $n$ | $b_n$ | $n$ | $b_n$ |
|---|---|---|---|---|---|---|---|
| 3 | 0.580 | 10 | 0.914 | 17 | 0.952 | 24 | 0.967 |
| 4 | 0.725 | 11 | 0.923 | 18 | 0.955 | 25 | 0.968 |
| 5 | 0.798 | 12 | 0.930 | 19 | 0.958 | 26 | 0.970 |
| 6 | 0.841 | 13 | 0.936 | 20 | 0.960 | 27 | 0.971 |
| 7 | 0.869 | 14 | 0.941 | 21 | 0.962 | 28 | 0.972 |
| 8 | 0.888 | 15 | 0.945 | 22 | 0.964 | 29 | 0.973 |
| 9 | 0.903 | 16 | 0.949 | 23 | 0.965 | 30 | 0.974 |

Chen et al.（2003）为供应商选择问题构建了一个评价指南，该指南考虑了供应商的绩效水平和战略建议（见表 8-4）。如表 8-4 所示，如果供应商的评估分数高于 75 分，则供应商的表现被视为"优秀"，表示买方将再次订购，供应商不必变更生产方式。如果供应商的评估分数大于等于 60 分小于等于 75 分，则供应商的表现被视为"好"，表示买方将再次订购，但供应商应防止其产品质量下降。如果供应商的评估分数大于 30 分小于 60 分，则供应商的绩效水平被视为"不佳"，表示除非买方愿意降低需求水平，否则买方将拒绝再次订购。如果供应商的评估分数小于等于 30 分，则供应商的表现被视为"差"，表示买方将拒绝订购，供应商应大幅提高产品质量。因此，可将 60 分作为衡量供应商绩效的下界限（$LPB$）。

表 8-4　供应商绩效指南

| 分数 | 绩效 | 结果 |
|---|---|---|
| 明确值 >75 | 优秀 | 买家会再次订购，供应商不用改变生产模式 |
| 60≤明确值≤75 | 好 | 买家会再次订货，但供应商应防止产品质量下降 |
| 30<明确值<60 | 不佳 | 除非买家愿意降低需求水平，否则买家将拒绝再次订购 |
| 明确值≤30 | 差 | 买方将拒绝订货，供应商应提高产品质量 |

# 第四节　应用实例——电容器

## 一、电容器

技术的飞速发展，使电子和信息产业蓬勃发展，因此，市场对电容器的需求与日俱增。电容器是一种与电池类似的无源组件，可以暂时储存电流，也可以阻断直流电，耦合交流电流，储存能量，充当旁路。电容器有多种类型，每种都有广泛的应用，例如，用于飞机、远洋船只和高频通信产品中。质量差的电容器在高压下工作时，会导致持续的热量积累、温度升高、散热效率低和增加损耗因子，从而损坏内部介质，导致产品故障和缩短使用寿命。在这种情况下若继续使用电容器，将会导致电容器的工作温度过高，从而导致变形和烧毁。轻微的情况就是导致能量下降或故障，而严重的情况可能导致爆炸。这些潜在的故障是危险的，并威胁生命和财产安全，因此必须谨慎选择供应商。另外，随着近年来工业技术进步和材料创新，为了提高现有产品在当前市场上的市场份额，使产品能够快速地渗透市场，产品的质量成为了不可或缺的关键要素。某电子产品制造商 A 公司目前面临了电容器供应商选择的问题，因此所提的方法被用来实现这些目的。

经咨询专家和 A 公司的管理人员并参考表 8-1，A 公司决定采用以下四项准则来评估三家电容器供应商的绩效水平，这四项准则分别是：交货期（C1）、价格（C2）、质量（C3）和服务（C4）。在这些准则中，交货期（C1）和价格（C2）是属于成本准则（越小越好），质量（C3）和服务（C4）是效益准则（越大越好）。另外，六位管理者（决策者）将采用五点李克特量表对这些供应商进行评估。被选中的六位管理者（决策者）都有 10 年以上的工作经验。表8-5列出了这六位管理者（决策者）的职位和工作年资。

表 8-5　决策者的职位和年资

| 管理者 | 职位 | 年资 |
| --- | --- | --- |
| 管理者 1 | 总经理 | 15 |
| 管理者 2 | 质量经理 | 12 |
| 管理者 3 | 采购经理 | 10 |
| 管理者 4 | 生产经理 | 17 |
| 管理者 5 | 销售经理 | 12 |
| 管理者 6 | 运营经理 | 13 |

由于管理者所提供的语言信息是定性数据，因此，使用模糊理论将每个语言变量转换为一个模糊数（量化）。例如，成本准则（交货期和价格）的语言标签｛非常低；低；普通；高；非常高｝转换为模糊数：｛（0，0，3），（1，3，5），（3，5，7），（5，7，9），（7，10，10）｝，而语言标签｛非常差；差；普通；好；非常好｝作为效益准则（质量和服务）转换为模糊数：｛（0，0，3），（1，3，5），（3，5，7），（5，7，9），（7，10，10）｝。接着，使用 Matlab 2017b 软件中的模糊逻辑工具箱获得了明确值。结果如表 8-6、表 8-7 和表 8-8 所示。

从表 8-6、表 8-7 和表 8-8 可得到每位供应商的均值 $\overline{X}$，由大到小排序为：供应商 1（$\overline{X}=80$）>供应商 2（$\overline{X}=75.5$）=供应商 3（$\overline{X}=75.5$）。接着使用式（8-9）可以更准确地测量三个供应商的绩效，如下：

$$\widetilde{S}_{PL1} = \frac{(80-60)}{3 \times 11.5} = 0.577$$

·119·

$$\widetilde{S}_{PI2} = \frac{(75.5 - 60)}{3 \times 8.5} = 0.605$$

$$\widetilde{S}_{PI3} = \frac{(75.5 - 60)}{3 \times 18.11} = 0.285$$

表 8 - 6　供应商 1 的分析结果

| 准则<br>管理者 | C1<br>（成本） | C2<br>（成本） | C3<br>（效益） | C4<br>（效益） | 明确值 |
|---|---|---|---|---|---|
| 管理者 1 | 普通（5） | 高（7） | 非常高（9） | 非常高（9） | 86.4 |
| 管理者 2 | 低（7） | 低（7） | 非常高（9） | 普通（5） | 70 |
| 管理者 3 | 低（7） | 低（7） | 高（7） | 高（7） | 86.7 |
| 管理者 4 | 非常低（9） | 普通（5） | 非常高（9） | 普通（5） | 70 |
| 管理者 5 | 普通（5） | 低（7） | 高（7） | 非常高（9） | 70 |
| 管理者 6 | 非常低（9） | 非常低（9） | 非常高（9） | 非常高（9） | 96.7 |

$$\overline{X} = 80.0$$

$$s = 11.5$$

表 8 - 7　供应商 2 的分析结果

| 准则<br>管理者 | C1<br>（成本） | C2<br>（成本） | C3<br>（效益） | C4<br>（效益） | 明确值 |
|---|---|---|---|---|---|
| 管理者 1 | 普通（5） | 非常低（9） | 高（7） | 非常高（9） | 86.4 |
| 管理者 2 | 低（7） | 非常低（9） | 普通（5） | 高（7） | 70 |
| 管理者 3 | 非常低（9） | 普通（5） | 高（7） | 普通（5） | 70 |
| 管理者 4 | 低（7） | 普通（5） | 非常高（9） | 高（7） | 70 |
| 管理者 5 | 低（7） | 低（7） | 高（7） | 高（7） | 86.7 |
| 管理者 6 | 非常低（9） | 普通（5） | 普通（5） | 非常高（9） | 70 |

$$\overline{X} = 75.5$$

$$s = 8.5$$

表8-8　供应商3的分析结果

| 准则 管理者 | C1（成本） | C2（成本） | C3（效益） | C4（效益） | 明确值 |
|---|---|---|---|---|---|
| 管理者1 | 非常低（9） | 非常低（9） | 高（9） | 非常高（9） | 96.7 |
| 管理者2 | 普通（5） | 低（7） | 普通（5） | 普通（5） | 50 |
| 管理者3 | 低（7） | 低（7） | 普通（5） | 非常高（9） | 70 |
| 管理者4 | 非常低（9） | 非常低（9） | 高（9） | 非常高（9） | 96.7 |
| 管理者5 | 低（7） | 普通（5） | 普通（5） | 非常高（9） | 70 |
| 管理者6 | 非常低（9） | 非常低（9） | 普通（5） | 普通（5） | 70 |

$$\overline{X} = 75.5$$
$$s = 18.11$$

根据表8-3可知，当 $n = 6$ 时，$b_n$ 为 0.841。利用式（8-12），可得到：

$$\hat{S}_{PL1} = 0.577 \times 0.841 = 0.485$$

$$\hat{S}_{PL2} = 0.605 \times 0.841 = 0.509$$

$$\hat{S}_{PL3} = 0.285 \times 0.841 = 0.240$$

将供应商的绩效重新排序，可得到：供应商 2（$\hat{S}_{PL2} = 0.509$）＞供应商 1（$\hat{S}_{PL1} = 0.485$）＞供应商 3（$\hat{S}_{PL3} = 0.240$）。因此，供应商 2 是 A 公司的最佳选择。

## 二、有效性分析

为了证明所提方法的优越性，将与其他现有的供应商选择方法进行比较，例如：TOPSIS（Chen，2000）、AHP（Gupta and Soni.，2019）、ANP（Bakeshlou et al.，2014）、决策试验与评价实验室（Decision Making Trial and Evaluation Laboratory，DEMATEL）（Hu et al.，2015）和偏好排序组织方法（Preference Ranking Organization Method for Enrichment of Evaluations，PROMETHEE）（Krishankumar et al.，2017）。结果如表8-9所示。从表8-9可知，Chen（2000）、Bakeshlou et al.（2014）和 Krishankumar et al.（2017）进行的研究都使用数值模拟来验证提出的方法的有效性，而 Chen（2000）采用的评价准则既没有参考依据，也没有

通过专家建立。因此，这些方法是否合理还有待商榷。此外，Hu et al.（2015）进行的调查没有考虑不确定性或评估者的模糊语言。最重要的是，这些研究都没有考虑评价者之间的认知差异。因此，本章所提出的方法对供应商选择更为合理有效，如表8-9所示。

表8-9　比较供应商选择方法

| 文献 | 模糊语言 | 认知差异 | 评价准则 | 实证研究 |
|---|---|---|---|---|
| Chen（2000） | √ | | | |
| Bakeshlou et al.（2014） | √ | | √ | |
| Hu et al.（2015） | | | √ | √ |
| Krishankumar et al.（2017） | √ | | √ | |
| Kuo et al.（2009） | √ | | √ | √ |
| 所提方法 | √ | √ | √ | √ |

# 第五节　本章小结

在供应链中，每个公司都依赖于供应链上的其他成员，因此，供应链成员可以通过共同努力，借此降低运营成本，提高生产率和绩效。然而对企业而言，一个关键的问题是如何衡量和选择最合适的供应商。一般来说，管理者通常依靠过去的个人经验或主观判断，或采用李克特量表来评估、比较和排列供应商的绩效，但是这些方法往往忽视利益相关者的偏好以及评价者之间的认知差异。此外，当多个决策者的意见结合在一起时，诸如认知差异、模糊语言学和不确定性等问题是常见的。为了解决这些问题，本章提出了一个供应商绩效评价指数 $S_{PL}$，并推导了指数 $S_{PL}$ 的估计值及概率密度函数（PDF）。接着，通过 Matlab 2017b 软件中的模糊逻辑工具箱解决了模糊环境下不精确数据的问题。最后，为了证明所提出方法的有效性，以一家制造商选择电容器供应商的评选过程为例。本章有两个重要的管理含义。第一，所提出的方法为管理者提供了指导，不仅有助于解决认知偏好和差异的问题，而且有助于解决供应商选择的问题。第二，企业可以将所提出的方法的结果传递给不成功的供应商，让他们了解自己的不足，帮助提高运营绩效，从而提高供应链的竞争力，为双方创造双赢的局面。

# 第九章　过程能力指数在供应商质量绩效的应用与优化

在供应链中，买方普遍关注产品的质量高低，而供应商关注产品的生产成本。由于两者的需求不同，使双方难以维持长久的合作关系。供应商是供应链成员中非常重要的一员，因此，企业必须仔细审视供应商的绩效表现，以确保高质量的产品和令人满意的服务。生产力和质量是控制生产绩效的两个主要指标，通过正确使用过程能力指数（PCI）可以提高产品质量和可靠性，降低废品率和返工率，从而提高公司的生产率。本章提出一种新的方法来评估和优化具有多质量特性产品，以进行供应商的选择。首先，利用过程能力指数 $C_{pm}$，$C_{pu}$ 和 $C_{pl}$ 的 $100 \times (1-\alpha)\%$ 置信上限，构建了一种新的多质量特性分析图（QCAC），用以衡量具有多质量特性的产品的过程能力与减少抽样误差对判定质量级别的影响。其次，为了更有效地区分供应商的绩效和选出最佳供应商，引入了欧式距离度量来重新检验所有符合条件的供应商，确保买方在同时实现最小质量损失和创造最大效益条件下，从所有合格的供应商中找出最佳供应商。最后，通过对某联轴器的供应商评选验证了所提方法的可行性和有效性。本章第一节说明了过程能力指数在供应商评选的应用问题。在第二节中，推导出了望目型、望小型和望大型质量特性的过程能力指数 $C_{pm}$、$C_{pu}$ 和 $C_{pl}$ 的 $100 \times (1-\alpha)\%$ 置信上限。第三节介绍了过程能力指数 $C_{pm}$、$C_{pu}$ 和 $C_{pl}$ 与六西格玛质量水平的关系。第四节中利用 $C_{pm}$、$C_{pu}$ 和 $C_{pl}$ 的 $100 \times (1-\alpha)\%$ 置信上限构建一个新的多质量特性分析图，并说明欧氏距离度量在多质量特性分析图的实施步骤。第五节以联轴器供应商的评选过程作为所提方法的应用案例，并比较了所提方法的效率和有效性。第六节为本章小结。

# 第一节　过程能力指数与供应商评选

全球化和信息技术的发展加剧了来自海外低成本供应商的竞争（Viswanadham and Samvedi，2013；Su and Chen，2018）。为了在全球市场上保持竞争优势，企业需要选择合适的供应商和生产高质量的产品（Chen et al.，2015；Wetzstein et al.，2016；Zouadi et al.，2018）。Ghorabaee et al.（2017）、Dupont et al.（2018）和 Jain et al.（2018）指出，采购材料和服务的成本可以占到企业总收入的50%以上。Carr and Pearson（1999）和 Benton（2013）指出，一些公司将其收入80%以上用于购买来自外部供应商的材料和服务。Holweg et al.（2011）指出，组件的成本占大多数公司总成本的70%。Ferreira and Borenstein（2012）指出，采购商品和服务的成本占每一单位收入的50%～60%。Arabsheybani et al.（2018）表示不合格的供应商会使商品成本增加30%，从而减少企业的利润。选择好的供应商可以降低采购成本，提高竞争力，为买方和供应商带来利益（Omurca，2013；Wu et al.，2013；Banaeian et al.，2018）。因此，供应商的评价和选择是企业管理者的一个关键议题（Weber et al.，1991）。

过去讨论供应商选择问题的文献非常多，例如：Ho et al.（2010）；Amindoust et al.（2013）；Matinrad et al.（2013）；Karsak and Dursun（2016）；Ghorabaee et al.（2017）；Govindan et al.（2017a）。大多数研究人员认为，供应商选择应被视为多目标问题，因为涉及制造绩效与竞争优先级之间的权衡，例如：成本，质量，交货时间，可靠性，服务，环境影响，供应链成员之间的协调要求以及敏捷性和灵活性。多准则决策（Multi – Criteria Decision Making，MCDM）方法也被广泛使用在评选供应商问题，例如：数据包络分析（Charnes et al.，1978）、层次分析法（Saaty，1980）和逼近理想解排序法（Hwang and Yoon，1981）。此外，供应商评估和选择基于人为判断，这意味着不精确，不确定性和模糊性是其固有特征，这将促进随机方法和模糊方法在多准则决策上的扩展和发展（Kahraman et al.，2003；Costantino et al.，2012；2013；Dotoli and Falagario，2012；Dotoli et al.，2015；2016；2017；Jain et al.，2018）。多准则决策方法具有参考价值，但是不适合监控及提高产品和过程的质量。许多研究人员反复证明，高质量的产品可以降低企业的运营成本和提高生产率，并对企业的盈利能力和买方的满意度产生直接的影响（Chen，2011；Zhang et al.，2012）。Chen et al.（2015）认为质量对生产绩效至关重要，并且对买方有利。因此，在评估和选择供应商时，质量是能创造买方与供应商价值最大化以及两者之间能否建立长期关系的关键因素（Dickson，1966；Wang and Tamirat，2016）。

许多生产管理专家和质量学者都表示合理的使用过程能力指数，将能在具有可接受的产量损失风险情况下，确保产品符合质量标准（Chen，1998；Chen et al.，2002b；Yu et al.，2007；Cao and Zhang，2010；Wang et al.，2011；Ouyang et al.，2013；Chen et al.，2017b）。过程能力指数是由过程参数（过程均值 $\mu$ 和过程标准差 $\sigma$）和规格界限所构建的无单位衡量标准，只要过程发生偏移或变异时就可以立即反映在指数值上（Wang et al.，2016；Chen et al.，2017c）。Hsu et al.（2016）表示过程能力指数、过程良率和过程预期损失都是可以被用来衡量产品质量的良窳，而当过程能力指数值越大时，则意味着生产的过程有较高的良率以及较低的预期损失。因此，质量管理者只需要透过监控过程能力指数值的变化，就可降低企业的生产成本及减少废品损失，并可确保顾客获得稳定且满意的产品（Ouyang et al.，2013；2014；Wu et al.，2017；Wang and Tamirat，2018）。显然，最好的供应商应要具有比其他供应商更高的过程能力指数值（Liao et al.，2013；Wang and Tamirat，2016）。

由于产品通常是由多个不同类型的质量特性（望目型、望大型或望小型）所组成（称为多质量特性产品），因此，企业仅利用单一的过程能力指数分析产品质量是不够充分和完善的。为了协助制造商进行衡量多质量特性产品的过程能力，多质量特性分析图（QCAC）是一种有效且便利的方法。多质量特性分析图的原理是经由收集、整理和计算各个多质量特性的过程数据后，将所得到的分析结果转换成图形，借此清晰且有效地传达过程信息与质检判级等（Singhal，1990；Ouyang et al.，2014）。然而，这些信息多只停留在制造商阶段。因为在实务上，一些企业的外包方式是仅对供应商的产品总过程能力有所要求，并不关注各个质量特性的过程能力。为了有效地解决这种情况，Chen et al.（2001）在各质量特性独立生产的假设下，提出一个总过程能力指数 $C_T$ 为：

$$C_T = \frac{1}{3}\Phi^{-1}\left\{\left[\left(\prod_{h=1}^{t}\left[2\Phi(3C_{psh}) - 1\right]\right) + 1\right] \div 2\right\}, s \in \left\{u, l, m\right\} \qquad (9-1)$$

其中，$t$ 是质量特性总数、$C_{psh}$，$s \in \{u, l, m\}$，是产品每个质量特性 $h$ 的过程能力指数值、$\Phi$ 是标准正态累积分布 $N(0, 1)$ 的函数，$\Phi^{-1}$ 为 $\Phi$ 的反函数。

虽然总过程能力指数 $C_T$ 是非常有效和易于使用的，但是当各供应商产品的 $C_T$ 值没有显著差异时，将使企业面临评选最适供应商的问题，以致造成企业营运的低效率和资源的浪费。此外，总过程能力指数 $C_T$ 还面临了无法察觉过程稳定性问题，这将影响下游产品的制造或零组件组装的质量。下文给出了一个例子说明上述问题。假设一家企业要求各供应商所生产的产品（为了便于说明，假设该产品三个质量特性均是望大型）的总过程能力指数 $C_T$ 值需大于1。如表9-1所示，供应商 $M_C$ 拥有最高的 $C_T$ 值 = 1.0621，但是可观察到供应商 $M_C$ 的各质量特性的过程质量并不稳定（过程均值 $\mu_h$ 和过程标准差 $\sigma_h$ 过大），这将严重影响后续的过程或产品的质量，因此应该排除供应商 $M_C$。另外，供应商 $M_A$ 和 $M_B$ 的 $C_T$ 值为 1.0247 是相同的，且过程质量稳定性良好，这将让企业面临选择的困难。

关于过程能力指数另一个重要应用问题是过程能力指数的可靠性。由于过程参数（$\mu$ 和 $\sigma$）未知以及抽样检验会因为环境、人为因素和抽样方法等而产生不可避免的抽样误差。鉴于此，本章将导出过程能力指数 $C_{pm}$、$C_{pu}$ 和 $C_{pl}$ 的置信上限，来分析与评估多质量特性产品的过程能力。接着，结合过程能力指数 $C_{pm}$、$C_{pu}$ 和 $C_{pl}$ 的置信上限构建一个新的多质量特性分析图（QCAC），解决多质量特性产品或过程的质量检验问题，满足企业对所购买的产品的每一个质量特性的质量要求。为了更有效地协助企业判断并排序各供应商所生产的产品质量优劣，本章进一步采用欧式距离度量从所有合格的供应商中找出最佳供应商。本章所提的方法还能反馈质量缺失的问题及提供解决的办法给落选的供应商，借此改善供应链的生产水平。

表 9 - 1　三位供应商的 $C_T$ 值

| 供应商 | $\mu_h$ | $\sigma_h$ | $C_{psh}$ | $C_T$ |
|---|---|---|---|---|
| $M_A$ | 0. 0883 | 0. 3236 | 1. 1210 | |
| | 0. 0821 | 0. 3185 | 1. 1325 | 1. 0247 |
| | 0. 0932 | 0. 3210 | 1. 1352 | |
| $M_B$ | 0. 0801 | 0. 3179 | 1. 1325 | |
| | 0. 0945 | 0. 3233 | 1. 1285 | 1. 0247 |
| | 0. 0926 | 0. 3231 | 1. 1272 | |
| $M_C$ | 0. 1282 | 0. 2215 | 1. 6978 | |
| | 0. 3014 | 0. 4084 | 1. 0622 | 1. 0621 |
| | 0. 0136 | 0. 1511 | 2. 2360 | |

# 第二节　过程能力指数 $C_{pm}$、$C_{pu}$ 和 $C_{pl}$ 的置信上限

## 一、过程能力指数 $C_{pm}$ 的置信上限

Hsiang and Taguchi（1985）以及 Chan et al.（1988）考虑到过程目标值 $T$ 不是过程中心的可能性，提出了用一个望目型质量特性的过程能力指数 $C_{pm}$，定义如下：

$$C_{pm} = \frac{USL - LSL}{6\sqrt{E[(X-T)^2]}} = \frac{USL - LSL}{6\sqrt{\sigma^2 + (\mu - T)^2}} = \frac{d}{3\sqrt{\sigma^2 + (\mu - T)^2}} \qquad (9-2)$$

其中，$E(X-T)^2 = \sigma^2 + (\mu - T)^2$ 是预期平方误差损失、$d = (USL - LSL)/2$ 是规格上界限与下界限一半的长度、$T = (USL + LSL)/2$ 是过程目标值、$USL$ 是规

格上界限，$LSL$ 是规格下界限。在正态性假设下 $X \sim N(\mu, \sigma^2)$，Kotz and Johnson (1993) 指出，当过程能力指数 $C_{pm} > 0.6$ 时，过程能力指数 $C_{pm}$ 与过程良率的关系为 $Yield\% \geqslant 2\Phi(3C_{pm}) - 1$。因此，$C_{pm}$ 指数可以成为反映过程良率的有力工具。也就是说，当 $C_{pm}$ 值越高，过程损失越小。

如前所述，制造商可以使用过程能力指数 $C_{pm}$ 值，来确定质量特性的过程能力是否达到顾客要求的水平，并可从过程均值 $\mu$ 和过程标准差 $\sigma$ 来判断产品质量不良的原因。尽管 $\mu$ 和 $\sigma$ 源于经典的统计控制理论，并具有相当全面的分布和推理属性（Kotz and Johnson，1993）。但在实践中，偏离正态分布的情况很常见，因此，过程参数 $\mu$ 和 $\sigma$ 应根据过程被认为处于控制状态时所采集的样本或子样本进行估算（Montgomery，2012）。为了解决这个问题，令 $Y_{h1}$，$Y_{h2}$，$\cdots$，$Y_{hn}$ 为一个重要质量特性 $h$ 的随机样本，则样本均值和样本标准差可分别推导如下：

$$\hat{\delta}_h = \frac{1}{n}\sum_{i=1}^{n} Y_{hi} \text{ 和 } \hat{\gamma}_h = \sqrt{\frac{1}{n-1}\sum_{i=1}^{n}(Y_{hi} - \hat{\delta}_h)^2} \qquad (9-3)$$

其中，$n$ 是总样本量。

在正态假设下，令

$$\tau = \frac{\hat{\delta} - \delta}{\frac{\hat{\gamma}_h}{\sqrt{n-1}}} \text{ 和 } \chi = \frac{(n-1)\hat{\gamma}_h^2}{\gamma_h^2} \qquad (9-4)$$

其中，$\tau$ 遵循 $n-1$ 自由度的 $t$ 分布，即 $t_{n-1}$ 和 $\chi$ 遵循 $n-1$ 自由度的卡方分布，即 $\chi_{n-1}^2$。

因此，可得：

$$1 - \frac{\alpha}{2} = p\left\{-t_{\frac{\alpha}{4};n-1} \leqslant \tau \leqslant t_{\frac{\alpha}{4};n-1}\right\}$$

$$= p\left\{-t_{\frac{\alpha}{4};n-1} \leqslant \frac{\hat{\delta} - \delta}{\hat{\gamma}_h/\sqrt{n-1}} \leqslant t_{\frac{\alpha}{4};n-1}\right\}$$

$$= p\left\{\hat{\delta} - t_{\frac{\alpha}{4};n-1} \times \frac{\hat{\gamma}_h}{\sqrt{n-1}} \leqslant \delta \leqslant \hat{\delta} + t_{\frac{\alpha}{4};n-1} \times \frac{\hat{\gamma}_h}{\sqrt{n-1}}\right\} \qquad (9-5)$$

和

$$1 - \frac{\alpha}{2} = p\left\{\chi \leqslant \chi_{1-\frac{\alpha}{2};n-1}^2\right\} = p\left\{\frac{(n-1)\hat{\gamma}_h^2}{\gamma_h^2} \leqslant \chi_{1-\frac{\alpha}{2};n-1}^2\right\} = p\left\{\gamma_h^2 \geqslant \frac{n-1}{\chi_{1-\frac{\alpha}{2};n-1}^2}\hat{\gamma}_h^2\right\}$$

$$(9-6)$$

其中，$t_{\alpha/4;n-1}$ 是 $t_{n-1}$ 分布的上 $\alpha/4$ 分位数，$\chi_{\alpha/2;n-1}^2$ 是 $\chi_{n-1}^2$ 分布的下 $\alpha/2$ 分位数，和 $\alpha$ 代表显著性水平。

为了推导过程能力指数 $C_{pmh}$ 的置信上限，定义两个事件 $E_{\delta h}$ 和 $E_{\gamma h}$ 如下：

$$E_{\delta h} = \left\{\hat{\delta} - t_{\frac{\alpha}{4};n-1} \times \frac{\hat{\gamma}_h}{\sqrt{n-1}} \leqslant \delta \leqslant \hat{\delta} + t_{\frac{\alpha}{4};n-1} \times \frac{\hat{\gamma}_h}{\sqrt{n-1}}\right\} 和 E_{\gamma h} = \left\{\gamma_h^2 \geqslant \frac{n-1}{\chi_{1-\frac{\alpha}{2};n-1}^2}\hat{\gamma}_h^2\right\}$$

$$(9-7)$$

事实上，$P(E_{\delta h}) = P(E_{\gamma h}) = 1 - (\alpha/2)$ 和 $P(E_{\delta h}^C) = P(E_{\gamma h}^C) = \alpha/2$。根据布尔不等式和德摩根定律，可得到：

$$P(E_{\delta h} \cap E_{\gamma h}) \geqslant 1 - P(E_{\delta h}^C) - P(E_{\gamma h}^C) = 1 - \alpha \tag{9-8}$$

即

$$p\left\{\hat{\delta}_h - t_{\frac{\alpha}{4};n-1}\sqrt{\frac{\hat{\gamma}_h^2}{(n-1)}} \leqslant \delta_h \leqslant \hat{\delta}_h + t_{\frac{\alpha}{4};n-1}\sqrt{\frac{\hat{\gamma}_h^2}{(n-1)}}, \ \gamma_h^2 \geqslant \frac{n-1}{\chi_{1-\frac{\alpha}{2};n-1}^2}\hat{\gamma}_h^2\right\} \geqslant 1 - \alpha \tag{9-9}$$

因此，可得到 $(\delta_h, \gamma_h^2)$ 的 $100 \times (1-\alpha)\%$ 置信域为：

$$CR_h = \left\{(\delta_h, \gamma_h^2) \mid \hat{\delta}_h - e_h \leqslant \delta_h \leqslant \hat{\delta}_h + e_h, \ \gamma_h^2 \geqslant \frac{n-1}{\chi_{1-\frac{\alpha}{2};n-1}^2}\hat{\gamma}_h^2\right\} \tag{9-10}$$

其中，$e_h = t_{\frac{\alpha}{4};n-1}\sqrt{\frac{\hat{\gamma}_h^2}{(n-1)}}$。

根据 Chen et al.（2017a），令 $CR_h$ 为可行区域，过程能力指数 $C_{pmh}$ 为目标函数，则可用数学规划法推导出过程能力指数 $C_{pmh}100 \times (1-\alpha)\%$ 的置信上限 $UC_{pmh}$，如下：

$$\begin{cases} UC_{pmh} = MaxC_{pmh} = \dfrac{1}{3\sqrt{\delta_h^2 + \gamma_h^2}} \\ \\ s.t. \\ \\ \hat{\delta}_h - e_h \leqslant \delta_h \leqslant \hat{\delta}_h + e_h \\ \\ \gamma_h^2 \geqslant \dfrac{n-1}{\chi_{1-\frac{\alpha}{2};n-1}^2}\hat{\gamma}_h^2 \end{cases} \tag{9-11}$$

此外，根据 Ouyang et al.（2014）指出，当过程能力指数 $C_{pm}$ 距离质量特性分析图的原点越近时，表示 $C_{pm}$ 值越大。因此可定义以下两种情况：

情况 1：$0 \in \left[\hat{\delta}_h - e_h,\ \hat{\delta}_h + e_h\right]$

当 $0 \in \left[\hat{\delta}_h - e_h,\ \hat{\delta}_h + e_h\right]$，则 $(\delta_h,\ \gamma_h^2) = \left(0,\ \dfrac{n-1}{\chi_{1-\frac{\alpha}{2};n-1}^2}\hat{\gamma}_h^2\right)$ 接近多质量特性分析图的原点。因此，可利用下式求得指数 $UC_{pmh}$ 的最大值：

$$UC_{pmh} = \frac{1}{3\sqrt{\dfrac{n-1}{\chi_{1-\frac{\alpha}{2};n-1}^2}\hat{\gamma}_h^2}} \tag{9-12}$$

情况 2：$0 \notin \left[\hat{\delta}_h - e_h,\ \hat{\delta}_h + e_h\right]$

当 $0 \notin \left[\hat{\delta}_h - e_h,\ \hat{\delta}_h + e_h\right]$，则 $(\delta_h,\ \gamma_h^2) = \left(\hat{\delta}_h - t_{\frac{\alpha}{4};n-1}\sqrt{\dfrac{\hat{\gamma}_h^2}{(n-1)}},\ \dfrac{n-1}{\chi_{1-\frac{\alpha}{2};n-1}^2}\hat{\gamma}_h^2\right)$ 或者

$(\delta_h,\ \gamma_h^2) = \left(\hat{\delta}_h + t_{\frac{\alpha}{4};n-1}\sqrt{\dfrac{\hat{\gamma}_h^2}{(n-1)}},\ \dfrac{n-1}{\chi_{1-\frac{\alpha}{2};n-1}^2}\hat{\gamma}_h^2\right)$ 最接近多质量特性分析图的原点。

因此，可利用下式求得指数 $UC_{pmh}$ 的最大值：

$$UC_{pmh} = \frac{1}{3\sqrt{Min^2\left\{\hat{\delta}_h - t_{\frac{\alpha}{4};n-1}\sqrt{\dfrac{\hat{\gamma}_h^2}{(n-1)}},\ \hat{\delta}_h + t_{\frac{\alpha}{4};n-1}\sqrt{\dfrac{\hat{\gamma}_h^2}{(n-1)}}\right\} + \dfrac{n-1}{\chi_{1-\frac{\alpha}{2};n-1}^2}\hat{\gamma}_h^2}} \tag{9-13}$$

接着，令

$$I = \begin{cases} 0 \ if \ 0 \in \left[\hat{\delta}_h - e_h,\ \hat{\delta}_h + e_h\right] \\ 1 \ if \ 0 \notin \left[\hat{\delta}_h - e_h,\ \hat{\delta}_h + e_h\right] \end{cases} \tag{9-14}$$

则指数 $UC_{pmh}$ 可以改写为：

$$UC_{pmh} = \frac{1}{3\sqrt{I \times Min^2\left\{\hat{\delta}_h - t_{\frac{\alpha}{4};n-1}\sqrt{\dfrac{\hat{\gamma}_h^2}{(n-1)}},\ \hat{\delta}_h + t_{\frac{\alpha}{4};n-1}\sqrt{\dfrac{\hat{\gamma}_h^2}{(n-1)}}\right\} + \dfrac{n-1}{\chi_{1-\frac{\alpha}{2};n-1}^2}\hat{\gamma}_h^2}} \tag{9-15}$$

**二、过程能力指数 $C_{pu}$ 和 $C_{pl}$ 的置信上限**

事实上，产品的质量特性会依其功能性的不同而有所区别，有些质量特性是

属于单侧规格的望小型质量特性（例如：热阻值、表面粗糙度、噪声），在质量的目标值的设定上是越小越好，理想值为零。有些质量特性是属于望大型质量特性（例如：耐磨度、使用寿命、硬度），在质量的目标值的设定上是越大越好，理想值是 2 倍的规格下界限（$LSL$）（Chen et al.，2017a）。Kane（1986）提出了分别针对望小型质量特性和望大型质量特性的过程能力指数，定义如下：

$$C_{pu} = \frac{USL - \mu}{3\sigma} \tag{9-16}$$

$$C_{pl} = \frac{\mu - LSL}{3\sigma} \tag{9-17}$$

为了更有效地衡量望小型和望大型质量特性的过程能力，将导出过程能力指数 $C_{pu}$ 和 $C_{pl}$ 的 $100 \times (1 - \alpha)\%$ 的置信上限。令 $Y_{h1}$，$Y_{h2}$，$\cdots$，$Y_{hn}$ 为一个重要质量特性 $h$ 的随机样本，则样本均值和样本标准差可分别推导如下：

$$\hat{\delta}_h = \frac{1}{n} \sum_{i=1}^{n} Y_{hi} \ \text{和} \ \hat{\gamma}_h = \sqrt{\frac{1}{n-1} \sum_{i=1}^{n} (Y_{hi} - \hat{\delta}_h)^2} \tag{9-18}$$

则指数 $C_{puh}$ 的估计式为：

$$\hat{C}_{puh} = \frac{1 - \hat{\delta}_h}{3\hat{\gamma}_h} \tag{9-19}$$

在正态假设下，可得：

$$(1 - \hat{\delta}_h) \sim N\left(1 - \hat{\delta}_h, \ \frac{\hat{\gamma}_h}{n}\right) \tag{9-20}$$

接着，令

$$Z = 3\sqrt{n} \left[ C_{puh} - \hat{C}_{puh} \times \frac{\hat{\gamma}_h}{\gamma_h} \right] \tag{9-21}$$

则 $Z$ 的分布为 $N(0, 1)$ 和

$$1 - \frac{\alpha}{2} = p\left\{ Z \leqslant Z_{\frac{\alpha}{2}} \right\}$$

$$= p\left\{ \sqrt{n}\left[ C_{puh} - \hat{C}_{puh} \times \frac{\hat{\gamma}_h}{\gamma_h} \right] \leqslant Z_{\frac{\alpha}{2}} \right\} = p\left\{ C_{puh} \leqslant \hat{C}_{puh} \times \frac{\hat{\gamma}_h}{\gamma_h} + \frac{Z_{\frac{\alpha}{2}}}{3\sqrt{n}} \right\} \tag{9-22}$$

其中，$Z_{\frac{\alpha}{2}}$ 是标准正态分布的上 $\frac{\alpha}{2}$ 分位数。

令 $\chi = \dfrac{(n-1)\hat{\gamma}_h^2}{\gamma_h^2}$，则 $\chi$ 遵循 $n-1$ 自由度的卡方分布，即 $\chi_{n-1}^2$ 和

$$1 - \frac{\alpha}{2} = p\left\{ \chi \leqslant \chi_{\frac{\alpha}{2};(n-1)}^2 \right\} = p\left\{ \frac{(n-1)\hat{\gamma}_h^2}{\gamma_h^2} \leqslant \chi_{\frac{\alpha}{2};(n-1)}^2 \right\} = p\left\{ \frac{\hat{\gamma}_h}{\gamma_h} \leqslant \sqrt{\frac{\chi_{\frac{\alpha}{2};(n-1)}^2}{n-1}} \right\} \quad (9-23)$$

其中，$\chi_{\frac{\alpha}{2}}^2(n-1)$ 是 $\chi_{n-1}^2$ 分布的下 $\alpha/2$ 分位数。

为了推导过程能力指数 $C_{puh}$ 的置信上限，定义两个事件 $E_{Zh}$ 和 $E_{Kh}$ 如下：

$$E_{Zh} = \left\{ C_{puh} \leqslant \hat{C}_{puh} \times \frac{\hat{\gamma}_h}{\gamma_h} + \frac{Z_{\frac{\alpha}{2}}}{3\sqrt{n}} \right\} \text{和} \ E_{Kh} = \left\{ \frac{\hat{\gamma}_h}{\gamma_h} \leqslant \sqrt{\frac{\chi_{\frac{\alpha}{2}}^2(n-1)}{n-1}} \right\} \quad (9-24)$$

令 $p(E_{Zh}) = p(E_{Kh}) = 1 - (\alpha/2)$ 和 $p(E_{Zh}^c) = p(E_{Kh}^c) = \alpha/2$。根据布尔不等式和德摩根定律，可得到：

$$E_{Zh} \cap E_{Kh} = \left\{ C_{puh} \leqslant \hat{C}_{puh} \times \frac{\hat{\gamma}_h}{\gamma_h} + \frac{Z_{\frac{\alpha}{2}}}{3\sqrt{n}}, \ \frac{\hat{\gamma}_h}{\gamma_h} \leqslant \sqrt{\frac{\chi_{\frac{\alpha}{2}}^2(n-1)}{n-1}} \right\} \quad (9-25)$$

由于 $p(E_{Zh}^c \cup E_{Kh}^c) \leqslant p(E_{Zh}^c) + p(E_{Kh}^c) = \alpha$ 和 $p(E_{Zh} \cap E_{Kh}) \geqslant 1 - \left[ p(E_{Zh}^c) + p(E_{Kh}^c) \right] = 1 - \alpha$，可得到：

$$p\left\{ C_{puh} \leqslant \hat{C}_{puh} \times \frac{\hat{\gamma}_h}{\gamma_h} + \frac{Z_{\frac{\alpha}{2}}}{3\sqrt{n}}, \ \frac{\hat{\gamma}_h}{\gamma_h} \leqslant \sqrt{\frac{\chi_{\frac{\alpha}{2}}^2(n-1)}{n-1}} \right\} \geqslant 1 - \alpha \quad (9-26)$$

式（9-26）等于

$$p\left\{ C_{puh} \leqslant \hat{C}_{puh} \times \sqrt{\frac{\chi_{\frac{\alpha}{2}}^2(n-1)}{n-1}} + \frac{Z_{\frac{\alpha}{2}}}{3\sqrt{n}} \right\} \geqslant 1 - \alpha \quad (9-27)$$

因此，指数 $C_{puh}100 \times (1-\alpha)\%$ 的置信上限 $UC_{puh}$ 为：

$$UC_{puh} = \hat{C}_{puh} \times \sqrt{\frac{\chi_{\frac{\alpha}{2}}^2(n-1)}{n-1}} + \frac{Z_{\frac{\alpha}{2}}}{3\sqrt{n}} \quad (9-28)$$

利用相同的方式，可导出指数 $C_{plh}100 \times (1-\alpha)\%$ 的置信上限 $UC_{plh}$ 为：

$$UC_{plh} = \hat{C}_{plh} \times \sqrt{\frac{\chi_{\frac{\alpha}{2}}^2(n-1)}{n-1}} + \frac{Z_{\frac{\alpha}{2}}}{3\sqrt{n}} \quad (9-29)$$

# 第三节　过程能力指数与六西格玛

事实上，当质量特性属望目型质量特性时，过程目标值 $T$ 是一个可达到且实际存在的值。当质量特性属望小型质量特性时，过程目标值 $T = 0$。而当质量特性属望大型质量特性时，过程目标值 $T = 2LSL$（Chen et al.，2017a）。假设 $X_h$ 表示一个与生产过程相关的重要质量特性 $h$，且遵循正态分布，即 $X_h \sim N$（$\mu_h$，$\sigma_h^2$）。为了方便且有效地评估及管理望大型、望小型与望目型质量特性的过程质量，利用变量变换方式（Change of Variables Technique）将规格上界限值与规格下界限值分别转换为 1 和 −1。令 $Y_h = (X_h - T)/d$，则正态分布 $Y_h \sim N(\delta_h，\gamma_h^2)$ 具有过程均值 $\delta_h = (\mu_h - T)/d$ 和过程方差 $\gamma_h^2 = \sigma_h^2/d$。当质量特性 $X_h$ 为望目型时，即过程规格为 $LSL \leq X_h \leq USL$ 且过程目标值 $T$ 是一个可达到且存在的实际值，因此 $d = (USL - LSL)/2$。显然，对望目型的质量特性 $X_h$ 而言，$Y_h = X_h - T/d$ 且过程规格会被转换为 $-1 \leq Y_h \leq 1$。当质量特性 $X_h$ 为望小型时，即过程规格为 $0 < X_h \leq USL$ 且过程目标值 $T = 0$，因此，$d = USL - T = USL$。显然，对望小型质量特性 $X_h$ 而言，$Y_h = X_h/USL$ 且 $0 < Y_h \leq 1$。当质量特性 $X_h$ 为望大型时，即过程规格为 $X_h \geq LSL$ 且 $T = 2LSL$，因此，$d = T - LSL = LSL$。显然，对望大型质量特性 $X_h$ 而言，$Y_h = (X_h/LSL) - 2$ 且 $-1 \leq Y_h < 0$。综合上述，对望目型、望小型与望大型质量特性 $X_h$ 而言，变量变换后的 $Y_h$ 可表示如下：

$$Y_h = \begin{cases} \dfrac{X_h - T}{d}, & \text{望目型} \\[2mm] \dfrac{X_h}{USL}, & \text{望小型} \\[2mm] \dfrac{X_h}{LSL} - 2, & \text{望大型} \end{cases} \qquad (9-30)$$

根据统计学的定义，六西格玛水平指的是过程从规格上界限（下界限）到过程目标值 $T$ 的距离有 6 个西格玛，也就是说对望目型质量特性而言，规格上界限至规格下界限之间共有 12 个西格玛，即 $d = \pm 6\sigma$。而望小型质量特性只需考虑过程分布右偏的情况，望大型质量特性只需考虑过程分布左偏的情况，即 $d = 6\sigma$（见图 9 – 1）。

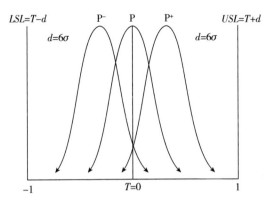

**图 9 – 1  六西格玛水平与过程能力的说明**

显然，当过程均值 $\mu$ 与目标 $T$ 零偏移，即 $\delta_h = 0$ 和 $\gamma_h = 1/6$，则质量特性 $h$ 的过程能力指数 $C_{pm}$、$C_{pu}$ 和 $C_{pl}$ 与六西格玛之间的相应值可以重写为：

$$C_{puh} = \frac{USL - \mu}{3\sigma} = \frac{1 - \delta_h}{3\gamma_h} = 2$$

$$C_{plh} = \frac{\mu - LSL}{3\sigma} = \frac{1 + \delta_h}{3\gamma_h} = 2$$

$$C_{pmh} = \frac{d}{3\sqrt{\sigma^2 + (\mu - T)^2}} = \frac{1}{3\sqrt{\delta_h^2 + \gamma_h^2}} = 2$$

表 9 – 2 显示了在 $3\sigma \sim 6\sigma$ 下 $C_{pm}$、$C_{pu}$ 和 $C_{pl}$ 的相应值。

**表 9 – 2  不同质量水平的 $C_{pm}$、$C_{pu}$ 和 $C_{pl}$ 值**

| 质量水平 | $C_{puh}$ | $C_{plh}$ | $C_{pmh}$ |
|---|---|---|---|
| $3\sigma$ | 1.00 | 1.00 | 1.00 |
| $4\sigma$ | 1.33 | 1.33 | 1.33 |
| $5\sigma$ | 1.67 | 1.67 | 1.67 |
| $6\sigma$ | 2.00 | 2.00 | 2.00 |

# 第四节　欧氏距离度量在多质量特性分析图的应用与实施步骤

### 一、基于过程能力指数 $UC_{pmh}$、$UC_{puh}$ 和 $UC_{plh}$ 的多质量特性分析图

一个产品经过研发设计、制程规划与生产制造后，通常会具有多个重要的质量特性（称为多质量特性产品），并可能同时包含单侧规格（望小型和望大型）及双侧规格（望目型）。而这些质量特性的质量水平必须全部符合顾客所要求的标准，该产品才能被视为一个良好产品（Hsu et al.，2016）。为了衡量产品多质量特性问题，Singhal（1990）结合过程能力指数 $C_{pu}$、$C_{pl}$ 和 $C_{pk}$ 构建一个多质量特性分析图（QCAC）。通过多质量特性分析图将过程数据的分析结果以可视化方式展现。由于多质量特性分析图的易于使用和理解，各种混合着不同过程能力指数的多质量特性分析图不断地被提出，可见 Chen et al.（2017b）的文章有一个非常完整与系统性的梳理。

为了使多质量特性分析图更广泛地被运用，本节结合 $UC_{pu}$，$UC_{pl}$ 和 $UC_{pm}$ 以及六西格玛的概念，发展一个新的多质量特性分析图（见图 9 - 2），用以协助企业评估供应商的质量水平，降低估计过程参数 $\mu$ 和 $\sigma$ 时，可能造成的抽样误差，而产生误判真实的质量水平问题。从图 9 - 2 可知，指数 $UC_{puh}$ 的值为落在 X 轴上的点，其中 $(X, Y) = (UC_{puh}, 0)$，可用来评估望小型质量特性的质量水平。指数 $UC_{plh}$ 的值为落在 Y 轴上的点，其中 $(X, Y) = (0, UC_{plh})$，可用来评估望大型质量特性的质量水平。而指数 $UC_{pmh}$ 的值为落在 X 轴与 Y 轴上的交点，其中 $(X, Y) = UC_{pmh}$，可用来评估望目型质量特性的质量水平。另外，从图 9 - 2 可看出，假设最大可接受的质量水平为六个西格玛，最小可接受的质量水平为三个西格

玛，则合格的望小型和望大型质量特性的评估值必须分别落在 X 轴和 Y 轴上的实线上，而合格的望目型质量特性的评估值则必须落在灰色区块内。当产品质量特性的评估值落在 X 轴和 Y 轴虚线或合格区（灰色区块）外时，表示应当拒绝该供应商的产品。此外，所发展的多质量特性分析图，也有助于供应商了解自身产品的质量问题，进而加以改进和提升其质量水平。

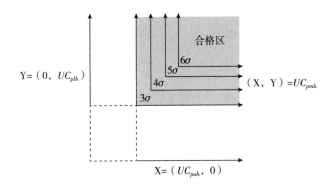

图 9-2　基于 $UC_{pmh}$、$UC_{puh}$ 和 $UC_{plh}$ 的多质量特性分析

## 二、欧氏距离度量

图 9-3 简单说明了所提出的方法概念。所有供应商（卖方）先经由多质量特性分析图筛选后，若当有两个或两个以上供应商都是合格的时候，则进一步利用欧氏距离度量进行优劣排序。也就是将所有合格供应商的产品的所有质量特性与企业（买方）要求最大质量水平和最小质量水平的接近程度进行比较，并按最佳和最差的性能分组。假如有一位供应商的产品的所有质量特性最接近企业（买方）要求的最大质量水平，而同时又远离最小质量水平，则该供应商是所有供应商中最好的供应商。换言之，被选择出的最佳供应商是相对其他供应商来说，较能满足买方所要求的质量水平。

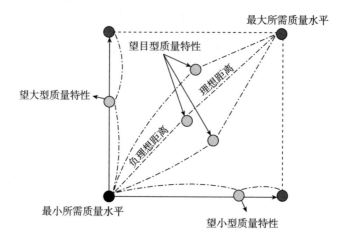

**图9-3 欧氏距离度量在多质量特性分析图的应用**

### 三、欧氏距离度量在多质量特性分析图的实施步骤

根据买方规定的质量水平，使用多质量特性分析图评估所有供应商产品的质量水平，并选择合格的候选供应商进行更进一步的评选。所提方法的实施步骤共分为6个步骤如下：

步骤1：构建多质量特性分析图。买方根据制造需求或客户提出的要求，确定最大和最低需求的质量水平，然后构建多质量特性分析图。

步骤2：计算 $UC_{pmh}$、$UC_{puh}$ 和 $UC_{plh}$ 的值。为了计算 $UC_{pmh}$、$UC_{puh}$ 和 $UC_{plh}$ 的值，必须先确定评选供应商的数量、样本数 $n$、质量特征 $h$、显著水平 $\alpha$，以及每个质量特性的上下规格界限。

步骤3：标记 $UC_{pmh}$、$UC_{puh}$ 和 $UC_{plh}$ 值并删除不合格的供应商。在多质量特性分析图标记每个供应商的 $UC_{pmh}$、$UC_{puh}$ 和 $UC_{plh}$ 值。如果产品单侧规格望小型或望大型质量特性不在 X 轴和 Y 轴的实线上，或者双侧规格望目型质量特性不在合格区内，则应拒绝该供应商。

步骤4：计算所有合格的供应商与最大和最低需求质量水平的分离度量 $(\Omega^+, \Omega^-)$，分离度量 $(\Omega^+, \Omega^-)$ 的计算公式为：

$$\Omega^+ = \left\{ \sum_{j=1}^{e} (v_i - \omega_j)^2 \right\}^{1/2}, i = 1, 2, \cdots, g \tag{9-31}$$

$$\Omega^- = \left\{ \sum_{j=1}^{e} (v_i - \psi_j)^2 \right\}^{1/2}, i = 1, 2, \cdots, g \tag{9-32}$$

其中，从 $\Omega^+$ 计算 $\omega$ 与 $v$ 的分离测度、$\Omega^-$ 计算 $\psi$ 与 $v$ 的分离测度、$\omega$ 是最大需求质量水平、$\psi$ 是最小需求质量水平、$v_i$ 是所有合格的供应商的每个质量特性的 $UC_{pmh}$、$UC_{puh}$ 和 $UC_{plh}$ 值。

步骤5：计算所有合格的供应商的判定系数 $\lambda$ 值。判定系数 $\lambda$ 值表示所有合格的供应商与最大需求质量水平的距离，以及与最小需求质量水平的距离。所有合格的供应商的 $\lambda$ 值计算公式为：

$$\lambda = \frac{\Omega^+}{\Omega^+ + \Omega^-} \tag{9-33}$$

步骤6：按优先级排序。根据 $\lambda$ 值，按升序对所有合格供应商进行优劣排序，较小的 $\lambda$ 值表示选择供应商的优先级更高。

# 第五节　应用实例——联轴器

## 一、联轴器供应商的评选

F公司是一家专门生产绞肉机的公司，为了确保操作员的安全并保持生产率，绞肉机所用的联轴器不允许在运行过程中断开连接，以避免绞肉机联轴器在超过给定扭矩极限的情况下打滑或断开，这意味着高质量的联轴器对于F公司非常重要。此外，为了供应链的可持续发展，F公司的管理层希望采购部门在选择联轴器供应商时，考虑供应商的生产成本。绞肉机联轴器有三个望目型质量特性（两孔直径，两孔距离以及内径）和一个望小型质量特性（表面粗糙度），具体质量特性如表9-3所示。

表 9 - 3 联轴器质量特性和规格

| 代码 | 质量特性 | 类型 | USL | LSL | T | d |
|------|----------|------|-------|-------|--------|------|
| Q1 | 两孔直径 | 望目 | 47.55 | 47.45 | 47.5 | 0.05 |
| Q2 | 两孔距离 | 望目 | 33.69 | 33.49 | 33.59 | 0.1 |
| Q3 | 内径 | 望目 | 35.035 | 35.015 | 35.025 | 0.01 |
| Q4 | 表面粗糙度 | 望小 | 0.8 | | | |

注：USL 为规格上界限；LSL 为规格下界限；T 为目标值；d 为公差。

下文概述了所提出的方法的实施步骤：

步骤 1：F 公司根据客户的需求确定了最大需求质量水平为 $6\sigma$，和最小需求质量水平为 $4\sigma$。因此可构建一个多质量特性分析图，图 9 - 4 给出了一个示例。

步骤 2：确定四位供应商进行评选，并编码为供应商 1 - 供应商 4。联轴器的质量特性包括 3 个望目型质量特性和 1 个望小型质量特性，即 $h = 7$。此外，F 公司给定 $\alpha = 0.05$ 以及确定每个质量特性的规格上界限和下界限，并指派了 5 名工作人员从 4 位供应商采集样本数据，总计抽得 300 笔样本数据，因此可得 $n = 300$。接着，计算 4 位供应商产品质量特性的 $\delta_h$、$\gamma_h$、$UC_{pmh}$ 和 $UC_{puh}$ 的值，结果如表 9 - 4 至表 9 - 7 所示。

表 9 - 4 供应商 1 的 $UC_{pmh}$ 和 $UC_{puh}$ 值

| 代码 | 质量特性 | $\delta_h$ | $\gamma_h$ | $UC_{pmh}$ | $UC_{puh}$ |
|------|----------|------------|------------|------------|------------|
| Q1 | 两孔直径 | - 0.636 | 0.586 | 1.534 | |
| Q2 | 两孔距离 | 0.16 | 0.462 | 1.432 | |
| Q3 | 内径 | 0.66 | 0.52 | 1.679 | |
| Q4 | 表面粗糙度 | 0.9116 | 0.027 | | 1.708 |

表 9 - 5 供应商 2 的 $UC_{pmh}$ 和 $UC_{puh}$ 值

| 代码 | 质量特性 | $\delta_h$ | $\gamma_h$ | $UC_{pmh}$ | $UC_{puh}$ |
|------|----------|------------|------------|------------|------------|
| Q1 | 两孔直径 | - 0.296 | 0.364 | 1.814 | |
| Q2 | 两孔距离 | 0.328 | 0.37 | 1.825 | |
| Q3 | 内径 | - 0.69 | 0.61 | 1.526 | |
| Q4 | 表面粗糙度 | 0.9729 | 0.0098 | | 1.53 |

表 9 – 6　供应商 3 的 $UC_{pmh}$ 和 $UC_{puh}$ 值

| 代码 | 质量特性 | $\delta_h$ | $\gamma_h$ | $UC_{pmh}$ | $UC_{puh}$ |
|------|----------|------------|------------|------------|------------|
| Q1 | 两孔直径 | 0.222 | 0.474 | 1.457 | |
| Q2 | 两孔距离 | 0.034 | 0.352 | 1.588 | |
| Q3 | 内径 | 0.99 | 1.15 | 1.15 | |
| Q4 | 表面粗糙度 | 0.929 | 0.021 | | 1.749 |

表 9 – 7　供应商 4 的 $UC_{pmh}$ 和 $UC_{puh}$ 值

| 代码 | 质量特性 | $\delta_h$ | $\gamma_h$ | $UC_{pmh}$ | $UC_{puh}$ |
|------|----------|------------|------------|------------|------------|
| Q1 | 两孔直径 | − 0.248 | 0.324 | 1.92 | |
| Q2 | 两孔距离 | − 0.758 | 0.508 | 1.777 | |
| Q3 | 内径 | 0.81 | 0.64 | 1.548 | |
| Q4 | 表面粗糙度 | 0.9619 | 0.0151 | | 1.436 |

表 9 – 8　$\Omega^+$，$\Omega^-$，$\lambda$ 的值和排序结果

| 供应商 | $\Omega^+$ | $\Omega^-$ | $\lambda$ | 排序 |
|--------|------------|------------|-----------|------|
| 供应商 1 | 0.8533 | 0.5628 | 0.6026 | 3 |
| 供应商 2 | 0.7147 | 0.7468 | 0.4890 | 1 |
| 供应商 4 | 0.7606 | 0.7789 | 0.4941 | 2 |

步骤 3：从图 9 – 4 至图 9 – 7 可看出要排除供应商 3，因为供应商 3 的内径（Q3）落在不合格区，剩余三位供应商（供应商 1、供应商 2 和供应商 4）的所有质量特性都落于合格区内，表示这三位供应商可进行下一步骤。

步骤 4：表 9 – 8 列出了剩余三位供应商的分离度量（$\Omega^+$，$\Omega^-$）结果。

步骤 5：表 9 – 8 列出了剩余三位供应商的 $\lambda$ 值。

步骤 6：根据 $\lambda$ 值对剩余三位供应商进行优劣排序，可得：供应商 2（0.489）＜供应商 4（0.4941）＜供应商 1（0.626）。因此，供应商 2 是 F 公司的最佳人选。

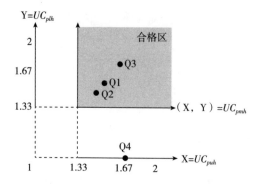

图 9 - 4　供应商 1 的多质量特性分析

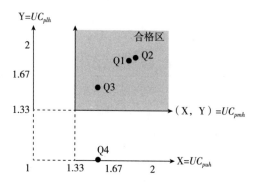

图 9 - 5　供应商 2 的多质量特性分析

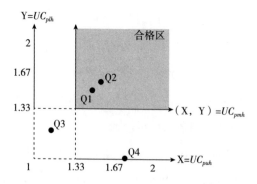

图 9 - 6　供应商 3 的多质量特性分析

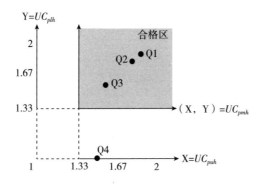

图9-7　供应商4的多质量特性分析

## 二、所提方法的效率

本章所提方法是为了促进买卖双方之间的伙伴关系的形成。如图9-5所示，供应商3因为联轴器的内径质量不良而被剔除，而该结果表明供应商3应更加严格地控制内径过程的准确性和精确度，以提高生产质量。这些改进也适用于其他后来落选的两位合格的供应商（供应商1和供应商4）。总之，本章提出的方法是一种可检验供应商产品质量特性的质量水平，并对质量水平的高低进行优劣排序的便捷方法。

此外，表9-9模拟了质量特性数量和供应商数量对所提方法的计算时间的影响（注：根据一致性原则，在每个模拟方案中都删除了一位供应商），该模拟仅针对计算步骤2、步骤4和步骤5，因为这些步骤非常耗时并且极易出错。如表9-9所示，供应商的数量对步骤2的计算时间，与步骤4和步骤5相比影响更大，而质量特性的数量不影响步骤5的计算。因此，供应商的数量可能会对计算时间和企业资源的使用产生重大影响。此外，多质量特性分析图是可过滤掉不合格的候选供应商，以降低计算复杂性的强大工具。这些比较结果是在 Microsoft Excel 上花费不到5分钟的时间计算而得，计算机配置为8.00GB RAM，Core i5 - 2520M – 2.50GHz 处理器。

表 9 – 9　不同配置的计算时间比较

| 配置 | 供应商数量 | 质量特性数量 | 计算时间（分钟） | | | |
|---|---|---|---|---|---|---|
| | | | 步骤 2 | 步骤 4 | 步骤 5 | 总计 |
| 1 | 4 | 4 | 3.584 | 1.008 | 0.362 | 4.954 |
| 2 | 5 | 3 | 4.266 | 1.182 | 0.389 | 5.837 |
| 3 | 5 | 4 | 4.608 | 1.454 | 0.389 | 6.451 |
| 4 | 5 | 5 | 5.052 | 1.757 | 0.389 | 7.198 |
| 5 | 8 | 8 | 7.286 | 4.681 | 0.411 | 12.378 |

### 三、所提方法的有效性

本节主要是比较所提方法与过去过程能力指数和多准则决策方法的优势，进行了与所提方法的比较。通过在 ISI Web of Knowledge 数据库中使用关键词"供应商选择"和"过程能力指数"进行系统搜索，收集了 2014~2018 年发表的高被引论文。这些论文出现在知名的制造、生产和运营管理的学术刊物上，例如：European Journal of Operational Research（EJOR），The International Journal of Production Research（IJPR），The International Journal of Production Economics（IJPE）和 Omega。表 9 – 10 列出了这些研究与所提方法之间的异同。

Liu et al. （2014） 和 Wu et al. （2015） 使用过程能力指数和变量检查开发了一种新的抽样方案，该方案既满足供应商也满足客户的质量要求。在这些方法，供应商可以减少检查产品的数量，从而降低成本。但是，该方法没有考虑六西格玛的概念。相反，Yu and Chen （2016） 考虑了六西格玛的概念，提出综合多质量特性分析图，但却没有考虑置信上限（抽样误差）的问题。此外，这些方法都无法对供应商进行优劣排序或确定最佳供应商。Ouyang et al. （2014） 的方法满足了供应商选择和买方对质量的要求，但却忽略了抽样误差以及供应商数量对分析结果造成的问题。

所有多准则决策方法都可以用于根据生产成本对供应商进行排名，并可以使用六西格玛的概念来选择最佳供应商。但是，这些多准则决策方法无法同时确定两种或多种不同类型产品的质量特性是否满足六西格玛，也无法识别所有质量特性中的缺陷是因为准确性和/或精确度不良。

综上所述，与现有的过程能力指数和多准则决策方法相比，所提方法具有卓越性，并且有以下优点：

第一，所提方法排除了所有无法满足买方质量要求的供应商。如表9－9所示，供应商的数量对于数值计算时间有显著影响。这意味着减少供应商数量可提高计算效率，减少资源消耗，甚至简化决策问题，从而降低决策风险并降低成本，提高决策准确性。

第二，所提方法可以防止过程能力指数中的抽样误差和点估计问题，从而可能导致对供应商的生产能力做出错误的判断和决策，进而导致公司损失。

第三，所提方法既考虑了供应商的生产成本，又考虑了买方对质量的要求，促进双方建立长期的合作关系，创造了双赢的局面。

第四，所提方法考虑了六西格玛的概念，协助供应商提高产品质量水平，提高产量和生产能力，又满足客户对产品的质量要求，进而帮助供应商和客户提高竞争力。

第五，所提方法提供了一种可靠且易于使用的工具，通过该工具可以识别质量缺陷的根本原因，从而促进供应商在制造方面的改进。

第六，所提方法帮助买方了解候选供应商的相对优势和劣势，然后根据质量绩效的表现从最优到最差进行排序。

表9－10　所提方法的优劣势比较

| 方向 | 方法 | 作者 | 减少评估数量 | 考虑抽样误差 | 考虑生产成本 | 考虑六西格玛 | 衡量质量水平 | 辨认缺陷原因 | 排序 |
|---|---|---|---|---|---|---|---|---|---|
| 过程能力指数 | RSP + $S_{pk}$ | Liu et al. (2014) | No | No | Yes | No | Yes | No | No |
| | QCAC – Entropy – TOPSIS | Ouyang et al. (2014) | No | No | Yes | Yes | Yes | Yes | Yes |
| | RGS + $C_{pmk}$ | Wu et al. (2015) | No | No | Yes | No | Yes | No | No |
| | IQTC | Yu and Chen (2016) | No | No | No | Yes | Yes | Yes | No |

| 方向 | 方法 | 作者 | 减少评估数量 | 考虑抽样误差 | 考虑生产成本 | 考虑六西格玛 | 衡量质量水平 | 辨认缺陷原因 | 排序 |
|------|------|------|------|------|------|------|------|------|------|
| 多准则决策 | Green DEA | Kumar et al.（2014） | No | No | Yes | Yes | No | No | Yes |
| | Fuzzy TOPSIS | Kannan et al.（2014） | No | No | Yes | Yes | No | No | Yes |
| | Grey + ANP | Hashemi et al.（2015） | No | No | Yes | Yes | No | No | Yes |
| | Grey + ELECTRE + VIKOR | Chithambaranathan et al.（2015） | No | No | Yes | Yes | No | No | Yes |
| | DANP + Modified COPRAS – G | Liou et al.（2016） | No | No | Yes | Yes | No | No | Yes |
| | Simos procedure + PROMETHEE | Govindan et al.（2017b） | No | No | Yes | Yes | No | No | Yes |
| | TODIM + interval type – 2 fuzzy sets | Qin et al.（2017） | No | No | Yes | Yes | No | No | Yes |
| | Fuzzy AHP – VIKOR | Awasthi et al.（2018） | No | No | Yes | Yes | No | No | Yes |
| | 所提方法 | | Yes | Yes | Yes | Yes | Yes | Yes | Yes |

注：RSP 为再提交抽样计划（Resubmitted Sampling Plan）；QCAC 为质量特性分析图（Quality Characteristic Analysis Chart）；RGS 为重复分组抽样（Repetitive Group Sampling）；IQTC 为聚合质量测试图（Integrated Quality Test Chart）；ANP 为网络分析法（Analytic Network Process）；ELECTRE 为消去与选择转换法（Elimination and Choice Expressing the Reality）；VIKOR 为多准则优化和折表解决方法（Vlsekriterijumska Optimizacija Ikompromisno Resenje）；DANP 为基于决策与实验室方法的网络分析法（DEMATEL – based ANP）；DEMATEL 为决策与实验室方法（Decision Making Trial and Evaluation Laboratory Model）；COPRAS – G 为具有灰色关联复杂比例评估方法（Complex Proportional Assessment of Alternatives with Grey Relations）；PROMETHEE 为偏好顺序结构评估法（Preference Ranking Organisation Method for Enrichment Evaluations）；TODIM 为交互式多准则决策（Tomada de Decisao Interativa Emulti – critévio）。

# 第六节　本章小结

买方和供应商（卖方）之间的伙伴关系好坏对于企业的竞争力和盈利能力

的影响变得越来越大。本章提出一个新的多质量特性分析图，并将欧式距离度量应用于多质量特性分析图。首先，使用过程能力指数 $C_{pmh}$、$C_{puh}$ 和 $C_{plh}$ 的 $100 \times (1 - \alpha)\%$ 置信上限评估供应商产品的质量水平，并先筛选出未达到预设质量水平的供应商。这可以帮助企业管理人员简化和阐明供应商选择的问题，从而提高决策的准确性和速度。此外，从区间估计理论的角度来看，置信上限方法可以帮助降低供应商的生产成本，本章所提的方法的分析结果还可以用于指导供应商进行弥补质量缺陷的工作要点，其中许多缺陷可归因于较差的精准度和/或精确度。这样有助于促进买方和供应商之间建立长期的合作关系。其次，进一步利用欧式距离度量，根据质量水平的高低对供应商进行排序，借此找出最佳和最差的供应商。这样可以帮助买方决定是与供应商建立合作关系还是让供应商改善质量，从而提高最终产品的质量和可靠性。总之，所提方法是可靠的，易于使用的并且较为优化，该方法甚至可以帮助供应商找出导致产品质量不符合要求的根本原因。更重要的是，该方法还可帮助买方了解不同供应商的相对优势和劣势。再次，以联轴器供应商的评选过程作为说明所提方法的实施步骤。结果如表 9 - 8 所示，从质量绩效来说，供应商 2（$\lambda = 0.4890$）是最佳选择。所提方法还确定了其他候选供应商的质量问题，并提出了需要改进的地方。最后，表 9 - 10 进行了比较所提方法与现有几种方法的优劣分析。

# 第十章  改进的多质量特性分析图
# 在绿色制造的应用

为了解决工业快速发展带来资源过度消耗和日益严重的环境问题，全球政府开始推动一系列有关绿色制造（Green Manufacturing, GM）的政策，借此促进生产与环境兼容。一个高质量的产品不仅可以缩短生产制造中断和启动的时间，而且可减少废料和不良品。然而，当产品质量到达某一个水平时（如六西格玛），就很难获得更大的经济和环境效益。显然，过犹不及的质量都会对企业、社会和环境带来深远的影响。因此，本章提出一个绿色多质量特性分析图，其是通过联合监控过程均值 $\mu$ 和过程标准差 $\sigma$ 的变化，来改善不符合质量标准的质量特性并进行优化，以确保企业能以最少的资源投入达到指定的质量标准。此外，还提供了一个质量优化的指南，以保证质量改进的成功。所提方法不仅能识别影响生产质量的原因，还能避免企业资源的过度消耗，减少生产污染，实现转绿色制造的目标。本章第一节说明了过程能力指数在绿色制造的应用问题。第二节说明了如何利用过程能力指数 $C_{pm}$ 构建一个基于绿色制造的绿色多质量特性分析图以及实施步骤。第三节以转向节销制造商作为所提方法的应用案例。第四节为本章小结。

# 第一节　过程能力指数与绿色制造

　　绿色制造已成为现代制造企业竞争的利基之一。绿色制造不仅能有效地降低生产和消费对环境的影响，并且可以妥善管理企业与供应商之间的关系，同时实现一个理想的生产经济（Zhou et al.，2013）。当前，世界上已有许多国家将绿色制造作为国家发展永续性及绿色经济的目标，例如：德国的"工业4.0（Industry 4.0）"、英国的"未来制造业（Future Manufacturing）"、日本的"绿色发展策略总体规划（The General Plan of Green Development Strategy）"以及印度的"国家气候变化行动计划（National Action Plan on Climate Change）"（Ke and Lin，2016；Gandhi et al.，2018；Zhang et al.，2019）。这些规划（计划）都建议当前的制造业要加强改善现有产品的生产模式和生态性能，借此减少不良品和废料生成，重建完整的可持续工业体系，使产品在整个生命周期中，对环境影响最小，资源效率利用最高。

　　产品的制造与生产是一种投入与产出的转换，其是将各种原物料、工艺技术、能源等转化成为一个成品或者半成品。当产品在生产过程中出现质量问题时，就会造成产线停工以及废料和不良品的增多，并对环境造成污染。此外，制造商还必须对这些废料进行处理、贮存或弃置，进而增加营运成本。过去许多研究都已证实，产品质量的提高可以为企业和社会带来诸多好处，例如，降低成本和损失（Tiwari et al.，2018）、降低缺陷率（Yang et al.，2019a）、资源低效消耗（Yang and Chen，2019）以及减少废料（Chen et al.，2019）。在制造业中，过程参数（过程均值 $\mu$ 和过程标准差 $\sigma$）经常被用来作为量化过程性能和提高过程质量的指标。在过程改进工作中，过程必须处于受控状态，即过程均值 $\mu$ 接近过程目标值 $T$ 且变化较小。然而，仅用 $\mu$ 和 $\sigma$ 来监控生产和控制是不够的。为了满足客户对质量的等级和规范要求，过程能力指数（PCI）被认为是一种实用的测量工具。过程能力指数可以同时监测规格界限（规格上界限和规格下界限）、过程均值 $\mu$ 和过程标准差 $\sigma$，并能为生产厂家和顾客提供充分、有用的信息，以判断产品质量是否符合规定的公差范围。此外，过程能力指数值越小表示较低的过程产量和较差的产品质量（Wu et al.，2009；Hsu et al.，2016）。因此，质量管理者只需追踪和提高过程能力指数值，就可减少产品的缺陷、浪费、返工和运营成本等，并可确保为客户提供稳定和高质量的产品（Balamurali and Usha，2017）。近年来，一些研究人员已经提出了大量关于过程能力指数的研究，例如：Weusten and Tummers，2017；Wu et al.，2017；Lee et al.，2018；Otsuka and Nagata，2018；Ganji and Gildeh，2019；Koukouvinos and Lappa，2019。

原来单一过程能力指数用于描述产品的质量是非常有用的，因为在质量测试中通常只检查一个质量特性。然而，随着工业技术的发展，产品的结构和功能变得越来越复杂，一个产品通常不止有一个质量特性，因此，使用单一过程能力指数已无法满足现代制造业的需求。此外，制造商也面临了解释每个质量特性中导致质量差的主要原因。为此，过去已经开发了多质量特性分析图（QCAC）用于评估多质量特性产品的质量水平（Ouyang et al，2014；Wu et al，2019）。虽然多质量特性分析图有助于测量多质量特性产品的性能，但是只能提供产品中不合格的质量特性或质量问题的粗略描述，目前尚不清楚如何使过程均值 $\mu$ 更接近过程目标值 $T$ 或者减少过程标准差 $\sigma$，或者通过两者优化来加强和提高产品的质量水平。此外，对于某些制造商来说，可能很难解释多质量特性分析图中过程能力指数值对改进的实际意义。另外，虽然产品质量的提升有助于企业降低生产成本和营运成本，但是企业首先必须投入大量的资源和人力，进行更换设备或者人员培训等工作，而且当产品质量改善或提升到某个程度时，对于质量良率的提高并不会有太显著的成果（Yang et al.，2019a），也不符合经济效益和环境效益。因此，如何以绿色制造为核心的产品质量优化是制造业面临的重要问题。本章的目的是开发一个基于绿色制造的绿色多质量特性分析图，以准确地评估产品的质量性能是否符合顾客或制造商指定的质量水平，而且可以很好地了解过程均值 $\mu$ 和过程标准差 $\sigma$ 之间的权衡和优化问题，从而获得满意的折衷解和产品质量。本章还提供了不合格质量特性的改进指南，以防止过度的资源消耗和大量废弃物的产生，确保绿色制造的成功实现。

# 第二节　基于绿色制造的绿色多质量特性分析图

### 一、基于六西格玛的多质量特性分析图

如前所述，多质量特性分析图是一个易于使用的工具。多质量特性分析图可将过程数据映射到图形空间，以便进行产品质量的分析结果的可视化，借此帮助质量管理者快速地检验零件或产品的性能是否符合客户或制造商规定的质量水平。下文将说明如何基于六西格玛的概念构建多质量特性分析图以及在质量控制和保证中应用所提方法。

根据统计学的定义，六西格玛水平指过程从规格上界限或下界限到过程目标值 $T$ 的距离有 6 个西格玛，也就是说对望目型质量特性而言，规格上界限至规格下界限之间共有 12 个西格玛，即 $d = 6\sigma$，根据此定义，假设过程均值 $\mu$ 没有偏移目标值 $T$（即 $\mu = T$），则基于 $3\sigma$、$4\sigma$、$5\sigma$ 和 $6\sigma$ 质量水平的过程能力指数 $C_{pm}$ 的值为：

$$C_{pm} = \frac{d}{3\sqrt{\sigma^2 + (\mu - T)^2}} = \frac{k\sigma}{3\sqrt{\sigma^2}} \tag{10-1}$$

表 10-1 显示了 $3\sigma$、$4\sigma$、$5\sigma$ 和 $6\sigma$ 下的 $C_{pm}$、良率和百万分率的缺陷率（Parts Per Million，PPM）的对应值。

表 10-1　不同质量水平的过程能力指数 $C_{pm}$、良率和百万分率的缺陷率

| 质量水平 | $C_{pm}$ | 良率 | 缺陷率（PPM） |
| --- | --- | --- | --- |
| $3\sigma$ | 1 | 99.73 | 2700 |

续表

| 质量水平 | $C_{pm}$ | 良率 | 缺陷率（PPM） |
|---|---|---|---|
| $4\sigma$ | 1.333 | 99.9937 | 63 |
| $5\sigma$ | 1.667 | 99.999943 | 0.57 |
| $6\sigma$ | 2 | 99.9999998 | 0.002 |

接着，令 $C_{pm} = k$，可得：

$$C_{pm} = \frac{1}{3\sqrt{\delta^2 + \gamma^2}} = k \tag{10-2}$$

相当于

$$\gamma^2 + \delta^2 = \Psi^2 \tag{10-3}$$

其中，$\Psi = \dfrac{1}{3k}$、$k$ 表示不同的西格玛水平，$|\delta| = |\mu - T|/d$ 为精确度指数，$\gamma = \sigma/d$ 为准确度指数。

根据式（10-3），令 $k = 3\sigma$、$4\sigma$、$5\sigma$ 和 $6\sigma$，并用作验收质量标准，则可绘制一个以 $\delta$（$x$ 轴）和 $\gamma$（$y$ 轴）为坐标轴的多质量特性分析图，而点 $(\gamma, \delta)$ 位于圆上，中心位于原点 $(0, 0)$，半径为 $\Psi$，并且仅限于非负值的 $\gamma > 0$ 和 $\delta > 0$（见图 10-1）。此外，当产品质量越高，半圆越小。

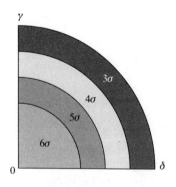

**图 10-1 多质量特性分析**

## 二、绿色多质量特性分析图

如前所述,过程能力指数 $C_{pm}$ 是精确度指数 $\delta$ 和准确度指数 $\gamma$ 的函数。当精度指数 $\delta$ 和精度指数 $\gamma$ 的值越小,越接近多质量特性分析图上的原点,意味着产品质量水平越高(Lin et al., 2018;Wu et al., 2019)。然而这样的判断方式不仅过于简单并且会让制造商投入许多的生产资源和成本,无限度地追求高质量,而这些增加的成本有时会转嫁到顾客所购买商品的价格上。另外,在追求高质量过程中的资源高投入以及生产过程中所产生的废气、废水和渣料等,也会对环境造成严重的污染。因此,一个合理且稳定的产品质量是较为合适的。

在数学上 $30°$、$60°$ 和 $90°$ 三角形的每个角度都具有非常简单的正弦、余弦和切线,非常便于计算。最重要的是,这些三角形的边长测量值始终保持一致。因此,可利用 $30°$、$60°$ 和 $90°$ 的切割方式,将多质量特性分析图形分成六个区块,并称为绿色多质量特性分析图(见图 10-2)。

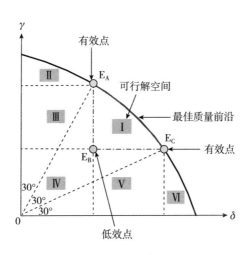

**图 10-2 绿色多质量特性分析**

在绿色多质量特性分析图中,可行解空间是由两个有效点($E_A$ 和 $E_c$)、一个低效点($E_B$)和一个最佳质量前沿(Best Quality Frontier)组成。当质量特性落在绿色多质量特性分析图的 I 区时，则视为合格；否则，应拒收产品。请注意，虽然落在区域 I 内的质量特性都是好的，但实际上，嵌套在最佳质量前沿线上的结果是最好的。然后，点 $E_A$、$E_B$ 和 $E_C$ 的计算公式如下：

$$E_i = (\delta_i, \ \gamma_i) = \begin{cases} \left( \dfrac{\Psi}{2}, \ \dfrac{\sqrt{3} \times \Psi}{2} \right), & i \in A \\[2mm] \left( \dfrac{\Psi}{2}, \ \dfrac{\Psi}{2} \right), & i \in B \\[2mm] \left( \dfrac{\sqrt{3} \times \Psi}{2}, \ \dfrac{\Psi}{2} \right), & i \in C \end{cases} \qquad (10-4)$$

假设客户指定产品质量水平为五个西格玛（即 $k = 1.667$），使用式（10-4）和已知的 $k$ 值来计算 $E_i$ 的值，其中 $i \in \{A, \ B, \ C\}$，可得：

$$E_A = (\delta_A, \ \gamma_A) = \left( \frac{1/(3 \times 1.667)}{2}, \ \frac{\sqrt{3} \times (1/(3 \times 1.667))}{2} \right) = (0.1, \ 0.1732)$$

$$E_B = (\delta_B, \ \gamma_B) = \left( \frac{1/(3 \times 1.667)}{2}, \ \frac{1/(3 \times 1.667)}{2} \right) = (0.1, \ 0.1)$$

$$E_C = (\delta_C, \ \gamma_C) = \left( \frac{\sqrt{3} \times (1/3 \times 1.667)}{2}, \ \frac{1/(3 \times 1.667)}{2} \right) = (0.1732, \ 0.1)$$

表 10-2 显示了在不同质量水平下的 $E_i$ 值，其中 $i \in \{A, \ B, \ C\}$。

表 10-2　质量水平为 $3\sigma$, $4\sigma$, $5\sigma$, $6\sigma$ 的 $E_i$ 值

| 质量水平 | $C_{pm}$ | $E_A$ | | $E_B$ | | $E_C$ | |
| --- | --- | --- | --- | --- | --- | --- | --- |
| | | $\delta_A$ | $\gamma_A$ | $\delta_B$ | $\gamma_B$ | $\delta_C$ | $\gamma_C$ |
| $3\sigma$ | 1 | 0.1667 | 0.2887 | 0.1667 | 0.1667 | 0.2887 | 0.1667 |
| $4\sigma$ | 1.333 | 0.125 | 0.2166 | 0.125 | 0.125 | 0.2166 | 0.125 |
| $5\sigma$ | 1.667 | 0.1 | 0.1732 | 0.1 | 0.1 | 0.1732 | 0.1 |
| $6\sigma$ | 2 | 0.0833 | 0.1443 | 0.0833 | 0.0833 | 0.1443 | 0.0833 |

从绿色多质量特性分析图可知，当产品质量发生异常是因为准确度指数 $\delta$ 所造成，制造商必须调整或改善过程均值 $\mu$ 与过程目标值 $T$ 的距离，也就是调整组

装的工法或者修正参数的设定，或者增加（减少）生产人员的培训次数。当产品质量发生异常是因为精确度指数 $\gamma$ 所造成，则制造商必须提高（降低）标准差 $\sigma$，也就是检查或改善测量设备或关键组件的设计，以及增加（减少）质量检验人员的检验次数。表 10-3 给出当质量特性未落在绿色多质量特性分析图 I 区的改善方向和建议，通过这些改善制造商可望达到实现绿色制造的目标。

表 10-3　实现绿色制造的改善方向和建议

| 域 | 情况 | 方向 | 建议 |
|---|---|---|---|
| I | 合格的 $\delta$ 和 $\gamma$ | 无 | 保持生产 |
| II | 差的 $\delta$ 和非常差的 $\gamma$ | 调整 $\mu$ 和减少 $\sigma$ | 检查测量仪器和减少培训的频率 |
| III | 差的 $\delta$ 和合格的 $\gamma$ | 调整 $\mu$ | 减少培训的频率 |
| IV | 过好的 $\delta$ 的 $\gamma$ | 调整 $\mu$ 和增加 $\sigma$ | 减少质量成本的投入 |
| V | 合格的 $\delta$ 差的 $\gamma$ | 增加 $\sigma$ | 减少检查的频率 |
| VI | 非常差的 $\delta$ 和差的 $\gamma$ | 调整 $\mu$ 和增加 $\sigma$ | 改进装配方法和减少检查的频率 |

### 三、绿色多质量特性分析图的实施步骤

所提方法可根据客户的质量要求对过程参数（$\mu$ 和 $\sigma$）进行监控和优化。此方法不仅提供顾客一个质量合格的产品，并可减少制造商生产资源和成本的投入，还可降低生产对环境造成的污染，进而实现绿色制造。所提的方法的实施步骤包括以下 7 个主要步骤：

步骤 1：从制造商或顾客确定所需的质量水平（即 $k$ 值），然后利用 $k$ 值建立产品质量保证的统计假设检验模型。

步骤 2：从表 10-2 确定 $E_i$ 值，其中 $i \in \{A, B, C\}$。接着，使用式（10-3）和 $E_i$ 值构建绿色多质量特性分析图。

步骤 3：确定产品各质量特性的规格上界限 $USL$、规格下界限 $LSL$、目标值 $T$ 和公差 $d$。

步骤4：计算产品各质量特性的 $\delta$、$\gamma$ 和 $C_{pm}$ 值。

步骤5：通过统计假设检验，判断各质量特性的 $C_{pm}$ 值是否满足要求的质量水平。如果所有的质量特性都是合格的，即进入下一步骤；否则，应立即停止生产并解决质量问题。

步骤6：标记每个质量特性的 $(\delta_i, \gamma_i)$ 值在绿色多质量特性分析图。

步骤7：检查产品的所有质量特性是否在绿色多质量特性分析图 I 区内，若有质量特性不在 I 区内，可以参考表 10 - 3 提高或调整产品质量水平，以实现绿色制造。

# 第三节　应用实例——转向节销

W 公司是一家自有品牌的自行车制造商，转向节销是自行车的零组件中一个非常重要的零件。转向节销有四个望目型质量特性，分别是：底部直径、底座宽度、高度和螺孔。为了迎合当前全球日趋严苛的环保法规，W 公司决定借由优化产品质量，促进生产与环境兼容，实现绿色制造。因此，采用本章所提出的方法，对转向节销四个望目型质量特性的质量水平进行了检验，分析结果如下：

步骤1：W 公司确定质量水平要达到 5 个西格玛（即 $k = 1.667$），因此转向节销四个质量特性的统计假设检验模型可以表示为：

$H_0$：$C_{pm} \geqslant 1.667$（质量特性满足规定的质量水平）

$H_1$：$C_{pm} < 1.667$（质量特性不满足规定的质量水平）

步骤2：从表 10 - 2 确定 $E_A$ = (0.1, 0.1732)、$E_B$ = (0.1, 0.1) 和 $E_C$ = (0.1732, 0.1)。接着，使用这些数值和式（10 - 3）构建绿色多质量特性分析图（见图 10 - 3）。

步骤3：表 10 - 4 给出了转向节销四个质量特性的规格上界限 $USL$、规格下界限 $LSL$、目标值 $T$ 和公差 $d$。

步骤 4：表 10 - 5 给出了产品各质量特性的 $\delta$、$\gamma$ 和 $C_{pm}$ 值。

步骤 5：从表 10 - 5 可知，转向节销四个质量特性都满足规定的质量水平，因此，将进入下一步骤的改善，借此实现绿色制造的目标。

步骤 6：图 10 - 3 显示了转向节销的绿色多质量特性分析图。

步骤 7：如图 10 - 3 所示，"底座宽（Q2）"和"螺孔（Q4）"这两个质量特性不在绿色多质量特性分析图的 I 区内，这意味着 W 公司需要改进或者调整这两个质量特性的质量水平。如表 10 - 3 和表 10 - 5 所示，质量特性"底座宽（Q2）"应减少质量管理人员检查的频率以提高过程标准差 $\sigma$，而质量特性"螺孔（Q4）"应减少对生产工人的培训频率，以调整过程均值 $\mu$。

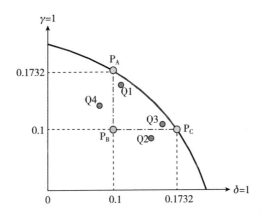

**图 10 - 3　转向节销的绿色多质量特性分析**

**表 10 - 4　转向节销四个质量特性的规格**

| 编码 | 质量特性 | 单位 | *LSL* | *USL* | *T* | *d* |
|------|----------|------|-------|-------|-----|-----|
| Q1 | 底径 | 毫米 | 31 | 31.2 | 31.1 | 0.1 |
| Q2 | 底座宽 | 毫米 | 21.95 | 22 | 21.975 | 0.025 |
| Q3 | 高度 | 毫米 | 40.3 | 40.35 | 40.325 | 0.025 |
| Q4 | 螺孔 | 毫米 | 6.75 | 6.8 | 6.775 | 0.025 |

注：*USL* 为规格上界限；*LSL* 为规格下界限；*T* 为目标值；*d* 为公差。

表 10 – 5  转向节销四个质量特性的分析结果

| 编码 | 质量特性 | $\gamma$ | $\delta$ | $C_{pm}$ |
|---|---|---|---|---|
| Q1 | 底径 | 0.1671 | 0.1023 | 1.7012 |
| Q2 | 底座宽 | 0.0985 | 0.1537 | 1.8259 |
| Q3 | 高度 | 0.1038 | 0.1635 | 1.7212 |
| Q4 | 螺孔 | 0.1412 | 0.0999 | 1.9231 |

# 第四节　本章小结

在实践中，顾客希望制造商所提供的产品质量能越高越好。然而高质量的产品往往会增加制造商的生产成本和管理费用，因为制造商为了维持或达成某个质量水平，必须投入大量的生产资源和成本在工艺、检验、运输、返工等过程上，并花费一些必要的质量成本。有时候这些额外增加的成本会转嫁到顾客所购买商品的销售价格上，进而增加消费者的负担。此外，过高质量的产品也会造成资源浪费以及在生产过程中所产生的废气、废水和渣料等，对环境也会造成严重的污染。本章提出了一个绿色多质量特性分析图，确保制造商能生产质量稳定的产品并且实现绿色制造。此外，当产品质量水平不符合规定的标准时，一个改进指南提供了质量管理者明确的改善方向和执行重点。最后，以转向节销的生产过程进行了验证所提方法的有效性。结果表明，该方法可以通过调整过程均值 $\mu$ 或过程标准差 $\sigma$，确保高质量水平的产品，并实现降低质量成本与绿色制造的目标。

# 第十一章 结论与后续研究建议

过程能力评价、监控和分析是制造业质量控制中的一系列重要任务。但是质量管理者必须先获得足够的信息才能实施改进。许多技术和工具已经被提出用于过程能力分析，其中，过程能力指数（PCI）和多质量特性分析图（QCAC）是一种简单有效的工具，在制造业中得到了广泛的应用。许多学者也已经揭示了这两种方法能为生产制造过程的质量监控和改善带来巨大的成效。本书介绍了几种近些年的过程能力指数（PCI）和多质量特性分析图（QCAC）的发展，以及这些方法在现代企业的产品质量管理的应用。本章第一节将综合各章内容与主要发现和贡献做一归结整理，进一步引申说明在管理应用上的含义。第二节将针对后续研究的方法和内容提出几点建议。

## 第一节 结论

过程能力评价、监控和分析是制造业质量控制的一系列关键任务。质量管理人员必须获得足够的信息以实施改进。许多的质量评估工具通常用于生产过程的能力分析，而过程能力指数（Process Capability Index，PCI）被视为一种可衡量产品质量和性能的有效手段。此外，过程能力指数还可以作为一种质量管理人员和顾客的沟通媒介。通过过程能力指数的应用，过程设计人员和制造商可以迅速达成协议，从而建立一个有效的质量改进系统。过去许多专家和学者也已对过程能力指数进行了大量的研究，以提出更精确的方法来评估过程潜力和性能。

如前所述，过程能力指数是目前制造业中广泛应用的评价和分析过程质量的有力工具。过程能力指数使用过程均值 $\mu$、过程标准差 $\sigma$ 和规格上下界限的函数来测量产品质量和性能。过程中的任何偏移或变化都会立即反映在过程能力指数值上。因此，过程能力指数是一种以简便、量化的方式来评估生产过程符合产品规格界限的程度。总之，过程能力指数的功能在于衡量与改善生产过程的水平，并可监控产品的过程质量状况以及预防不良品的产出。

本书所介绍的方法不仅可让质量管理者在产品质量水平符合若干倍标准差下找出不合格质量特性，并可正确地指出改善质量特性的关键问题是由于过程偏移或（和）变异过大所造成。进一步，更可协助质量管理者在不确定性环境下，考虑改善不合格质量特性所需耗用的资源或改善后可获得的效益不同情况下，排列不合格质量特性改善的先后顺序。因此，本书所提出的方法对于过程工程师或质量管理者而言，是一套在资源有限的情况下能有效地用于检测并排列不合格质量特性改善的先后顺序，持续提升产品质量的工具。此外，本书更介绍了过程能力指数在选择材料或零组件供应商的发展和应用。本书主要贡献有几个方面：

第一，质量管理者只需将所收集到的样本观测数据做不同形式的变量变换，便可利用过程能力指数 $C_{pm}$ 来衡量望目型、望小型和望大型质量特性，避免质量管理者使用过多的过程能力指数而增加计算上的复杂性，并且可以降低计算上的错误率、减少人力以及时间。

第二，通过运用多质量特性分析图（QCAC），质量管理者可以迅速地找出望目型、望小型和望大型不合格质量特性，以及判断不合格质量特性缺失的原因是由于过程偏移或/和变异过大所造成。

第三，提供质量管理者快速地进行评估和分析单一或多质量特性产品，并在考虑不合格质量特性在各项评估准则所需耗用的资源，或改善后可获得的效益不同情况下，排列不合格质量特性改善的先后顺序。

第四，有效地解决供应商评选过程中，多个决策者的意见的认知差异、模糊语言和不确定性等问题。

第五，所提议的方法可作为企业在模糊环境中选择供应商，以及管理和控制供应商过程质量的有效工具。

第六，开发一个绿色多质量特性分析图，借由通过调整过程均值 $\mu$ 或过程标准差 $\sigma$，确保制造商能生产质量稳定的产品并且实现绿色制造。

# 第二节　后续研究建议

综合以上结论，建议未来的研究可以扩展本书所介绍的研究方法，例如：本书假定所取得的样本数据为服从正态分布或为大样本数据。然而在真实情况中，有些样本数据为非正态分布或为小样本数据。因此，在未来研究中，可探讨当样本数据为非正态分布或为小样本数据的情况。首先，本书在多质量特性分析图（QCAC）方法中，设定个别的质量特性的过程能力指数值至少为 $C_0$，且需高于总过程能力指数值 $c$。然而在实践中，顾客可能除了要求产品总过程能力需达特定水平上，还会要求每个个别质量特性需达不同的质量水平。此外，若不合格质量特性是由于精确度问题所造成（也就是过程变异），制造商需更换机器设备才可有效改善，相较于改善准确度仅需加强人员训练，两者所需投入的成本及各项资源是有所差异的。因此，后续研究可考虑个别质量特性有不同的质量水平要求以及准确度和精确度不同权重的情况。其次，模糊逼近理想解排序法（fuzzy TOPSIS）是利用转换尺度（Conversion Scale）将决策者语言变数转换为三角模糊数，后续研究可运用不同模糊数，例如：梯形模糊数、直觉模糊数、区间值模糊数或区间直觉模糊数等，来修正模糊逼近理想解排序法。再次，在选择供应商时也可以考虑更多的评估准则，例如：交货时间、绿色程度，以便确定最能维护供应链完整性的供应商。最后，为了进一步评估及推展本书的方法的适用性，读者也可将这些方法应用于各种不同产业上，例如：食品、电子或金属制造业等，以测试本书提出的方法是否能广泛地应用在各行各业上。

# 参考文献

［1］Aalami, H. A., Moghaddam, M. P. and Yousefi, G. R. Modeling and Prioritizing Demand Response Programs in Power Markets ［J］. Electric Power Systems Research, 2010, 80（4）: 426 – 435.

［2］Akman, G. Evaluating Suppliers to Include Green Supplier Development Programs Via Fuzzy C – means and VIKOR Methods ［J］. Computers & Industrial Engineering, 2015（86）: 69 – 82.

［3］Alevizakos, V., Koukouvinos, C. and Lappa, A. Comparative Study of the $C_p$ and $S_{pmk}$ Indices for Logistic Regression Profile Using Different Link Functions ［J］. Quality Engineering, 2018, 31（3）: 453 – 462.

［4］Amindoust, A., Ahmed, S. and Saghafinia, A. Supplier Selection and Order Allocation Scenarios in Supply Chain: A Review ［J］. Engineering Management Reviews, 2013, 2（3）: 75 – 80.

［5］Arabsheybani, A., Paydar, M. M. and Safaei, A. S. An Integrated Fuzzy MOORA Method and FMEA Technique for Sustainable Supplier Selection Considering Quantity Discounts and Supplier's Risk ［J］. Journal of Cleaner Production, 2018（190）: 577 – 591.

［6］Asadabadi, M. R. A Customer Based Supplier Selection Process that Combines Quality Function Deployment, The Analytic Network Process and A Markov Chain

[J]. European Journal of Operational Research, 2017 (263): 1049 – 1062.

[7] Aslam, M. Statistical Monitoring of Process Capability Index Having One Sided Specification under Repetitive Sampling Using An Exact Distribution [J]. IEEE Access, 2018 (6): 25270 – 25276.

[8] Awasthi, A., Govindan, K. and Gold, S. Multi – tier Sustainable Global Supplier Selection Using A Fuzzy AHP – VIKOR Based Approach [J]. International Journal of Production Economics, 2018 (195): 106 – 117.

[9] Azadeh, A. Kor, H. and Hatefi, S. M. A Hybrid Genetic Algorithm – TOPSIS – Computer Simulation Approach for Optimum Operator Assignment in Cellular Manufacturing Systems [J]. Journal of the Chinese Institute of Engineers, 2011, 34 (1): 57 – 74.

[10] Babbar, C. and Amin, S. H. A Multi – objective Mathematical Model Integrating Environmental Concerns for Supplier Selection and Order Allocation Based on Fuzzy QFD in Beverages Industry [J]. Expert Systems with Applications, 2016 (92): 27 – 38.

[11] Bakeshlou, E. A., Khamseh, A. A., Asl, M. A. G., Sadeghi, J. and Abbaszadeh, M. Evaluating A Green Supplier Selection Problem Using A Hybrid MODM Algorithm [J]. Journal of Intelligent Manufacturing, 2014 (28): 913 – 927.

[12] Balamurali, S. and Usha, M. Developing and Designing of An Efficient Variables Sampling System Based on the Process Capability Index [J]. Journal of Statistical Computation and Simulation, 2017, 87 (7): 1401 – 1415.

[13] Banaeian, N., Mobli, H., Fahimnia, B. and Nielsen, I. E. Omid, M. Green Supplier Selection Using Fuzzy Group Decision Making Methods: A Case Study from the Agri – food Industry [J]. Computers & Operations Research, 2018 (89): 337 – 347.

[14] Bao, Q., Ruan, D., Shen, Y., Hermans, E. and Janssens, D. Improved Hierarchical Fuzzy TOPSIS for Road Safety Performance Evaluation [J]. Knowledge –

Based Systems, 2012 (32): 84 - 90.

[15] Behzadian, M., Otaghsara, S. K., Yazdani, M. and Ignatius, J. A State - of The - art Survey of TOPSIS Applications [J]. Expert Systems with Applications, 2012, 39 (17): 13051 - 13069.

[16] Benton, W. C. Purchasing and Supply Chain Management [M]. New York: McGraw - Hill/Irwin, 2013.

[17] Bothe, D. R. A Capability Study for An Entire Product [J]. ASQC Quality Congress Transactions, 1991 (2): 72 - 178.

[18] Boyles, R. A. The Taguchi Capability Index [J]. Journal of Quality Technology, 1991, 23 (1): 17 - 26.

[19] Boyles, R. A. Process Capability with Asymmetric Tolerances [J]. Communication in Statistics: Simulation and Computation, 1994, 23 (3): 615 - 643.

[20] Cao, M. and Zhang, Q. Supply Chain Collaborative Advantage: A firm's Perspective [J]. International Journal of Production Economics, 2010, 128 (1): 358 - 367.

[21] Capaci, F., Vanhatalo, E. Kulahci, M. and Bergquist, B. The Revised Tennessee Eastman Process Simulator as Testbed for SPC and DoE Methods [J]. Quality Engineering, 2018, 31 (2): 212 - 229.

[22] Carr, A. S. and Pearson, J. N. Strategically Managed Buyer - supplier Relationships and Performance Outcomes [J]. Journal of Operations Management, 1999, 17 (5): 497 - 519.

[23] Chan, L. K., Cheng, S. W. and Spiring, F. A. A New Measure of Process Capability: $C_{pm}$ [J]. Journal of Quality Technology, 1988, 20 (3): 162 - 175.

[24] Chang, C. W. and Chen, C. C. Development of Expert Decision Model to Monitor Precision of Solar Silicon Wafer Machine Line [J]. Computers & Industrial Engineering, 2010, 59 (4): 481 - 487.

[25] Chang, J. F. and Shi, P. Using Investment Satisfaction Capability Index Based Particle Swarm Optimization to Construct a Stock Portfolio [J]. Information Sciences, 2011, 181 (14): 2989 – 2999.

[26] Chang, Y. C. Interval Estimation of Capability Index $C_{pmk}$ for Manufacturing Processes with Asymmetric Tolerances [J]. Computers & Industrial Engineering, 2009, 56 (1): 312 – 322.

[27] Chang, Y. C. and Wu, C. W. Assessing Process Capability Based on the Lower Confidence Bound of $C_{pk}$ for Asymmetric Tolerances [J]. European Journal of Operational Research, 2008, 190 (1): 205 – 227.

[28] Charnes, A., Cooper, W. W. and Rhodes, E. Measuring the Efficiency of Decision Making Units [J]. European Journal of Operational Research, 1978, 2 (6): 429 – 444.

[29] Chen, C. T. Extensions of the TOPSIS for Group Decision – making under fuzzy Environment [J]. Fuzzy Sets and Systems, 2000, 114 (1): 1 – 9.

[30] Chen, C. T., Lin, C. T. and Huang, S. F. A Fuzzy Approach for Supplier Evaluation and Selection in Supply Chain Management [J]. International Journal of Production Economics, 2006a, 102 (2): 289 – 301.

[31] Chen, H. T. and Chen, K. S. Advanced Multi – process Performance Analysis Chart for an Entire Product with Joint Confidence Regions [J]. International Journal of Production Research, 2007, 45 (9): 2141 – 2159.

[32] Chen, J. P. and Chen, K. S. Comparison of Two Process Capabilities by Using Indices $C_{pm}$: An Application to a Color STN Display [J]. International Journal of Quality & Reliability Management, 2004, 21 (1): 91 – 101.

[33] Chen, K. S. Estimation of the Process Incapability Index [J]. Communications in Statistics – Theory and Methods, 1998, 27 (5): 1263 – 1274.

[34] Chen, K. S. and Chen, T. W. Multi – process Capability Plot and Fuzzy Inference Evaluation [J]. International Journal Production Economics, 2008, 111

(1): 70 -79.

[35] Chen, K. S. and Huang, M. L. Process Capability Evaluation for the Process of Product Families [J], Quality & Quantity, 2007, 41 (1): 151 -162.

[36] Chen, K. S. and Pearn, W. L. An Application of Non - normal Process Capability Indices [J]. Quality and Reliability Engineering International, 1997, 13 (2): 355 -360.

[37] Chen, K. S. and Yang, C. M. Developing a Performance Index with a Poisson Process and an Exponential Distribution for Operations Management and Continuous Improvement [J]. Journal of Computational and Applied Mathematics, 2018, 343: 737 -747.

[38] Chen, K. S., Chen, H. T. and Chang, T. C. The Construction and Application of Six Sigma Quality Indices [J]. International Journal of Production Research, 2017a, 55 (8): 2365 -2384.

[39] Chen, K. S., Chen, H. T. and Tong, L. I. Performance Assessment of Processing and Delivery Times for Very Large Scale Integration Using Process Capability Indices [J]. International Journal of Advanced Manufacturing Technology, 2002a, 20 (7): 526 -531.

[40] Chen, K. S., Chen, H. T. and Wang, C. H. A Study of Process Quality Assessment for Golf Club - shaft in Leisure Sport Industries [J]. Journal of Testing and Evaluation, 2012, 40 (3): 512 -519.

[41] Chen, K. S., Chen, S. C. and Li, R. K. Process Quality Analysis of Products [J]. International Journal of Advanced Manufacturing Technology, 2002b, 19 (8): 623 -628.

[42] Chen, K. S., Hsu, C. H. and Ouyang, L. Y. Applied Product Capability Analysis Chart in Measure Step of Six Sigma [J]. Quality & Quantity, 2007, 41 (3): 387 -400.

[43] Chen, K. S., Hsu, C. H. and Wu, C. C. Process Capability Analysis for

a Multi – Process Product [J] . International Journal of Advanced Manufacturing Technology, 2006b, 27 (11/12): 1235 – 1241.

[44] Chen, K. S. , Hsu, C. H. , Ouyang, L. Y. and Yang, C. M. Applying MQCAC and Fuzzy TOPSIS to Improve the Unleaded Gasoline Quality [J] . Journal of Testing and Evaluation, 2017b, 45 (3): 1045 – 1057.

[45] Chen, K. S. , Huang, C. F. and Chang, T. C. A Mathematical Programming Model for Constructing the Confidence Interval of Process Capability Index $C_{pm}$ in Evaluating Process Performance: An Example of Five – way Pipe [J] . Journal of the Chinese Institute of Engineers, 2017c, 40 (2): 126 – 133.

[46] Chen, K. S. , Huang, M. L. and Hung, Y. H. Process Capability Analysis Chart with the Application of $C_{pm}$ [J] . International Journal of Production Research, 2008, 46 (16): 4483 – 4499.

[47] Chen, K. S. , Huang, M. L. and Li, R. K. Process Capability Analysis for an Entire Product [J] . International Journal of Production Research, 2001, 39 (17): 4077 – 4087.

[48] Chen, K. S. , Ouyang, L. Y. and Hsu, C. H. A Measuring Model of Process Capability to Consider Sampling Error [J] . Journal of Information and Optimization Sciences, 2009a, 30 (4): 843 – 853.

[49] Chen, K. S. , Ouyang, L. Y. , Hsu, C. H. and Wu, C. C. The Communion Bridge to Six Sigma and Process Capability Indices [J] . Quality & Quantity, 2009b, 43 (3): 463 – 469.

[50] Chen, K. S. , Pearn, W. L. and Lin, P. C. Capability Measures for Processes with Multiple Characteristics [J] . Quality and Reliability Engineering International, 2003, 19 (2): 101 – 110.

[51] Chen, K. S. , Sung, W. P. and Shih M. H. Reliable Evaluation Method of Quality Control for Compressive Strength of Concrete [J] . Journal of Zhejiang University SCIENCE, 2005a, 6A (8): 836 – 843.

[52] Chen, K. S. , Wang, C. C. , Wang, C. H. and Huang, C. F. Application of RPN Analysis to Parameter Optimization of Passive Components [J] . Microelectronics Reliability, 2010, 50 (12): 2012 – 2019.

[53] Chen, K. S. , Wang, C. H. and Chen, H. T. A MAIC Approach to TFT – LCD Panel Quality Improvement [J] . Microelectronics Reliability, 2006c, 46 (7): 1189 – 1198.

[54] Chen, K. S. , Wang, C. H. and Tan, K. H. Developing a Fuzzy Green Supplier Selection Model Using Six Sigma Quality Indices [J] . International Journal of Production Economics, 2019 (212): 1 – 7.

[55] Chen, K. S. , Yang, S. L. and Chen, H. T. Process Improvement Capability Index with Cost – A Modeling Method of Mathematical Programming [J] . Applied Mathematical Modelling, 2015, 39 (5 – 6): 1577 – 1586.

[56] Chen, S. J. and Hwang, C. L. Fuzzy Multiple Attribute Decision Making: Methods and Applications, Lecture Notes in Economics and Mathematical Systems [M] . Springer – Verlag, 1992.

[57] Chen, T. W. , Chen, K. S. and Lin J. Y. Fuzzy Evaluation of Process Capability for Bigger – the – best Type Products [J] . International Journal of Advanced Manufacturing Technology, 2003 (21): 820 – 826.

[58] Chen, W. and Zou, Y. An Integrated Method for Supplier Selection from the Perspective of Risk Aversion [J] . Applied Soft Computing, 2017 (54): 449 – 455.

[59] Chen, Y. J. Structured Methodology for Supplier Selection and Evaluation in a Supply Chain [J] . Information Sciences, 2011, 181 (9): 1651 – 1670.

[60] Chen, K. L. , Chen, K. S. and Li, R. K. Suppliers Capability and Price Analysis Chart [J] . International Journal of Production Economics, 2005b, 98 (3): 315 – 327.

[61] Chen, K. S. , Hsu, C. H. and Wu, C. C. Process Capability Analysis for

a Multi – Process Product [J] . International Journal of Advanced Manufacturing Technology, 2006d, 27 (11 – 12): 1235 – 1241.

[62] Chen, K. S. , Yu, K. T. and Sheu, S. H. Process Capability Monitoring Chart with an Application in the Silicon – filler Manufacturing Process [J] . International Journal of Production Economics, 2006e, 103 (2): 565 – 571.

[63] Chithambaranathan, P. , Subramanian, N. , Gunasekaran, A. and Palaniappan, PL. K. Service Supply Chain Environmental Performance Evaluation Using Grey Based Hybrid MCDM Approach [J] . International Journal of Production Economics, 2015 (166): 163 – 176.

[64] Chiu, M. C. and Hsieh, M. C. Latent Human Error Analysis and Efficient Improvement Strategies by Fuzzy TOPSIS in Aviation Maintenance Tasks [J] . Applied Ergonomics, 2016 (54): 136 – 147.

[65] Chou, Y. M. , Owen, D. B. and Borrego, S. A. Lower Confidence Limits on Process Capability Indices [J] . Journal of Quality Technology, 1990, 22 (3): 223 – 229.

[66] Cid – López, A. , Hornos, M. J. , Carrasco, R. A. and Herrera – Viedma, E. Applying a Linguistic Multi – criteria Decision – making Model to the Analysis of ICT Suppliers' Offers [J] . Expert Systems with Applications, 2016 (57): 127 – 138.

[67] Costantino, N. , Dotoli, M. , Epicoco, N. , Falagario, M. and Sciancalepore, F. A Novel Fuzzy Data Envelopment Analysis Methodology for Performance Evaluation in a Two – stage Supply Chain [C] . Proceedings of 8th IEEE International Conference on Automation Science and Engineering, Seoul: IEEE, 2012: 974 – 979.

[68] Costantino, N. , Dotoli, M. , Falagario, M. , Fanti, M. P. , Mangini, A. M. , Sciancalepore, F. and Ukovich, W. A Hierarchical Optimization Technique for the Strategic Design of Distribution Networks [J] . Computers and Industrial Engineering, 2013, 66 (4): 849 – 864.

[69] Crispim, J. A. and de – Sousa, J. P. Partner Selection in Virtual Enterpri-

ses: A Multi – criteria Decision Support Approach [J]. International Journal of Production Research, 2009, 47 (17): 4791 – 4812.

[70] Crispim, J. A. and de – Sousa, J. P. Partner Selection in Virtual Enterprises [J]. International Journal of Production Research, 2010, 48 (3): 683 – 707.

[71] Delgado, M., Verdegay, J. L. and Vila, M. A. Linguistic Decision – making Models [J]. International Journal of Intelligent Systems, 1992, 7 (5): 479 – 492.

[72] Deng, H., Yeh, C. H. and Willis, R. J. Inter – company Comparison Using Modified TOPSIS with Objective Weights [J]. Computers & Operations Research, 2000, 27 (10): 963 – 973.

[73] Dickson, G. W. An Analysis of Vendor Selection Systems and Decisions [J]. Journal of Purchasing, 1996, 2 (1): 5 – 17.

[74] Dotoli, M. and Falagario, M. A Hierarchical Model for Optimal Supplier Selection in Multiple Sourcing Contexts [J]. International Journal of Production Research, 2012, 50 (11): 2953 – 2967.

[75] Dotoli, M., Epicoco, N. and Falagario, M. A Fuzzy Technique for Supply Chain Network Design with Quantity Discounts [J]. International Journal of Production Research, 2017, 55 (7): 1862 – 1884.

[76] Dotoli, M., Epicoco, N., Falagario, M. and Sciancalepore, F. A Cross – efficiency Fuzzy Data Envelopment Analysis Technique for Performance Evaluation of Decision Making Units under Uncertainty [J]. Computers and Industrial Engineering, 2015, 79: 103 – 114.

[77] Dotoli, M., Epicoco, N., Falagario, M. and Sciancalepore, F. A Stochastic Cross – efficiency Data Envelopment Analysis Approach for Supplier Selection under Uncertainty [J]. International Transactions in Operational Research, 2016, 23 (4): 725 – 748.

[78] Dupont, L., Bernard, C., Hamdi, F. and Masmoudi, F. Supplier Selection under Risk of Delivery Failure: A Decision – support Model Considering Managers'

Risk Sensitivity [J] . International Journal of Production Research, 2018, 56 (3): 1054 – 1069.

[79] Dyer, J. H. Effective Interim Collaboration: How Firms Minimize Transaction Costs and Maximize Transaction Value [J] . Strategic Management Journal, 1997 (18): 535 – 556.

[80] Fallahpour, A. , Olugu, E. U. , Musa, S. N. , Wong, K. Y. and Noori, S. A Decision Support Model for Sustainable Supplier Selection in Sustainable Supply Chain Management [J] . Computers & Industrial Engineering, 2017 (105): 391 – 410.

[81] Fazlollahtabar, H. A Subjective Framework for Seat Comfort Based on a Heuristic Multi Criteria Decision Making Technique and Anthropometry [J] . Applied Ergonomics, 2010, 42 (1): 16 – 28.

[82] Feng, Y. , Zhang, Z. , Tian, G. , Fathollahi – Fard, A. M. , Hao, N. , Li, Z. , Wang, W. and Tan, J. A Novel Hybrid Fuzzy Grey TOPSIS Method: Supplier Evaluation of a Collaborative Manufacturing Enterprise [J] . Applied Sciences, 2019 (9): 3770.

[83] Ferreira, L. and Borenstein, D. A Fuzzy – Bayesian Model for Supplier Selection [J] . Expert Systems with Applications, 2012, 39 (9): 7834 – 7844.

[84] Gandhi, N. S. , Thanki, S. J. and Thakkar, J. J. Ranking of Drivers for Integrated Lean – green Manufacturing for Indian Manufacturing SMEs [J] . Journal of Cleaner Production, 2018 (171): 675 – 689.

[85] Ganji, Z. A. and Gildeh, B. S. A New Multivariate Process Capability Index [J]. Total Quality Management & Business Excellence, 2019, 30 (5 – 6): 525 – 536.

[86] Garcia, N. , Puente, J. , Fernandez, I. and Priore, P. Suitability of a Consensual Fuzzy Inference System to Evaluate Suppliers of Strategic Products [J] . Symmetry, 2018 (10): 22.

［87］ Garcia – Cascales, M. S. , Lamata, M. T. and Sanchez – Lozano, J. M. Evaluation of Photovoltaic Cells in a Multi – criteria Decision Making Process ［J］ . Annals of Operations Research, 2011, 199 （1）: 373 – 391.

［88］ George, M. Lean Six Sigma – Combining Six Sigma Quality with Lean Production Speed ［M］ . McGraw – Hill, 2002.

［89］ Ghorabaee, M. K. , Amiri, M. , Zavadskas, E. K. and Antucheviciene, J. Supplier Evaluation and Selection in Fuzzy Environments: A Review of MADM Approaches ［J］ . Economic Research, 2017, 30 （1）: 1073 – 1118.

［90］ Govindan, K. , Fattahi, M. and Keyvanshokooh, E. Supply Chain Network Design under Uncertainty: A Comprehensive Review and Future Research Directions ［J］ . European Journal of Operational Research, 2017a, 263 （1）: 108 – 141.

［91］ Govindan, K. , Kadzinski, M. and Sivakumar, R. Application of a Novel PROMETHEE – based Method for Construction of a Group Compromise Ranking to Prioritization of Green Suppliers in Food Supply Chain ［J］ . Omega, 2017b （71）: 129 – 145.

［92］ Govindan, K. , Khodaverdi, R. and Jafarian, A. A Fuzzy Multi Criteria Approach for Measuring Sustainability Performance of a Supplier Based on Triple Bottom Line Approach ［J］ . Journal of Cleaner Production, 2013 （47）: 345 – 354.

［93］ Govindan, K. , Shankar, M. and Kanna, D. Supplier Selection Based on Corporate Social Responsibility Practices ［J］ . International Journal of Production Economics, 2018 （200）: 353 – 379.

［94］ Guo, S. and Zhao, H. Optimal Site Selection of Electric Vehicle Charging Station by Using Fuzzy TOPSIS Based on Sustainability Perspective ［J］ . Applied Energy, 2015 （158）: 390 – 402.

［95］ Gupta, S. , Soni, U. and Kumar, G. Green Supplier Selection Using Multi – criterion Decision Making under Fuzzy Environment: A Case Study in Automotive Industry ［J］ . Computers & Industrial Engineering, 2019 （136）: 663 – 680.

［96］Harry, M. J. and Schroeder, R. Six Sigma: The Breakthrough Management Strategy Revolutionizing the World's Top Corporations, Doubleday ［M］. Currency Doubleday, 2000.

［97］Hashemi, S. H. , Karimi, A. and Tavana, M. An Integrated Green Supplier Selection Approach with Analytic Network Process and Improved Grey Relational Analysis ［J］. International Journal of Production Economics, 2015 (159): 178 – 191.

［98］He, Y. H. , Wang, L. B. , He, Z. Z. and Xie, M. A Fuzzy TOPSIS and Rough Set Based Approach for Mechanism Analysis of Product Infant Failure ［J］. Engineering Applications of Artificial Intelligence, 2016 (47): 25 – 37.

［99］Ho, W. , Xu, X. and Dey, P. K. Multi – criteria Decision Making Approaches for Supplier Evaluation and Selection: A Literature Review ［J］. European Journal of Operational Research, 2010, 202 (1): 16 – 24.

［100］Holweg, M. , Reichhart, A. and Hong, E. On Risk and Cost in Global Sourcing ［J］. International Journal of Production Economics, 2011, 131 (1): 333 – 341.

［101］Hsiang, T. C. and Taguchi, G. A Tutorial on Quality Control and Assurance – the Taguchi Methods ［M］. ASA annual meeting, 1985.

［102］Hsieh, K. L. , Tong, L. I. and Wang, M. C. The Application of Control Chart for Defects and Defect Clustering in IC Manufacturing Based on Fuzzy Theory ［J］. Expert Systems with Applications, 2007 (32): 765 – 776.

［103］Hsu, C. H. The Process Capability Analysis Model of Hexagonal Infrared Optical Lenses ［J］. Journal of Computers, 2012, 7 (11): 2691 – 2694.

［104］Hsu, C. H. , Chang, A. Y. and Luo, W. Identifying Key Performance Factors for Sustainability Development of SMEs – Integrating QFD and Fuzzy MADM Methods ［J］. Journal of Cleaner Production, 2017 (161): 629 – 645.

［105］Hsu, C. H. , Chen, K. S. and Yang, C. M. Construction of Closed Interval for Process Capability Indices $C_{pu}$, $C_{pl}$, and $S_{pk}$ Based on Boole's Inequality and De Morgan's Laws [J]. Journal of Statistical Computation and Simulation, 2016, 86 (18): 3701 – 3713.

[106] Hu, H. Y., Chiu, S. I., Yen, T. M. and Cheng, C. C. Assessment of Supplier Quality Performance of Computer Manufacturing Industry by Using ANP and DEMATEL [J]. The TQM Journal, 2015 (27): 122 – 134.

[107] Huang, C. F., Chen, K. S., Sheu, S. H. and Sheu, T. S. Enhancement of Axle Bearing Quality in Sewing Machines Using Six Sigma [J]. Proceedings of the Institution of Mechanical Engineers, Part B: Journal of Engineering Manufacture, 2010, 224 (10): 1581 – 1590.

[108] Huang, M. L. and Chen, K. S. Capability Analysis for a Multi – process Product with Bilateral Specifications [J]. International Journal of Advanced Manufacturing Technology, 2003, 21 (10): 801 – 806.

[109] Huang, M. L., Chen, K. S. and Hung, Y. H. Integrated Process Capability Analysis with an Application in Backlight Module [J]. Microelectronics Reliability, 2002, 42 (12): 2009 – 2014.

[110] Huang, M. L., Chen, K. S. and Li, R. K. Graphical Analysis of Capability of a Process Producing a Product Family [J]. Quality & Quantity, 2005, 39 (5): 643 – 657.

[111] Hwang, C. L. and Yoon, K. Multiple Attribute Decision Making: Methods and Applications [M]. Springer – Verlag, 1981.

[112] Íç, Y. T. An Experimental Design Approach Using TOPSIS Method for the Selection of Computer – integrated Manufacturing Technologies [J]. Robotics and Computer – Integrated Manufacturing, 2012, 28 (2): 245 – 256.

[113] Jain, V., Sangaiah, A. K., Sakhuja, S., Thoduka, N. and Aggarwal, R. Supplier Selection Using Fuzzy AHP and TOPSIS: A Case Study in the Indian Automotive Industry [J]. Neural Computing and Applications, 2018, 29 (7): 555 – 564.

[114] Jeang, A. and Chung, C. P. Process Capability Analysis Based on Minimum Production Cost and Quality Loss [J]. International Journal of Advanced Manufacturing Technology, 2009, 43 (7 – 8): 710 – 719.

[115] Junior, F. R. L. and Carpinetti, L. C. R. A Multicriteria Approach Based on Fuzzy QFD for Choosing Criteria for Supplier Selection [J]. Computers & Industrial Engineering, 2016 (101): 269 – 285.

[116] Junior, F. R. L., Osiro, L. and Carpinetti, L. C. R. A Comparison between Fuzzy AHP and Fuzzy TOPSIS Methods to Supplier Selection [J]. Applied Soft Computing, 2014 (21): 194 – 209.

[117] Juran, J. M. Juran's Quality Control Handbook [M]. McGraw – Hill, 1974.

[118] Kahraman, C., Cebeci, U. and Ulukan, Z. Multi – criteria Supplier Selection Using Fuzzy AHP [J]. Logistics Information Management, 2003, 16 (6): 382 – 394.

[119] Kane, V. E. Process Capability Indices [J]. Journal of Quality Technology, 1986, 18 (1): 41 – 52.

[120] Kang, H. Y. and Lee, A. H. I. Critical Dimension Control in Photolithography Based on the Yield by a Simulation Program [J]. Microelectronics Reliability, 2006, 46 (5 – 6): 1006 – 1012.

[121] Kannan, D., de Sousa Jabbour, A. B. L. and Jabbour, C. J. C. Selecting Green Suppliers Based on GSCM Practices: Using Fuzzy TOPSIS Applied to a Brazilian Electronics Company [J]. European Journal of Operational Research, 2014, 233 (2): 432 – 447.

[122] Kannan, D., Govindan, K. and Rajendran, S. Fuzzy Axiomatic Design Approach Based Green Supplier Selection: A Case Study from Singapore [J]. Journal of Cleaner Production, 2015 (96): 194 – 208.

[123] Kao, C. Weight Determination for Consistently Ranking Alternatives in

Multiple Criteria Decision Analysis [J] . Applied Mathematical Modelling, 2010, 34 (7): 1779 – 1787.

[124] Karsak, E. E. and Dursun, M. An Integrated Fuzzy MCDM Approach for Supplier Evaluation and Selection [J] . Computers & Industrial Engineering, 2015 (82): 82 – 93.

[125] Karsak, E. E. and Dursun, M. Taxonomy and Review of Non – deterministic Analytical Methods for Supplier Selection [J] . International Journal of Computer Integrated Manufacturing, 2016, 29 (3): 263 – 286.

[126] Kashif, M. , Aslam, M. , Al – Marshadi, A. H. , Jun, C. H. and Khan, M. I. Evaluation of Modified Non – normal Process Capability Index and Its Bootstrap Confidence Intervals [J] . IEEE Access, 2017 (5): 12135 – 12142.

[127] Kasirian, M. N. and Yusuff, R. M. An Integration of a Hybrid Modified TOPSIS with a PGP Model for the Supplier Selection with Interdependent Criteria [J] . International Journal of Production Research, 2012, 51 (4): 1037 – 1054.

[128] Kaya, I. and Kahraman, C. Fuzzy Robust Process Capability Indices for Risk Assessment of Air Pollution [J] . Stochastic Environmental Research and Risk Assessment, 2009, 23 (4): 529 – 541.

[129] Kaya, I. and Kahraman, C. Development of Fuzzy Process Accuracy Index for Decision Making Problems [J] . Information Sciences, 2010 (180): 861 – 872.

[130] Ke, L. and Lin, B. Impact of Energy Conservation Policies on the Green Productivity in China's Manufacturing Sector: Evidence from a Three – stage DEA Model [J] . Applied Energy, 2016 (168): 351 – 363.

[131] Keller, P. Six Sigma: Demystified [M] . McGraw – Hill, 2005.

[132] Kim, Y. , Chung, E. S. , Jun, S. M. and Kim, S. U. Prioritizing the Best Sites for Treated Wastewater Instream Use in an Urban Watershed Using fuzzy TOPSIS [J] . Resources, Conservation and Recycling, 2013 (73): 23 – 32.

[133] Knowles, G. , Johnson, M. and Warwood, S. Medicated Sweet Variabili-

ty: A Six Sigma Application at a UK Food Manufacturer [J]. The TQM Magazine, 2004, 16 (4): 284 - 292.

[134] Kotz, S. and Johnson, N. L. Process Capability Indices [M]. Chapman and Hall, 1993.

[135] Kotz, S. and Lovelace, C. R. Process Capability Indices in Theory and Practice [M]. Arnold, 1998.

[136] Kotz, S. , Pearn, W. L. and Johnson, N. L. Some Process Capability Indices are More Reliable than One Might Think [J]. Journal of the Royal Statistical Society: Series C (Applied Statistics), 1993, 42 (1): 55 - 62.

[137] Koukouvinos, C. and Lappa, A. Comparative Study of the $C_p$ and $S_{pmk}$ Indices for Logistic Regression Profile Using Different Link Functions [J]. Quality Engineering, 2019, 31 (3): 456 - 462.

[138] Krishankumar, R. , Ravichandran, K. S. and Saeid, A. B. A New Extension to PROMETHEE under Intuitionistic Fuzzy Environment for Solving Supplier Selection Problem with Linguistic Preferences [J]. Applied Soft Computing, 2017 (60): 564 - 576.

[139] Kumar, A. , Jain, V. and Kumar, S. A Comprehensive Environment Friendly Approach for Supplier Selection [J]. Omega, 2014, 42 (1): 109 - 123.

[140] Kuo, R. J. , Lee, L. Y. and Hu, T. L. Developing a Supplier Selection System Through Integrating Fuzzy AHP and fuzzy DEA: A Case Study on an Auto Lighting System Company in Taiwan [J]. Production Planning & Control, 2010 (21): 468 - 484.

[141] Kuo, T. C. , Wu, H. H. and Shieh, J. I. Integration of Environmental Considerations in Quality Function Deployment by Using Fuzzy Logic [J]. Expert Systems with Applications, 2009 (36): 7148 - 7156.

[142] Kwong, C. K. , Chen, Y. , Bai, H. and Chan, D. S. K. A Methodology of Determining Aggregated Importance of Engineering Characteristics in QFD [J].

Computers & Industrial Engineering, 2007 (53): 667 – 679.

[143] Lee, H. I. , Wu, C. W. and Wang, Z. H. The Construction of a Modified Sampling Scheme by Variables Inspection Based on the One – sided Capability Index [J] . Computers & Industrial Engineering, 2018 (122): 87 – 94.

[144] Lee, K. K. , Park, C. K. and Han, S. H. Robust Design of Railway Vehicle Suspension Using a Process Capability Index [J] . Journal of Mechanical Science and Technology, 2010, 24 (1): 215 – 218.

[145] Li, J. , Fang, H. and Song, W. Sustainability Evaluation via Variable Precision Rough Set Approach: A Photovoltaic Module Supplier Case Study [J] . Journal of Cleaner Production, 2018 (192): 751 – 765.

[146] Li, Y. , Liu, X. and Chen, Y. Supplier Selection Using Axiomatic Fuzzy Set and TOPSIS Methodology in Supply Chain Management [J] . Fuzzy Optimization and Decision Making, 2012, 11 (2): 147 – 176.

[147] Liao, M. Y. , Wu, C. C. and Wu, J. W. Fuzzy Inference to Supplier Evaluation and Selection Based on Quality Index: A Flexible Approach [J] . Neural Computing and Applications, 2013, 23 (1): 117 – 127.

[148] Lin, P. H. and Jin, Y. M. Applying Fuzzy Theory in Selecting the Image Quality Factors of 3D Televisions [J] . International Journal of Industrial Ergonomics, 2019 (74): 102841.

[149] Lin, W. T. , Wang, S. T. , Li, M. H. and Huang, C. T. Enhancement of Process Capability for Strip Force of Tight Sets of Optical Fiber using Taguchi's Quality Engineering [J] . Optical Fiber Technology, 2012, 18 (2): 101 – 107.

[150] Lin, Y. T. , Chang, T. C. and Chen, K. S. A Novel Approach to Evaluating the Performance of Physical Fitness by Combining Statistical Inference with the Radar Chart [J] . Journal of Testing and Evaluation, 2018, 46 (4): 1498 – 1507.

[151] Linderman, K. , Schroeder, R. G. , Zaheer, S. and Choo, A. S. Six Sigma: A Goal – Theoretic Perspective [J] . Journal of Operations Management,

2003, 21 (2): 193 – 203.

[152] Liou, J. J. H., Tamosaitiene, J., Zavadskas, E. K. and Tzeng, G. H. New Hybrid COPRAS – G MADM Model for Improving and Selecting Suppliers in Green Supply Chain Management [J]. International Journal of Production Research, 2016, 54 (1): 114 – 134.

[153] Liu, P. and Zhang, X. Research on the Supplier Selection of a Supply Chain Based on Entropy Weight and Improved ELECTRE – III Method [J]. International Journal of Production Research, 2011, 49 (3): 637 – 646.

[154] Liu, S. W., Lin, S. W. and Wu, C. W. A Resubmitted Sampling Scheme by Variables Inspection for Controlling Lot Fraction Nonconforming [J]. International Journal of Production Research, 2014, 52 (12): 3744 – 3754.

[155] Liu, X. B., Pei, F., Yang, J. B. and Yang, S. L. An MAGDM Approach Combining Numerical Values with Uncertain Linguistic Information and Its Application in Evaluation of R&D Projects [J]. International Journal of Computational Intelligence Systems, 2010, 3 (5): 575 – 589.

[156] Lo, W. C., Tsai, K. M. and Hsieh, C. Y. Six Sigma Approach to Improve Surface Precision of Optical Lenses in the Injection – molding Process [J]. International Journal of Advanced Manufacturing Technology, 2009, 41 (9/10): 885 – 896.

[157] Luthra, S., Govindan, K., Kannan, D., Mangla S. K. and Garg, C. P. An Integrated Framework for Sustainable Supplier Selection and Evaluation in supply Chains [J]. Journal of Cleaner Production, 2017 (140): 1686 – 1698.

[158] Mahanti, R. and Antony, J. Six Sigma in the Indian Software Industry: Some Observations and Results from a Pilot Survey [J]. The TQM Journal, 2009, 21 (6): 549 – 564.

[159] Matinrad, N., Roghanian, E. and Rasi, Z. Supply Chain Network Optimization: A Review of Classification, Models, Solution Techniques and future Research

[J]. Uncertain Supply Chain Management, 2013, 1 (1): 1 – 24.

[160] Mehrjerdi, Y. Z. Hierarchical Multi – criteria Risk – benefit Analysis in Fuzzy Environment [J]. Applied Soft Computing, 2013 (13): 590 – 599.

[161] Mohanta, J. C. and Keshari, A. A Knowledge Based Fuzzy – probabilistic Roadmap Method for Mobile Robot Navigation [J]. Applied Soft Computing, 2019 (79): 391 – 409.

[162] Montgomery, D. C. Introduction to Statistical Quality Control [M]. Wiley, 2001.

[163] Montgomery, D. C. Introduction to Statistical Quality Control [M]. Wiley, 2012.

[164] Nair, A., Jayaram, J. and Das, A. Strategic Purchasing Participation, Supplier Selection, Supplier Evaluation and Purchasing Performance [J]. International Journal of Production Research, 2015 (53): 6263 – 6278.

[165] Neter, J., Wasserman, W. and Whitmore, G. A. Applied Statistics [M]. Allyn and Bacon, 1993.

[166] Omurca, S. I. An Intelligent Supplier Evaluation, Selection and Development System [J]. Applied Soft Computing, 2013, 13 (1): 690 – 697.

[167] Osiro, L., Lima – Junior, F. R. and Carpinetti, L. C. R. A Group Decision Model Based on Quality Function Deployment and Hesitant Fuzzy for Selecting Supply Chain Sustainability Metrics [J]. Journal of Cleaner Production, 2018 (183): 964 – 978.

[168] Otsuka, A. and Nagata, F. Quality Design Method Using Process Capability Index Based on Monte – Carlo Method and Real – coded Genetic Algorithm [J]. International Journal of Production Economics, 2018 (204): 358 – 364.

[169] Ouyang, L. Y., Chen, K. S., Yang, C. M. and Hsu, C. H. Using a QCAC – Entropy – TOPSIS Approach to Measure Quality Characteristics and Rank Improvement Priorities for All Substandard Quality Characteristics [J]. International

Journal of Production Research, 2014 (52): 3110 – 3124.

[170] Ouyang, L. Y., Hsu, C. H. and Yang, C. M. A New Process Capability Analysis Chart Approach on the Chip Resistor Quality Management [J]. Proceedings of the Institution of Mechanical Engineers, Part B: Journal of Engineering Manufacture, 2013, 222 (7): 1075 – 1082.

[171] Pande, P. S., Neuman, R. P. and Cavangh, R. R. The Six Sigma Way: How GE, Motorola, and Other Top Companies are Honing Their Performance [M]. McGraw – Hill, 2000.

[172] Parkan, C. and Wu, M. L. On the Equivalence of Operational Perform-ance Measurement and Multiple Attribute Decision Making [J]. International Journal of Production Research, 1997, 35 (11): 2963 – 2988.

[173] Parkan, C. and Wu, M. L. Process Selection with Multiple Objective and Subjective Attributes [J]. Production Planning & Control, 1998, 9 (2): 189 – 200.

[174] Parkouhi, S. V. and Ghadikolaei, A. S. A Resilience Approach for Sup-plier Selection: Using Fuzzy Analytic Network Process and Grey VIKOR Techniques [J]. Journal of Cleaner Production, 2017 (161): 431 – 451.

[175] Pearn, W. L. and Chen, K. S. Multiprocess Performance Analysis: A Case Study [J]. Quality Engineering, 1997, 10 (1): 1 – 8.

[176] Pearn, W. L. and Kotz, S. Encyclopedia and Handbook of Process Capa-bility Indices: A Comprehensive Exposition of Quality Control Measures [M]. World Scientific Publishing Company, 2006.

[177] Pearn, W. L. and Lin, P. C. Testing Process Performance Based on Ca-pability Index $C_{pk}$ with Critical Values [J]. Computers & Industrial Engineering, 2004, 47 (4): 351 – 369.

[178] Pearn, W. L. and Shu, M. H. Lower Confidence Bounds with Sample Size Information for $C_{pm}$ Applied to Production Yield Assurance [J]. International Journal of Production Research, 2003a, 41 (15): 3581 – 3599.

[179] Pearn, W. L. and Shu, M. H. Manufacturing Capability Control for Multiple Power – distribution Switch Processes Based on Modified $C_{pk}$ MPPAC [J] . Microelectronics Reliability, 2003b, 43 (6): 963 –975.

[180] Pearn, W. L. and Wu, C. W. An Effective Modern Approach for Measuring High – tech Product Manufacturing Process Quality [J] . Journal of the Chinese Institute of Industrial Engineers, 2005, 22 (2): 119 –133.

[181] Pearn, W. L. and Wu, C. W. Production Quality and Yield Assurance for Processes with Multiple Independent Characteristics [J] . European Journal of Operational Research, 2006, 173 (2): 637 –647.

[182] Pearn, W. L. , Chang, Y. C. and Wu, C. W. Multiple – process Performance Analysis Chart Based on Process Loss Indices [J] . International Journal of Systems Science, 2006, 37 (7): 429 –435.

[183] Pearn, W. L. , Hung, H. N. and Cheng, Y. C. Supplier Selection for One – Sided Processes with Unequal Sample Sizes [J] . European Journal of Operational Research, 2009, 195 (2): 381 –393.

[184] Pearn, W. L. , Ko, C. H. and Wang, K. H. A Multiprocess Performance Analysis Chart Based on the Incapability Index $C_{pp}$: An Application to the Chip Resistors [J] . Microelectronics Reliability, 2002, 42 (7): 1121 –1125.

[185] Pearn, W. L. , Kotz, S. and Johnson, N. L. Distributional and Inferential Properties of Process Capability Indices [J] . Journal of Quality Technology, 1994, 24 (4): 216 –231.

[186] Pearn, W. L. , Lin, G. H. and Chen, K. S. Distributional and Inferential Properties of the Process Accuracy and Process Precision Indices [J] . Communications in Statistics – Theory and Methods, 1998, 27 (4): 985 –1000.

[187] Pearn, W. L. , Shiau, J. H. , Tai, Y. T. and Li, M. Y. Capability Assessment for Processes with Multiple Characteristics: A Generalization of the Popular Index $C_{pk}$ [J] . Quality and Reliability Engineering International, 2011, 27 (8): 1119 –

1129.

［188］Pearn, W. L., Shu, M. H. and Hsu, B. M. Monitoring Manufacturing Quality for Multiple Li‐BPIC Processes Based on Capability Index $C_{pmk}$ ［J］. International Journal of Production Research, 2005, 43 (12): 2493－2512.

［189］Pfeifer, T., Reissiger, W. and Canales, C. Integrating Six Sigma with Quality Management Systems ［J］. The TQM Magazine, 2004, 16 (4): 241－249.

［190］Plebankiewicz, E. and Kubek, D. Multicriteria Selection of the Building Material Supplier Using AHP and Fuzzy AHP ［J］. Journal of Construction Engineering and Management, 2016 (142): 04015057.

［191］Plewa, C., Ho, J., Conduit, J. and Karpen, I. O. Reputation in Higher Education: A Fuzzy Set Analysis of Resource Configurations ［J］. Journal of Business Research, 2016 (69): 3087－3095.

［192］Prakash, C. and Barua, M. K. Integration of AHP－TOPSIS Method for Prioritizing the Solutions of Reverse Logistics Adoption to Overcome Its Barriers under Fuzzy Environment ［J］. Journal of Manufacturing Systems, 2015 (37): 599－615.

［193］Pramanik, D., Haldar, A., Mondal, S. C., Naskar, S. K. and Ray, A. Resilient Supplier Selection Using AHP－TOPSIS－QFD under a Fuzzy Environment ［J］. Journal International Journal of Management Science and Engineering Management, 2016 (12): 45－54.

［194］Pyzdek, T. The Six Sigma Handbook: A Complete Guide for Green Belts, Black Belts, and Managers at All Levels ［M］. McGraw－Hill. New York: NY, 2003.

［195］Qin, J., Liu, X. and Pedrycz, W. An Extended TODIM Multi－criteria Group Decision Making Method for Green Supplier Selection in Interval Type－2 fuzzy Environment ［J］. European Journal of Operational Research, 2017, 258 (2): 626－638.

［196］Ricardo, B., Jiju, A. and Martin, B. An Application of Six Sigma to Reduce Waste [J] . Quality and Reliability Engineering International, 2005, 21 (6): 553 – 570.

[197] Roberts, C. M. Six Sigma Signals [J] . Credit Union Magazine, 2004, 70 (1): 40 – 43.

[198] Saaty, T. L. The Analytic Hierarchy Process [M] . McGraw – Hill, 1980.

[199] Schramm, F. and Morais, D. C. Decision Support Model for Selecting and Evaluating Suppliers in the Construction Industry [J] . Pesquisa Operacional, 2012 (32): 643 – 662.

[200] Sepehr, A. and Zucca, C. Ranking Desertification Indicators Using TOPSIS Algorithm [J] . Natural Hazards, 2012, 62 (3): 1137 – 1153.

[201] Şimşek, B. , Pakdil, F. , İç, Y. T. and Güvenç, A. B. Building a Graphical User Interface for Concrete Production Processes: A Combined Application of Statistical Process Control and Design of Experiment. Arabian Journal for Science and Engineering [J], 2018, 44 (5): 4373 – 4393.

[202] Singh, R. K. and Benyoucef, L. A fuzzy TOPSIS Based Approach for E – sourcing [J] . Engineering Applications of Artificial Intelligence, 2011, 24 (3): 437 – 448.

[203] Singhal, S. C. A New Chart for Analyzing Multiprocess Capability Performance [J] . Quality Engineering, 1990, 2 (4): 379 – 390.

[204] Singhal, S. C. Multiprocess Performance Analysis Chart (MPPAC) with Capability Zones [J] . Quality Engineering, 1991, 4 (1): 75 – 81.

[205] Su, C. J. and Chen, Y. A. Risk Assessment for Global Supplier Selection Using Text Mining [J] . Computers & Electrical Engineering, 2018 (68): 140 – 155.

[206] Sun, C. C. A Conceptual Framework for R&D Strategic Alliance Assessment for Taiwan's Biotechnology Industry [J] . Quality & Quantity, 2014 (48): 259 – 279.

［207］Sung, W. P. , Chen, K. S. and Go, C. G. Analytical Method of Process Capability for Steel［J］. International Journal of Advanced Manufacturing Technology, 2002, 20（7）: 480 – 486.

［208］Tian, J. , Yu, D. , Yu, B. and Ma, S. A Fuzzy TOPSIS Model via Chi – square Test for Information Source Selection［J］. Knowledge – Based Systems, 2013 （37）: 115 – 120.

［209］Tiwari, S. , Ahmed, W. and Sarkar, B. Multi – item Sustainable Green Production System under Trade – credit and Partial Backordering［J］. Journal of Cleaner Production, 2018（204）: 82 – 95.

［210］Tong, J. P. C. , Tsung, F. and Yen, B. P. C. A DMAIC Approach to Printed Circuit Board Quality Improvement［J］. International Journal of Advanced Manufacturing Technology, 2004, 23（7/8）: 523 – 531.

［211］Tong, L. I. and Chen, J. P. Lower Confidence Limits of Process Capability Indices for Non – normal Process Distributions［J］. International Journal of Quality & Reliability Management, 1998, 15（8/9）: 907 – 919.

［212］Tseng, M. L. and Chiu, A. S. Evaluating Firm's Green Supply Chain Management in Linguistic Preferences［J］. Journal of Cleaner Production, 2013 （40）: 22 – 31.

［213］Viswanadham, N. and Samvedi, A. Supplier Selection Based on Supply Chain Ecosystem, Performance and Risk Criteria［J］. International Journal of Production Research, 2013, 51（21）: 6484 – 6498.

［214］Wang, C. C. , Chen, K. S. , Wang, C. H. and Chang, P. H. Application of 6 – sigma Design System to Developing an Improvement Model for Multi – process Multi – characteristic Product Quality［J］. Proceedings of the Institution of Mechanical Engineers, Part B: Journal of Engineering Manufacture, 2011, 225（7）: 1205 – 1216.

［215］Wang, C. H. Constructing Multivariate Process Capability Indices for

Short – run Production [J]. International Journal of Advanced Manufacturing Technology, 2005, 26 (11 – 12): 1306 – 1311.

[216] Wang, F. K. and Tamirat, T. Acceptance Sampling Plan Based on an Exponentially Weighted Moving Average Statistic with the Yield Index for Autocorrelation between Polynomial Profiles [J]. Communications in Statistics – Theory and Methods, 2018, 47 (19): 4859 – 4871.

[217] Wang, F. K. and Tamirat, Y. Multiple Comparisons with the Best for Supplier Selection with Linear Profiles [J]. International Journal of Production Research, 2016, 54 (5): 1388 – 1397.

[218] Wang, H., Yang, J. and Hao, S. Two Inverse Normalizing Transformation Methods for the Process Capability Analysis of Non – normal Process Data [J]. Computers & Industrial Engineering, 2016 (102): 88 – 98.

[219] Wang, X. and Durugbo, C. Analysing Network Uncertainty for Industrial Product – service Delivery: A Hybrid Fuzzy Approach [J]. Expert Systems with Applications, 2013, 40 (11): 4621 – 4636.

[220] Wang, Y. J. and Lee, H. S. Generalizing TOPSIS for Fuzzy Multiple – Criteria Group Decision – making [J]. Computers & Mathematics with Applications, 2007, 53: 1762 – 1772.

[221] Weber, C. A., Current, J. R. and Benton, W. C. Vender Selection Criteria and Methods [J]. European Journal of Operational Research, 1991, 50 (1): 2 – 18.

[222] Wei, G., Lin, R., Zhao, X. and Wang, H. Models for Multiple Attribute Group Decision Making with 2 – tuple Linguistic Assessment Information [J]. International Journal of Computational Intelligence Systems, 2010, 3 (3): 315 – 324.

[223] Wetzstein, A., Hartmann, E., Benton, W. C. and Hohenstein, N. O. A Systematic Assessment of Supplier Selection Literature – State – of – the – art and Future Scope [J]. International Journal of Production Economics, 2016, 182: 304 –

323.

[224] Weusten, J. A. M. and Tummers, H. G. Process Capability in Industry: Setting Preliminary Statistical Specification Limits [J] . Quality Engineering, 2017, 29 (4): 713 - 718.

[225] Wu, C. W. Decision - making in Testing Process Performance with Fuzzy Data [J] . European Journal of Operational Research, 2009, 193 (2): 499 - 509.

[226] Wu, C. W. and Liao, M. Y. Fuzzy Nonlinear Programming Approach for Evaluating and Ranking Process Yields with Imprecise Data [J] . Fuzzy Sets and Systems, 2014 (246): 142 - 155.

[227] Wu, C. W. , Aslam, M. and Jun, C. H. Variables Sampling Inspection Scheme for Resubmitted Lots Based on the Process Capability Index $C_{pk}$ [J] . European Journal of Operational Research, 2012, 217 (3): 560 - 566.

[228] Wu, C. W. , Lee, A. H. I. , Liu, S. W. and Shih, M. H. Capability - based Quick Switching Sampling System for Lot Disposition [J] . Applied Mathematical Modelling, 2017 (52): 131 - 144.

[229] Wu, C. W. , Liao, M. Y. and T. T. Yang. Efficient Methods for Comparing Two Process Yields - Strategies on Supplier Selection [J] . International Journal of Production Research, 2013, 51 (5): 1587 - 1602.

[230] Wu, C. W. , Pearn, W. L. and Kotz, S. An Overview of Theory and Practice on Process Capability Indices for Quality Assurance [J] . International Journal of Production Economics, 2009, 117 (2): 338 - 359.

[231] Wu, C. W. , Wu, T. H. and Chen, T. Developing a Variables Repetitive Group Sampling Scheme by Considering Process Yield and Quality Loss [J] . International Journal of Production Research, 2015, 53 (7): 2239 - 2251.

[232] Wu, M. F. , Chen, H. Y. , Chang, T. C. and Wu, C. F. Quality Evaluation of Internal Cylindrical Grinding Process with Multiple Quality Characteristics for Gear Products [J] . International Journal of Production Research, 2019, 57 (21):

6687 - 6701.

［233］Wu, Y. , Chen, K. , Zeng, B. , Xu, H. and Yang, Y. Supplier Selection in Nuclear Power Industry with Extended VIKOR Method under Linguistic Information ［J］. Applied Soft Computing, 2016 (48): 444 - 457.

［234］Wyper, B. and Harrison, A. Deployment of Six Sigma Methodology in Human Resource Function: A Case Study ［J］. Total Quality Management and Business Excellence, 2000, 11 (4/6): 720 - 727.

［235］Yang, C. M. and Chen, K. S. Two - phase Selection Framework that Considers Production Costs of Suppliers and Quality Requirements of Buyers ［J］. International Journal of Production Research, 2019, 57 (20): 6351 - 6368.

［236］Yang, C. M. , Chen, K. S. and Hsu, C. H. Developing a Multi - quality Characteristic Analysis Model to Measure the Quality of Quick - release Bicycle Hubs ［J］. Journal of the Chinese Institute of Engineers, 2019a, 42 (4): 309 - 318.

［237］Yang, C. M. , Lin, K. P. and Chen, K. S. Confidence Interval Based Fuzzy Evaluation Model for an Integrated - circuit Packaging Molding Process ［J］. Applied Sciences, 2019b (9): 2623.

［238］Yu, K. T. and Chen, K. S. Testing and Analysing Capability Performance for Products with Multiple Characteristics ［J］. International Journal of Production Research, 2016, 54 (21): 6633 - 6643.

［239］Yu, K. T. , Sheu, S. H. and Chen, K. S. The Evaluation of Process Capability for a Machining Center ［J］. International Journal of Advanced Manufacturing Technology, 2007, 33 (5 - 6): 505 - 510.

［240］Yu, K. Z. A Measurement Model for Service Capability from the Customer Perspective ［J］. Service Business, 2012, 7 (4): 563 - 582.

［241］Yu, K. T. , Sheu, S. H. and Chen, K. S. Testing Multi - characteristic Product Capability Indices ［J］. International Journal of Advanced Manufacturing Technology, 2007, 34 (5 - 6): 421 - 429.

[242] Yue, Z. A Method for Group Decision – making Based on Determining Weights of Decision Makers Using TOPSIS [J] . Applied Mathematical Modelling, 2011, 35 (4): 1926 – 1936.

[243] Yurdakul, M. and Íç, Y. T. Analysis of the Benefit Generated by Using Fuzzy Numbers in a TOPSIS Model Developed for Machine Tool Selection Problems [J] . Journal of Materials Processing Technology, 2009, 209 (1): 310 – 317.

[244] Zadeh, L. A. Fuzzy sets [J] . Information and Control, 1965, 8 (3): 338 – 353.

[245] Zadeh, L. A. The Concept of a Linguistic Variable and Its Application to Approximate Reasoning Part I [J] . Information Sciences, 1975, 8 (3): 199 – 249.

[246] Zhang, X. , Lee, C. K. M. and Chen, S. Supplier Evaluation and Selection: A Hybrid Model Based on DEAHP and ABC [J] . International Journal of Production Research, 2012, 50 (7): 1877 – 1889.

[247] Zhang, X. , Ming, X. , Liu, Z. , Qu, Y. and Yin, D. General Reference Model and Overall Frameworks for Green Manufacturing [J] . Journal of Cleaner Production, 2019 (227): 117757.

[248] Zhou, M. , Pan, Y. , Chen, Z. and Yang, W. Optimizing Green Production Strategies: An Integrated Approach [J] . Computers & Industrial Engineering, 2013, 65 (3): 517 – 528.

[249] Zouadi, T. , Yalaoui, A. and Reghioui, M. Hybrid Manufacturing/Remanufacturing Lot – sizing and Supplier Selection with Returns, under Carbon Emission Constraint [J] . International Journal of Production Research, 2018, 56 (3): 1233 – 1248.